KB203668

달마 이전의
중국선

달마 이전의
중국선

【 형운(이상옥) 지음 】

정우서적

‖ 헌사 ‖

학문을 하는 것은,
칠흑 같은 밤 작은 쪽배를 타고
망망대해를 헤쳐 나가는 것과 같습니다.

긴 세월 어려움 속에서도 격려를 아끼지 않고
저에게 누구보다 밝은 등대가 되어주신
道門 은사스님께 한량없는 감사를 올립니다.

또 제 옆에서 같이 노를 저어주며 힘이 되어준
속가 오빠 이상철 거사,
학문의 등불을 밝혀주신 지도 교수 법산 스님과
선학과 교수 현각 스님, 보광스님, 종호 스님,
혜원 스님, 삼선승가대학 원장 지광 스님,
학장 묘순 스님, 학감 도안 스님,
그리고 이 책의 출간을 격려해주고 이끌어 주신
연세대학교 신규탁 교수님께도 깊이 감사를 드립니다.

학문의 기초를 잡아준 최중재 교장선생님,
이혜자 서광사 총무님, 유발상좌 김지연
그리고 저를 이끌어 주시고 성원해주신
모든 인연 있는 분들께도
깊이 감사를 드립니다.

마지막으로, 비록 여러모로 부족한 책이오나
모친 김정숙 보살님과 서광사 신도님들께
이 작은 결실을 바치고자 합니다.

‖ 추천사 ‖

　　　중천에 밝은 달은 천고에 광명이요,
　　　자성의 밝은 반야는 상생의 생명이로다.

　하늘에 둥근 달은 고금동서에 변함이 없이 밝아 있으나 구름이 가려지면 그 빛을 볼 수 없고, 인인개개의 자성이 본래 밝은 반야의 지혜로 알지 못하고 능치못할 것이 없지만 무명업식이 가려있으면 그 농도에 따라 어리석어 자기 성품의 기능을 제대로 발휘할 수 없네.

　석가세존께서 인도에서 수행을 통하여 이 문제를 깨달으시고 당시의 언어인 마갈타국의 말을 빌려 민중들과 공감하며 수행의 물에 함께 젖어 들어 자성을 밝혀 무명업식을 씻고 밝고 즐거운 삶을 살게 하셨다.

　불교가 중국으로 전파되며 이념을 전달하는 용어의 선택과 전달자의 행해(行解)는 참으로 소중한 현실에 적용하고 실천하는 자산이었다.

　양(梁)나라 혜교(慧皎, 495~554)가 역경사(譯經師)와 습선자(習禪者) 등 중국 초기 불교 수행자들의 행력을 수집하고 편찬하여 10과 14권으로 『고승전(高僧傳)』을 간행하였다. 이 자료는 중국에 불교가 전래되며 중국 사회에 가장 보편적으로 습합할 수 있는 용어의 전용이 가장 중요한 현실이며 언어를 통한 의사소통과 실참실수의 체험으로 반야의 지혜를 체득하게 하기 위한 현상이 그대로 묘사되어 있는 귀중한 보배다.

『고승전』에 수록되어 있는 선어(禪語)와 선수행 방법은 중국에 선이 파종되고 싹을 틔우는 초기선종의 기본 자료이다. 이 자료에는 오늘날 활용하고 있는 선의 용어들이 시간과 공간을 넘어 그대로 살아서 법신·반야·해탈의 길을 열어가고 있다. 뿐만 아니라 이러한 기본적인 토대가 없이 달마선이 도입되어 선종이 형성되고 토착화 될 수는 없었을 것이다.

이러한 관점에서 볼 때『고승전(高僧傳)』을 통한 중국불교 초기선인 달마 이전의 선에 관한 연구는 우리 학계에서는 아직 없었던 분야로서 대단히 획기적인 성과라고 할 수 있다.

본 연구서를 통하여 달마로부터 전개된 조사선과 묵조·간화선에 대한 이해와 현대사회에 유행되고 있는 남방선의 연구와 수행에 새로운 전기가 될 것으로 기대된다.

입추 말복을 맞으니 새벽바람에 가을 향기 다가오고
영축의 전단향이 총령을 넘어 선풍의 지혜로 밝았더니
고금을 삼키고 산하를 토하여 형통한 자운(慈雲) 영롱하여라.

새벽달 그림자 지나자 금 까마귀 노래하고
잣송이 영거는 소리에 다람쥐 춤을 추네.

갑오년(2014) 하안거 죽비 놓는 새벽
실상사 백장선원 선덕
동국대학교 명예교수 **법산**

학문을 통한 아름다운 인연

인류의 기록 문화는 그 역사가 참으로 길다. 그리고 그 범위 또한 대단하다. 이런 현상은 여러 문화권에 나타난다. 그러고 보면 인류의 삶과 기록은 매우 밀접함을 알 수 있다. 필자의 전공 분야는 크게 보면 중국철학이고, 세부적으로 들어가면 중국 당나라 시대의 화엄 사상과 선불교 사상이다. 이런 사상은 소위 한자로 기록되어 있기 때문에, 필자로서는 자연 고대중국어에 대한 훈련을 게을리 할 수 없는 노릇이다. 또한 당시의 역사와 문학, 그리고 정치 등에 대해서도 기본적인 소양을 갖추려고 많은 독서를 한다. 필자가 승려들의 전기 모음집인 고승전에 관심을 두게 되었던 것도, 필자의 이런 독서 습관의 연장선에서 나온 것이다.

철학사상이란 많은 부분이 역사적인 산물이라고 생각한다. 이런 입장에서 서 있는 필자로서는 당시의 실제 역사 현실이나 당시 사람들의 평가에 대하여 늘 주목하고 있다. 주시하다시피, 고승전 속에는 중국을 비롯한 주변 지역에서 활동하던 승려들의 행적이 기록되어 있다. 한 인물을 연구하기 위해서는 이 기록을 먼저 살펴볼 필요가 있다. 필자도 이런 입장에서 각 시대의 고승전을 가까이에 두고 읽는다.

최고의 고승전으로는 양나라 때의 혜교가 쓴 『고승전』이 있다. 뒤에 나오는 찬영의 『고승전』과 구별하기 위하여, 전자를 『양고승전』 후자를 『송고승전』이라고 명명하기도 한다. 고려에서는 『해동고승전』이라고 이름을 붙인다.

필자가 또 각종 고승전을 즐겨 읽는 이유는 또 하나 있다. 단도직입적으로 말하면, 스님들의 전공을 어떻게 분류하고 있는가에 대한 관심이다. 요즈음은 스님들을 어느 종단에 소속되어 있는가를 중시하지만, 고승전을 기록했던 학승들은 그렇지 않았다. 그들은 승려들의 전공에 따라 10종으로 분류를 했다. 역경(譯經), 의해(義解), 신이(神異), 습선(習禪), 명률(明律), 망신(亡身), 송경(誦經), 홍복(興福), 경사(經師), 창도(唱導) 등이 그 분류 항목이다. 출가 사문이라면 이 중의 하나는 반드시 전공해야 한다고 당시의 역사가들은 평가했던 것이다. 그리고 순서 배열을 보면, 당시 역사가들이 어떤 전공을 귀하게 쳤는지도 드러난다. 위의 10종에 드는 승려들이 소위 '엘리트 스님'이다. 그 나머지 스님들은 각종 노역에 종사한다.

위에서 고승전에 관심을 독서하는 필자의 철학적 배경을 들춰내었다. 그런데 여기에 소개하는 『달마 이전의 중국선』의 저자이신 이상옥 박사님은 필자와는 관점이 달랐다. 그 관점이란 한 마디로 말하면 달마 이전의 선사상을 연구하기 위해 고승전에 주목했던 것이다. 참으로 기발한 발상이라고 생각했다. 중국불교를 연구하는 연구자들은 중국적인 선불교의 출발을 보리달마로 본다. 그런데 이상옥 박사님은 중국적인 선불교가 형성되기 이전에 그 '싹'이 있었다는 것이다. 이것을 밝히기 위해 『양고승전』을 긴 세월 정독하고 분석해 왔던 것이다. 이

박사님의 이런 연구 시각은 선불교 연구의 외연을 확장시켰고 또 선 사상의 철학적 연원을 규명하는 데에 공헌을 하였다. 이런 학문적 성과가 인정되어 불교학의 본산인 동국대학교에서 박사학위를 받게 되었다.

이상옥 박사님은 출가 사문으로 법명은 형운(亨雲)이시다. 일찍이 세속의 학문을 마치고, 산문에 들어와 부처님의 제자가 되었다. 한편으로는 불교학계의 유망한 연구자이고, 한편으로는 불조의 혜명을 이을 수행자이신 형운 스님에게는 귀한 인연이 있는 것으로 필자는 안다. 한 분은 부모처럼 품어주신 은사 도문(道門) 스님이시고, 또 한 분은 박사지도교수 법산(法山) 스님이시다.

두 스승에게 이 책은 분명 "유통정법(流通正法)하신 사장지은(師長至恩)"의 보답이 될 것이고, 경학 동지에게 이 책은 분명 "탁마상성(琢磨相成)하는 붕우지은(朋友至恩)"의 약속이 될 것이다.

학문을 통한 아름다운 인연을 축합니다.

2014년 광복절

연세대학교 철학과 교수 **신규탁**

‖ 책머리에 ‖

　저자는 동국대학교 선학과에서 박사과정을 밟으면서 선종 성립 이
전에 선이 중국에 어떻게 도입되고 전파되었는지에 대한 연구 결과가
부족하다는 것에 주목하였다. 그 과제를 연구하던 중 선종 이전에 출
간된 불전들 속에서 선과 관련된 언어들이 어떻게 사용되었는지 그
추이를 살펴보면 그 단서를 찾을 수 있을 것이라고 생각하였다. 다행
히 오늘날 디지털 기술의 발전이 불교학계에도 도입되어 불전의 거의
대다수가 디지털화되었다. 이 전자불전을 통해 연구한 결과가 2011년
도 동국대학교 선학과 박사학위논문으로 제출했던 「양고승전에 나타
난 선법」이다.

　중국선의 연원뿐만 아니라 불교 수행의 중요한 한 축인 참회에 대
해서도 주목하여 참회의 용어 변천을 통해 본래의 의미와 행법에 이
르기까지 연구하고자 하였다. 이는 학술지 《한국선학》에 「고역(古譯)
경전에 나타난 '참회(懺悔)' 용어의 번역과 정착 과정」과 「구마라집 역
경에 나타난 '참회(懺悔)' 용어의 분류와 분석」으로 발표하였다.

　저자는 한국불교에 가장 큰 비중을 차지하고 있는 중국선의 연원과
선 혹은 염불과 함께 수행하고 있는 참회법에 대한 연구 결과가 현대
한국불교가 당면한 시대에 맞는 불법홍포 문제에 온고이지신(溫故而知
新)의 새 방법론을 도출하는 데 기여할 것으로 믿는다.

　이렇게 저자의 박사학위 논문과 학술지에 발표한 논문을 바탕으로
『달마 이전의 중국선』이라는 이름으로 이 책을 출간하게 되었다. '참
회의 연원'에 대한 글은 부록으로 실었다.

이 책의 주제에 접근하기 위해 혜교(慧皎, 495~554)의 『고승전(高僧傳)』에 나타난 선어(禪語)를 검색하여 분석하는 방법을 사용하였다.

『고승전』은 『양고승전(梁高僧傳)』 혹은 『양승전(梁僧傳)』, 『양전(梁傳)』이라고도 하며, 『고승전』은 편찬자인 혜교가 당시까지 수집한 고승들의 전기를 기록한 것이다. 「역경」편, 「의해」편 등 모두 10과로 구분하여 고승들의 덕업(德業)과 행업(行業)에 따라 그들의 행장을 수록하고 있다.

혜교 이전의 선적(禪的) 자료에 관한 학술적 연구는 충분하게 이루어지지 않았지만, 혜교 당시의 활발한 선적인 배경이 있었기 때문에 당대(唐代)에 많은 선사들이 출현하여 선문(禪門)이 발달하게 되었다. 선 수행을 근간으로 탄생한 종파가 선종(禪宗)이란 관점에서 볼 때 선 수행은 선종성립의 원천이라고 할 수 있다. 체계적 선 수행법은 역경이 없었다면 불가능했으며 이에 대한 의해가 없이 습선의 행의 또한 불가능했을 것이다.

『고승전』에는 선종이라는 종파적 의식이 가미되지 않은 선 수행법에 관한 순수 체험과 함께 다양한 선적인 문구들이 포함되어 있다. 인도에서 들어온 선의 가르침이 그대로 기록되어 있는 것이다. 여기에는 누구나 다가갈 수 있는 수행 방법들이 풍부하며 오늘날 알려진 선 수행법들의 연원을 확인할 수 있다. 따라서 『고승전』에 나타난 선 용어에 대한 선학적 분석과 고찰이 선 연구에 필수적이라고 할 수 있으며, 이것이 본 연구의 동기가 되었다.

여기서 혜교의 『고승전』 연구에 대한 저자의 관점 내지는 방법을 먼저 제시해 보고자 한다.

첫째, 현재는 기계문명이 이룩한 다양한 정보화시대의 한 가운데 있다. 편리성의 추구와 함께 물질적 욕구에 따른 사회 병폐가 만연한 오늘날 그에 대한 치유적 대안이 절실하다. 그 대안의 하나로 필자는 당대(唐代) 이전의 초기 선사상에 주목할 필요가 있다고 생각한다. 초기 선사상에서 중요하게 활용되었던 '성찰의 방법'은 내적 치유방식으로써 다양한 사회문제의 해결을 위한 효율적 방법의 하나가 될 수 있다고 생각한다.

이 책에는 당시 고승들이 선법(禪法)을 도입한 과정과 그 선 수행 방식들이 나타난다. 그 방식을 현대사회에 적용할 수 있다는 점에서 의의가 높다고 본다.

둘째, 현대 사회에서 선에 대한 관심이 높아지고 있는데 이에 대해 『고승전』에 나타난 전법 방식이 참고가 될 수 있다. 기계문명에 대한 구원으로써 선은 매우 귀중한 정신문화이며 인류가 간직해야 할 보고이다. 선(禪)은 사회 문제 혹은 개인 문제에 대해 해답을 내야 한다. 즉, 여타 명상 프로그램들과 차별성을 가진 선만의 방법을 제시해야 하는데, 이를 위해 선종이 발생했던 그 이전으로 되돌아가 민중들과 함께했던 선(禪)의 모습을 살려야 한다. 그러기 위해서는 『고승전』에 나오는 풍부한 선어(禪語)들을 체계적으로 연구해야 할 필요가 있다.

셋째, 『고승전』에 대한 일반 역사학이나 (중국)불교사학적 연구 성과는 많으나 선학적 관점에서 고찰한 연구는 찾아보기가 어렵다. '고승(高僧)'이라는 용어 자체 속에 이미 선을 실천했다는 의미가 내포되어 있음에도 불구하고, 이에 대한 연구가 빈약하다는 것은 참으로 기이한 일로 비쳐진다. 비록 일본에서 『양고승전색인(梁高僧傳索引)』(목전체량(牧田諦亮), 1972)이 출간되었으나, 여기에도 선 용어에 대한 색인이 배제되어 있다.

선의 역사에 대한 연구 또한 당 선종 성립 이후의 역사가 중심이었다. 이렇게 된 원인은 기존 연구가 종파적 관점에서 진행되었기 때문이라고 보면서 본 논문에서는 바로 이런 점을 반성하고, 『고승전』을 활용하여 선종 출현 이전의 선사상에 주목하고자 한다.

넷째, 『고승전』에 대하여 선적 측면에서 분석한 자료들이 희소하다. 일반 선학에 대한 활발한 연구가 진행되고 있지만, 『고승전』에 나타난 선사(禪師)나 습선인(習禪人), 선사상(禪思想), 선문화(禪文化) 등에 대한 연구는 선종 성립 이후의 활발한 연구에 비하면 매우 미미한 수준이다. 『고승전』에 기록된 역경승(譯經僧)들의 활동은 경전의 번역뿐만 아니라, 선의 전파에도 활발했다는 점에서 그들이 번역한 선경류 및 삼매경류 등에 대해 연구할 필요가 있다.

다섯째, '선종'이라는 종명에는 이미 종파적 시각이 내재해 있다. 해당 선종이 『고승전』 당시나 인도의 선 전체를 아우르는 것이 아니라, 보리달마 이후 혹은 혜능 이후에 발전한 공안(公案) 중심의 선이라고 할 때 그들이 사용한 '선' 용어의 의미가 매우 제한적이라는 점이다. 이는 지극히 중국적 발상이며, 인도의 선이나 천축에서 입국한 승려들의 선에 대해서는 그 가치를 높게 평가하지 않은 부분이 보인다.

공안 참구를 중심으로 하는 '조사선(祖師禪)'이 발달해감에 따라 이와 다른 선법들을 '차제선(次第禪)'이라 폄하하는 경향이 있었다. 그런 종파적 입장은 곧 선종 이데올로기를 초래할 수밖에 없으며, 이에 따른 '돈오주의'는 여타의 선법들에 대한 독선적 입장을 갖게 될 수 있다. '조사선'의 '돈오'와 함께 '차제선'의 '점수(漸修)' 역시 같은 평가를 받아야 할 것이다.

여섯째, 혜능에 의해 돈오주의가 제창되었고, 이후 선종이 성립되면서 종파적 의식이 강화되었다. 선종은 '심종(心宗)', '허(虛)', '적(寂)'으로 대변되는 보리달마의 가르침에서 연원하며, 그 종지는 '격외(格外)', '직지(直指)', '사교(捨敎)', '견성(見性)' 등으로 표현된다. 선종의 최상승선 추구 경향은 대중들이 접근할 수 있는 문자나 차제적 방편들을 거부하였고, 결과적으로는 최상의 근기만이 행하는 간화선을 탄생시켰다. 그 결과 납자들은 조사의 언구와 방(棒)이나 할(喝)에 매진하며, 사자(師資)의 비밀스런 관계만을 중요시하게 되었다. 따라서 돈오주의에 기인한 불립문자(不立文字) 정신이 발달하였고, 이로 인해 풍부했던 선어들이 감소하는 결과를 초래하였다. 송대에 공안을 중심으로 발전한 5가 7종은 오히려 일반대중에게로 향하는 설득력이 약할 수밖에 없었다.

최근 우리나라에서도 '간화선의 대중화'를 운운하지만 이 역시 성립되기 어려운 한계점이 있다. 그 한계점을 극복하기 위한 하나의 대안으로 차제적 방법들을 생각해 볼 수 있다. 이런 점에서 본 논문은 혜교의『고승전』에 나타난 풍부한 선어들이나 선사상과 선법을 통한 교화방편의 사례들을 연구하는 것이다.

『고승전』의 시대와 인물

이 책에서 다루는 인물의 범위는『고승전』마지막 부분인「서록」에 기록되어 있는 내용이다. 그리고 시대적 범위는 후한 명제의 영평 10년(67)부터 혜교가『고승전』을 엮은 양의 천감 18년(519)에 이르기까지 453년간이다. 당시 중국의 왕조의 변천을 간단하게 살펴보면 다음과 같다.

후한(後漢)의 혼란과 함께 삼국시대가 열렸으며, 다시 동진(東晉)과 서진(西쯤)으로 분열되었다가 5호16국 전란기를 거친다. 이어서 남북 조시대로 돌입된다. 바로 이때 혜교가 『고승전』을 편찬했고, 혜교는 왕조명과 함께 연호도 표시하려고 한 점이 돋보인다.

이런 정황을 알기 쉽게 도표화하면 다음 〈표 1〉과 같다.

〈표 1〉『고승전』이 대상으로 하는 시대

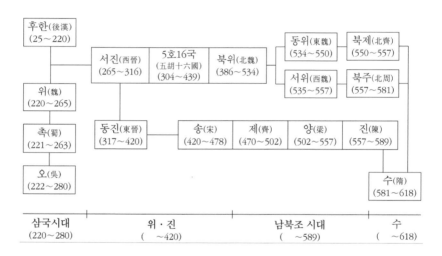

연구 대상 지역은 주로 혜교가 활동했던 남지, 즉 회계의 가상사를 중심으로 건업(현 남경)과 양자강[장강(長江)] 하류 일대이며, 북지는 낙 양과 장안이 중심된 지역이다. 또한 인도 지명에 따른 지역은 『고승 전』에 나타난 천축국, 계빈국이나 구자국 등 출신인 천축승(天竺僧) 및 역경가들도 대상이 되겠다.

연구 대상 인물은 『고승전』에 기록된 257명이다. 그 가운데 선업에 매진했거나 선학에 밝았던 이들을 우선 대상[1]으로 정했다. 이와 함께

『속고승전』이나 『송고승전』 등 승전류의 인물이나 『경덕전등록』이나 조사어록 등 공안집에 나타난 고승들 가운데 선에 매진했던 인물도 『고승전』의 연계선상에서 연구 대상이 될 수 있다.

이상에서 저자는 『고승전』에 관한 연구의 범위를 선학의 측면과 전적의 범위, 그리고 지역 및 인물 등에 대하여 설명해왔다. 이런 설명들을 〈표 2〉와 같이 도표화하여 이해를 돕고자 한다.

〈표 2〉 『고승전』 내용 종합적 분석

구분 1	구분 2	구분 3
인물별 분석	선(禪)과 직간접적으로 관련 있는 고승 구분	시대적, 종합적 분석
지역별 분석	인도, 중국 남조 및 북조 구분	
교의별 분석	아함경전, 부파경전, 대승경전, 율전 논소 구분	
승전류 분석	『고승전』, 『속고승전』, 『송고승전』 영향 관계	

---

1 『고승전』에는 역경가들도 많이 소개되었다. 그들은 출신 지역이 다르다. 활동하던 시대도 다르며, 또한 그들이 선호했던 불교 분야 또한 다르다. 게다가 중국어에 대한 능숙도도 다르다. 이런 원인 등으로 인해 그들이 사용하는 용어의 선택이 다를 수 있는 점에 대해서 면밀하게 고찰해야 할 것이다.

‖차 례‖

달마 이전의 중국선

| 부록 | 참회의 연원

〈표차례〉

달마 이전의 중국선

제1장 『고승전』의 찬술(撰述) 배경과 그 의의

1. 혜교의 생애와 『고승전』의 성립 과정

1) 혜교의 생애

『고승전』「서록」과 『속고승전』「의해」편에 혜교의 생애를 기록하고 있지만 두 승전(僧傳)에 나타난 혜교의 생몰 연대가 다르다. 『고승전』은 554년 58세로 여산의 선각사에 묻혔다고 기록하고 있고, 『속고승전』은 죽은 연도와 장소를 알 수 없다고 하였다. 이런 점을 염두에 두고 그의 생애에 대해 살펴보기로 한다.

『고승전』에는 '양(梁) 회계(會稽) 가상사(嘉祥寺) 사문(沙門) 석혜교(釋慧皎)'라고 찬자(撰者)를 표시하고 석씨의 성을 사용하고 있다. 「서록」편에는 혜교의 간단한 행장을 소개하고 있다.

> 이 『고승전』은 회계 가상사 혜교법사가 지은 것이다. 법사는 배움이 내전과 외전에 통달했으며 경률에도 뛰어났다. 『열반소』 10권과 「범망계」 등 의소(義疏)를 지었는데 모두 세상의 모범이 되었다. 또한 이 『고승전』 13권을 지었다. 양 말엽 승성 2년(553) 계유년에 후경의 난을 피하여 분성에 왔다. 잠시 강설하다가 갑술년 2월에 세상을 떠났다. 그 때 나이는 58세로 강주(江州)의 승정인 혜공이 장례를 경영하여 여산의 선각사 묘지에 묻었다. 용광사의 승과가 함께 피난하여 산에 있다 우연히 당시의 일을 보

고 잠시 이를 기록한다.[1]

이와 같이 『고승전』에는 생몰연대와 함께 입적하기 전후의 사정을 구체적으로 수록하고 있다. 갑술년(554)인 58세에 세상을 떠났다는 기록에서 그의 출생은 497년이 된다. 혜교는 경율에도 뛰어났다고 하여 의해승임을 가리키고 있다.

혜교 생애에 대한 또 다른 자료는 도선(道宣)이 찬(撰)한 『속고승전』 제6권 「의해」편이다. 도선은 『고승전』의 내용을 참조하여 아래와 같이 수록하고 있다.

> 씨족은 상세하지 않다. 회계 상우(上虞) 사람이다. 학문은 내외를 통하고 널리 경율을 훈고하였다. 가상사에 머물면서 봄과 여름은 법을 넓히고 가을과 겨울은 저술을 하여 『열반의소』 10권, 『범망경소』를 찬술하여 세상에 전한다. 또 창공(寶唱)이 지은 『명승전』은 자못 부침(浮沈)이 많았기 때문에 그 예를 따라서 광범위하게 만들어 『고승전』 14권을 저술하였다. …〈중략〉… 후에 입적한 곳은 알지 못한다. 강남[江表]에 흔히 배자야의 『고승전』 10권이 한 질로 갖추어져 있는데 문장이 지나치게 간략하여 통감을 극진히 하지 못했기 때문에 예전의 전기와는 그 차이가 적다.[2]

---

1 「서록」(대정장 50, p.423상) "此傳, 是會稽嘉祥寺, 慧皎法師所撰. 法師, 學通內外, 善講經律. 著涅槃疏十卷, 梵網戒等義疏, 並爲世軌. 又著此高僧傳十三卷. 梁末承聖二年, 太歲癸酉, 避侯景難, 來至湓城. 少時講說, 甲戌年二月, 捨化, 時年五十有八, 江州僧正慧恭, 經始葬廬山禪閣寺墓. 龍光寺僧果, 同避難在山, 遇見時事, 聊記之云爾."

2 『속고승전』 「의해」편, 혜교 조(대정장 50, p.471중) "釋慧皎, 未詳氏族, 會稽上虞人. 學通內外, 博訓經律. 住嘉祥寺, 春夏弘法, 秋冬著述, 撰涅槃義疏十卷及梵網經疏, 行世. 又以唱公所撰名僧, 頗多浮沈, 因遂開例成廣, 著高僧傳一十四卷. …〈중략〉… 後不知所終. 江表, 多有裴子野高僧傳一帙十卷, 文極省約, 未極通鑑, 故其差少."

인용문에서 생몰 연대는 명확하지 않지만 『고승전』이 성립되기까지의 사정을 말해준다. 특히 도선은 『고승전』을 일컬어 남쪽 승려들에 대해서는 자세하게 밝혔지만, 북쪽 승려들에 대해서는 대충 넘어갔다고 평가하는 내용도 발견된다.

『고승전』의 내용을 통해 그의 출생연도를 알 수 있으나, 오히려 후에 편찬된 『속고승전』에는 성씨나 출신지를 알지 못한다고 기록하고 있다.

그러나 『고승전』 「서록」 마지막에 수록된 기사에 의하면 혜교는 58세에 구강에서 입적했고, 그 곳의 승정인 혜공이 장례를 치루어 주고 여산의 선각사 묘지에 묻었다는 사실과 용광사의 승과가 혜교와 함께 피난했다는 구체적인 상황을 동시에 기록하고 있다. 더구나 양 말엽 후경의 난[3]을 피해 분성, 즉 강소성의 구강시로 왔으며 이때가 원제의 승성 2년(553)임을 밝히고 있다.

즉, 『고승전』에는 생몰 연대와 전후 사정이 상세한 반면, 오히려 후세의 도선은 "혜교의 묘소가 있는 곳을 알 수 없다."고 하였다. 따라서 필자는 도선이 『고승전』을 참조했다는 점에서 세 가지 의문을 가질 수 있다.

첫째는 도선이 알지 못했던 혜교의 생애 내용이 어찌하여 오히려 『고승전』에 수록되었는가?

둘째는 『고승전』 끝에는 전체 '13권'으로 표기하고 『속고승전』에는 왜 '14권'으로 적시하고 있는가?[4]

---

3 김희영, 『이야기 중국사』(서울: 청아출판사, 1999), 후경(後景)의 난(亂)은 하남 장관이었던 후경이 548년 군사를 일으켜 양(梁)의 건강(建康)을 함락하는 사건이다. 양무제를 굶겨 죽이는 등 권좌 찬탈로 이어지는 어지러운 시기였다.

4 「서록」(대정장 50, p.423상), "著此高僧傳十三卷."; 『속고승전』 「의해」편(대정장 50, p.471중) "著高僧傳一十四卷."

셋째는 왕만영이 이미 완성된 『고승전』을 평가하여 혜교에게 보냈는데 완성되어 유통되는 책에 어떻게 평가 내용이 「서록」에 수록되었고, 과연 「서록」은 언제 또 누가 지은 것인가?

이러한 사실들을 검토해 본다면 『고승전』 「서록」 부분과 함께 마지막 혜교의 생애 부분은 후대에 덧붙여진 것이 아닌가 추정된다.

「서록」에 있는 왕만영과의 교신 내용대로 혜교가 내전(內典)과 외전(外典)에 통달했다고 하듯이, 혜교는 당시 전역된 여러 경론들을 섭렵했음은 물론 불교 이외의 가르침에도 밝았다. 그는 제자백가나 여타 학문에도 뛰어났고 율(律)에 관심이 깊었으며, 그가 『범망경소』를 지었다는 기록과 『열반경의소』 10권을 지은 사실에서 알 수 있듯이 그는 『열반경』 사상에도 정통했다. 혜교는 승조나 혜원 등 인물들을 소개하면서 『열반경』 사상에 대해 보다 상세하게 기록한 점을 고려하면 혜교를 의해승으로 분류한 『속고승전』의 분류는 정당하다.

비록 혜교의 찬술 가운데 『열반경의소』와 『범망경소』는 전하지 않지만 유독 『고승전』만은 명저로서 길이 전하고 있다.

2) 『고승전』의 성립 과정

『고승전』 「서록」에는 다양한 전기류들을 수록하고 있다. 이는 객관성을 담보하기 위한 목록이지만 당시 그러한 전기류들이 존재했다는 점에서 승전류 간행에 대한 높은 관심도를 보여준다. 『속고승전』에는 보창(寶唱)의 『명승전』과 배자야(裴子野)가 편찬한 『고승전』의 존재와 비교하면서 혜교의 『고승전』이 충분히 객관성을 확보하고 있음을 강조하고 있다. 특히 혜교의 『고승전』에 대한 왕만영의 극찬을 통해 당시 『고승전』의 평가를 알 수 있다. 여기서 『고승전』 「서록」에서 혜교가 참조한 자료목록을 열거하면 다음 〈표 3〉과 같다.

<표 3> 혜교가 참조한 전기류 목록

번호	찬 자(撰者)	서 명(書名)	『고승전』검색
1	진(晉), 법제(法濟)	『고일사문전(高逸沙門傳)』	「의해」축법제 조 「서록」
2	제(齊), 법안(法安)	『지절(志節)』	「의해」석승포 조 법안전(法安傳) 중의 승전(僧傳) 5권
3	승보(僧寶)	『유방(遊方)』일과(一科)	「서록」
4	법진(法進)	『전론(傳論)』	「서록」
5	낭야왕(瑯琊王) 건(巾)	『승사(僧史)』	「서록」
6	양(梁), 승우(僧祐)	『삼장기(三藏記)』	「명률」승우 조
7	중서랑(中書郎) 극경흥(郄景興)	『동산승전(東山僧傳)』	「서록」
8	치중(治中) 장효수(張孝秀)	『여산승전(廬山僧傳)』	「서록」
9	송(宋), 임천(臨川) 강왕(康王) 의경(義慶)	『선험기(宣驗記)』	「역경」안세고 조 「서록」
		『유명록(幽明錄)』	「서록」
10	태원왕(太原王) 연수(延秀)	『감응전(感應傳)』	「서록」
11	주군태(朱君台)	『징응전(徵應傳)』	「송경」혜교의 논(論) 「서록」
12	진(晉), 도연명(陶淵明)	『수신록(搜神錄)』	「서록」
13	태원왕(太原王) 염(琰)	「명상기(冥祥記)」	「서록」
14	팽성(彭城) 유준(劉俊)	「익부사기(益部寺記)」	「서록」
15	송(宋), 담종(曇宗)	「경사탑사기(京師塔寺記)」	「역경」안세고 조 「창도」석담종 조
16	제(齊), 경릉(竟陵) 문선왕(文宣王)	『삼보기전(三寶記傳)』	「서록」
17	중서(中書) 육명하(陸明霞)	『사문전(沙門傳)』	「서록」
18	양(梁), 보창(寶唱) 찬(撰)	『명승전병서목록(名僧傳 幷序目錄)』 31권	「역경」승가바라 조

〈표 3〉에서 보듯이 「서록」에 '참고문헌' 형식으로 기술한 여러 승전류 및 기타 자료들을 보면 『고승전』이 편찬된 배경을 짐작할 수 있다. 또한 혜교에게 보내는 왕만영의 평가 내용에서 『고승전』의 성립과정을 유추할 수 있다. 여기서 진(秦)의 역사서인 『진서(秦書)』나 조(趙)의 『조책(趙冊)』 그리고 『송전(宋典)』 등에 간간이 섞인 승려의 전기가 있었음을 밝히고 있다. 왕만영은 이전의 전기 작가인 경홍(景興)이나 승보(僧寶), 법안(法安), 강홍(康泓) 등이 편찬한 저술들의 단점과 비교하여 혜교의 『고승전』이 대문장이며 불후의 명작임을 칭찬하고 있다.

> 앞에서 말한 몇몇 사람들이 전후해서 찬술한 것과 어찌 길고 짧은 것을 비교하고 헤아릴 수 있겠습니까? 어찌 해를 같이 하고 날을 함께 하여 논할 수 있겠습니까?[5]

왕만영의 편지 중에 『명승전』을 지은 '보창'의 이름을 언급하고 있는데 혜교는 '보창'의 저술을 참고했던 것으로 보인다.[6] 또 왕만영은 "보창이 찬집한 전기가 사실과 가장 가깝다."라고 말한 것으로 보면 혜교 이전의 저술 중에는 '보창'의 것이 가장 잘 정비되어 있었음을 추정할 수 있다.

혜교는 『고승전』을 찬술하면서 먼저 제1과 「역경」편에서 제8과인 「흥복」편까지 완성하였고, 이후 다시 제9과 「경사」편과 제10과 「창도」편을 완성한 것으로 보인다. 더구나 「경사」편과 「창도」편의 문법이나 표기 내용이 이전의 1과~8과까지의 내용과 다른 점이 보인다. 이는 9과~10과가 후에 다시 편집되어 부가된 것임을 시사하고 있다.

---

5 「서록」(대정장 50, p.422하), "向之二三諸子, 前後撰述, 豈得挈長量短, 同年共日, 而語之哉?"
6 慧皎 撰, 東國譯經院 譯, 『高僧傳 外』, p.23.

특히 이 두 과는 과 말미에 붙이는 '논'은 있지만 '찬(贊)'이 없다는 점에서 시기적으로 다른 편집일 것이라고 생각한다.[7]

2. 『고승전』의 의의와 영향

혜교의 『고승전』은 후한 명제의 영평 10년(67)에서 시작하여 양의 천감 18년(519)에 이르기까지 453년에 걸쳐 257명의 고승들에 대한 수도와 교화 내용을 엮은 것이다. 또 '부견인(附見人)', 즉 부록으로 붙인 인물 200여 명과 함께 그들의 덕업을 중심으로 10과로 분류했다.[8]

『고승전』은 후에 당(唐)의 『속고승전』과 『송고승전』, 그리고 『대명고승전』과 합하여 4조 『고승전』으로 지칭되었으며, 이런 승전을 모본으로 하여 고려시대에 각훈(覺訓)의 『해동고승전』이 발간되었다. 여기에서 볼 수 있듯이 『고승전』의 분과(分科) 구성과 내용 전개는 후대 승전류의 모범이 되었고, 전법에 커다란 역할을 하였다.

『고승전』 출간의 의의로는 '고승' 용어의 활용과 철저한 방증 자료 취합을 꼽을 수 있다. 혜교는 기존 전기류들의 미비점을 보완하여 완성도 높은 승전을 탄생시켰던 것이다. 『서록』에는 혜교 자신이 참고한 자료들을 일일이 열거하고 해당 서지(書誌)들의 부실한 내용과 체계들을 언급하고 있다. 그 미비점의 일부를 인용하면 다음과 같다.

---

7 慧皎 撰, 吉川忠夫, 船山徹 譯, 『고승전』(1), 岩波書店, 2010, p.379.
8 「서록」(대정장 50, p.418하) "始于漢明帝永平十年, 終至梁天監十八年, 凡四百五十三載, 二百五十七人. 又傍出附見者二百餘人, 開其德業大爲十例."

여러 승려들의 전기가 나와 있어 그 평소의 풍모를 서술한다. 그러나 이는 모두 덧붙여 본 것이어서 성글고 빠진 것이 매우 많다. … 〈중략〉 … 뒤섞이고 넘쳐서 진실을 구하기 어렵고 또한 거칠고 어둡다.[9]

혜교는 『고승전』을 편찬하면서 미비점들을 극복하고 이전 자료에 나타난 문제점들을 보완하여 『고승전』을 완성하였으며, 이에 대해 왕만영은 다음과 같이 칭찬하고 있다.

면면히 옛날과 지금을 잇고 안과 밖을 포괄하였습니다. 말을 지은 것이 일과 나란하여 문체가 나지도 않고 질박(質朴)하지도 않습니다. 번잡한 것은 생략하고 너무 요약되었다고 생각하는 것은 덧붙였습니다.[10]

왕만영은 혜교의 『고승전』이 기존 전기류와 비교하여 문체의 형식이나 그 내용을 제대로 갖추고 있음을 인정하고 있다. 실제로 『고승전』 형식은 후대 승전류 성립에 많은 영향을 끼친다. 3조 고승전은 『고승전』에 『속고승전』과 『송고승전』을 합한 것이다. 여기에 『대명고승전』을 합하여 4조 고승전이라고도 한다. 이것은 '고승'이 승전류의 용어로서 정형화되었음을 알 수 있다.

'고승'을 서명으로 사용한 혜교는 보창의 『명승전』에 대해 다음과 같이 비판하고 있다.

---

9 「서록」(대정장 50, p.418하) "諸僧敍其風素, 而皆是附見, 亟多疏闕. … 混濫難求, 更爲蕪昧."
10 「서록」(대정장 50, p.422하) "綿亘古今, 包括內外, 屬辭比事, 不文不質. 謂繁難省云約豈加."

전 시대에 지은 「전기」들은 대부분 '명승'이라 하였다. 그러나 '명(名)'이라는 것은 본래 실상의 손님일 뿐이다. 만약 실질적으로 행하더라도 광채를 숨기면 경지는 높아도[고(高)] 이름 난[명(名)] 것은 아니다. 공덕이 적어도 시대에 어울리면 이름은 나지만 경지가 높은 것은 아니다. 이름만 알려지고 경지가 높지 않으면 본래 여기에 적지 않는다. 경지가 높으면서 이름이 나지 않았으면 그것은 지금 여기에 싣는다. 그런 까닭에 '명'이란 소리를 지우고 대신 '고'란 글자로서 대신한다.[11]

이와 같이 '고승'이라는 용어를 사용하게 된 경위를 상세히 밝히고 있으며, 『고승전』에 수록해야 할 인물들을 선정하는 기준을 보여주고 있다. 따라서 혜교는 『명승전』을 지은 보창의 시각과 달리함을 분명히 하고 있다. 특히 『고승전』 전체 10과 가운데 후반 5과인 망신, 송경, 홍복, 경사, 창도에 수록된 승려들은 경지가 높으면서도 이름이 나지 않은 이들이다. 도선의 『속고승전』이나 찬영(贊寧)의 『송고승전』 역시 혜교의 인식을 그대로 수용하고 있다.

비록 혜교는 보창의 『명승전』을 언급하지는 않았지만 왕만영의 글에 의하면 강하게 의식했다는 점을 엿볼 수 있다.[12] 또한 『속고승전』에는 "보창이 찬술한 『명승전』에는 부침이 많다."[13]라는 표현으로 보아 형식이나 내용면에서 다르게 편집했음을 알 수 있다.

『고승전』의 의의 가운데 또 다른 하나는 혜교가 보다 명확한 자료를 참고하려고 노력했다는 것이다. 그는 다음과 같이 자료 수집 노력

---

11 「서록」(대정장 50, p.419상) "自前代所撰, 多曰名僧, 然名者, 本實之賓也. 若實行潛光, 則高而不名, 寡德適時, 則名而不高. 名而不高, 本非所紀, 高而不名, 則備今錄. 故省名音, 代以高字."
12 慧皎 撰, 吉川忠夫, 船山徹 譯, 『고승전』(1), 岩波書店, 2010, p.388.
13 『속고승전』「의해」편(대정장 50, p.471중) "又以唱公所撰名僧, 頗多浮沈."

을 기록하고 있다.

> 일찍이 바쁘지 않은 날에 여러 저술들을 열람하였다. 잡록(雜
> 錄) 수 십여 가(家)의 기록과 진(晋)·송(宋)·제(齊)·양(梁)의 춘
> 추서사(春秋書史)와 진(秦)·조(趙)·연(燕)·양(涼)의 황조(荒朝)의
> 『위력(僞曆)』과 「지리잡편(地理雜篇)」·고문(孤文)·편기(片記)를 찾
> 았다. 아울러 널리 권위자[고로(古老)]들께 자문받고, 널리 선달(先
> 達)들을 방문하여 그 유무를 비교하여 같고 다른 점을 취하였
> 다.[14]

혜교는 방증을 위해 널리 사료와 서지(書誌)들을 조사하고 인용하였
으며, 또한 이들을 대조하고 취사(取捨)하여 간결하면서도 뛰어난 문장
으로 『고승전』을 엮었다. 특히 자료를 선택하는 방법에서 후세에 규
범을 남겼으며, 최대한 객관적인 시각을 가지려고 노력한 것을 엿볼
수 있다. 또한 다른 저술에서는 볼 수 없는 고승들을 발굴하여 망라한
것은 불교사의 커다란 공적이라고 할 수 있다.

『고승전』보다 앞서 간행된 승려의 전기는 많다. 그러나 널리 전기
자료를 수집하고 집대성한 후 모범적인 분과로 구성한 것이 『고승전』
이다. 짜임새가 뛰어나면서 승전의 기록이 정확하여 다른 책을 능가하
므로 후세에 많은 영향을 끼쳤던 것이다.

『고승전』의 구성, 즉 분과의 기준은 전법에 큰 비중을 두고 있
다. 10과 중 전반부의 「역경」, 「의해」, 「신이」, 「습선」, 「명률」 5과는
승려들의 경전의 도입과 수행을 위한 기준점이며, 후반부의 「망신」,

---

14 「서록」(대정장 50, p.418하) "嘗以暇日, 遇覽群作. 輒搜撿雜錄數十餘家, 及晉宋齊
梁春秋書史, 秦趙燕涼荒朝僞曆, 地理雜篇, 孤文片記. 并博諮古老, 廣訪先達, 校
其有無."

「송경」,「홍복」,「경사」,「창도」의 5과는 중생교화를 위한 전법에 기
준을 두었다. 혜교의 분과 방식은 후대의 다른 승전류에도 크게 영향
을 끼치고 있다.

『고승전』과 도선의 『속고승전』, 찬영(贊寧)의 『송고승전』, 그리고
여성(如惺)의 『대명고승전』을 분과별로 배치하여 비교해 보면 다음
〈표 4〉와 같다.

〈표 4〉 역대 승전류의 분과별 비교

구 분	제1과	제2과	제3과	제4과	제5과	제6과	제7과	제8과	제9과	제10과
『고승전』 (519)	역경 (譯經)	의해 (義解)	신이 (神異)	습선 (習禪)	명률 (明律)	망신 (亡身)	송경 (誦經)	홍복 (興福)	경사 (經師)	창도 (唱導)
『속고승전』 (645)	역경 (譯經)	해의 (解義)	습선 (習禪)	명률 (明律)	호법 (護法)	감통 (感通)	유신 (遺身)	독송 (讀誦)	홍복 (興福)	잡과 (雜科)
『송고승전』 (1004)	역경 (譯經)	해의 (解義)	습선 (習禪)	명률 (明律)	호법 (護法)	감통 (感通)	유신 (遺身)	독송 (讀誦)	홍복 (興福)	잡과 (雜科)
『해동고승전』 (1215)	유통 (流通)	미상 (未詳)	미상 (未詳)	미상 (未詳)	미상 (未詳)	미상 (未詳)	미상 (未詳)	미상 (未詳)	미상 (未詳)	미상 (未詳)
『대명고승전』 (1617)	역경 (譯經)	해의 (解義)	습선 (習禪)	없음	없음	없음	없음	없음	없음	없음

〈표 4〉에서 보는 바와 같이 「습선(習禪)」편은 모든 승전(僧傳)에서
주요 분과로 구성되어 있음을 볼 수 있다. 『고승전』과 비교해 볼
때 『속고승전』이나 『송고승전』에는 「신이」편 및 「창도」편이 사라졌
고, 대신 「호법」편과 「감통」편, 그리고 「잡과」편이 신설되었다. 비록
『속고승전』 및 『송고승전』과 『고승전』의 분과 형식이 비교하여 약간
의 차이가 있으나, 편찬자들은 결국 혜교의 편찬 방식을 그대로 따르

는 형식을 취하고 있다. 특히 『송고승전』은 「잡과」에 '성덕(聲德)' 부분을 추가했음을 볼 수 있는데[15] 이는 음성을 통한 전법의 역할, 즉 『고승전』의 '창도(唱導)'와 같은 역할을 중시한 점이 엿보인다.

고려 각훈이 찬(撰)한 『해동고승전』은 중국에서 간행된 삼조 고승전의 영향을 받았다. 특히 섭마등과 축법란 등이 후한의 조정에 들어왔다는 『고승전』의 내용을 여러 곳에서 인용하고 있다. 각훈은 다음과 같이 「역경」편에 대해 언급한다. "양·당·송의 고승전을 조사하면 모두 「역경」편이 있지만 고려 이후 현재까지 한국에서는 경전을 번역한 일이 없으므로 이를 생략한다."[16]

『해동고승전』을 찬술하면서 「역경」편 대신 「유통」편이 있다는 점을 밝히고 있다. 현재 발견된 『해동고승전』은 「유통」편 두 권만이 전해지지만 처음 편수는 이보다 많았을 것으로는 추정되며, 그 분과 역시 『고승전』 등 이전 승전류들을 참고했을 것이다.[17]

『대명고승전』(8권) 만력(萬曆) 45년(1617)에 여성(如惺)에 의해 간행되었다. 그는 사지(史誌)나 문집 등에서 승려들의 행적을 추출하여 따로 기록하였으며, 남송 이래 200여 명의 승려들을 찾아내 이들을 '역경'과 '해의' 그리고 '습선'의 3과만으로 구분하였다.

---

15 찬영은 『송고승전』을 편찬하면서 잡과(雜科)에 '성덕(聲德)' 부분을 추가하여 마지막 분과에서 「잡과성덕(雜科聲德)」으로 구성하고(『송고승전』, 대정장 50, p.710 상) 잡과성덕에 대한 설명으로 부연 설명을 추가하고 있다. '모든 분과(分科)를 통섭하여 고덕(高德)으로 귀결된다. 창도(唱導) 종장(宗匠)이야말로 불승(佛乘)을 크게 드러낸다(統攝諸科, 同歸高尙. 唱導之匠, 光顯佛乘.).
16 『해동고승전』(대정장 50, p.1015하) "按古梁唐宋三高僧傳, 皆有譯經, 以我本朝無翻譯之事, 故不存此科也."
17 章輝玉, 『海東高僧傳研究』, 민족사, 1991, p.21.

3. 승문(僧門) 분과의 내용과 전법정신

『고승전』전체인 10분과를 분량별로 산정해 볼 때 「역경」편과 「의해」편이 절반 이상을 차지한다. 혜교가 의해승으로서 불교 교학에 매진하였지만 습선이나 명률에 종사한 승려는 물론 전법을 위해 노력한 고승들을 함께 수록하였는데 승려들의 덕업에 따라 분과를 구성했으며, 10분과에서 제1과~제5과는 불교 본연의 역할로서 교학 및 수행의 실천이고, 제6과~제10과는 불법 홍포의 성격을 갖는다.

혜교는 총 8분과에서 마지막 「경사」편과 「창도」편 2분과를 추가하고 있다. '범패승'과 '설법승'을 추가함으로써 포교 현장을 담당한 승려들을 '고승'의 범주에 포함시켰다. 따라서 전법에 매진했으나 그 노력이 돋보이지 않았다 하더라도 그 경지가 높으므로 '고승'으로 지칭했던 것이다. 이에 혜교의 분과 의도와 전법을 위해 『고승전』을 편찬한 의도를 엿볼 수 있다.

1) 『고승전』의 10분과(分科) 내용

『고승전』10분과의 전체 분량을 살펴볼 때 「역경」편과 「의해」편이 절반 이상을 차지하는 것은 당시 역경이 활발하게 이루어지던 시기임을 알 수 있다. 혜교가 '명률승'과 '습선승' 등을 10과로 분류하여 행업에 따라 배치한 것은 전법에 매진한 고승들을 기리기 위해서이며, 따라서 해당 인물들의 '습선'이나 '염불', '주법', '예배', '참회', '망신' 등 다양한 행위들을 다소 상세하게 수록하고 있다. 『고승전』의 목차인 10과를 행위의 기준에 적용하여 이를 도표로 표시하면 다음 〈표 5〉와 같다.

<표 5> 행업에 의한 10과 구분

구 분	10과(科) 배치	내 용
역경(교의)	「역경(譯經)」	불전의 한역(漢譯) 공적이 있는 고승
	「의해(義解)」	불교 교리를 통효(通曉)한 고승
행업(수행)	「습선(習禪)」	선정에 뛰어난 고승
	「명률(明律)」	계율을 밝힌 고승
전법(신행)	「신이(神異)」	부사의한 행장을 나타낸 고승
	「송경(誦經)」	경전을 읽고 영험을 나타낸 고승
	「망신(亡身)」	불은에 보답하기 위해 소신(燒身)한 고승
	「흥복(興福)」	사원 건립에 수완을 발휘한 고승
	「경사(經師)」	범패(梵唄) 등 불교음악에 능한 고승
	「창도(唱導)」	대중 설법에 뛰어난 고승

10과 중 「역경」, 「의해」는 교의의 근간이라는 점으로 분류할 수 있으며, 「습선」, 「명률」은 수행의 기반으로 배치할 수 있다. 나머지인 「신이」, 「송경」, 「망신」, 「흥복」, 「경사」, 「창도」의 분과는 불법 홍포라는 측면에서 분과한 것임을 알 수 있다. 이러한 구분점의 기준은 고승들의 행업에 따른 전문분야를 고려한 것이다.

『고승전』에 수록된 전체 글자 수를 분석하고 이를 분과별로 나눌 수 있으며, 여기서 『고승전』 전체 구성 및 「습선」편이 차지하는 비중을 알 수 있다. 다음의 <표 6>을 보기로 하자.

<표 6> 통계로 본 『고승전』 10분과 구성

권 수		분 과(分科)	글자수(%)	인물 수
1권~3권	1	역경(譯經) 상, 중, 하	31,653(23.8%)	섭마등 등 35인
4권~8권	2	의해(義解) 제1, 제2, 제3, 제4, 제5	49,971(37.6%)	주사행 등 101인
9권~10권	3	신이(神異) 상, 하	16,084(12.1%)	불도징 등 20인
11권	4	습선(習禪)	6,980(5.2%)	승현 등 21인
	5	명률(明律)	3,931(2.9%)	혜유 등 13인
12권	6	망신(亡身) [유신(遺身)111]	3,406(2.5%)	승군 등 11인
	7	송경(誦經)	3,646(2.7%)	담수 등 21인
13권	8	흥복(興福)	5,570(4.2%)	혜달 등 14인
	9	경사(經師)	2,960(2.5%)	백법교 등 11인
	10	창도(唱導) [도사(導師)]	3,364(%)	도조 등 10인
14권		서록(序錄)	5,210(3.9%)	인물 총목록
		합 계	132,775글자	총 257인

<표 6>을 통해서 다음과 같은 내용을 추론할 수 있다.

첫째, 『고승전』 전체 글자 수가 대략 132,775자이며, 본문과 함께 혜교의 「논」, 「서록」 부분의 분량도 파악할 수 있다.

둘째, 「습선」편이 『고승전』 전체 분량에서 5.2%를 차지한다. 혜교는 분과 설정에서 「신이」편 다음의 네 번째로 배치하였다. 이는 선종 성립 이전에 선승으로 따로 구분할 만한 이가 많지 않았을 것이라는 데에 원인이 있을 것이다.

셋째, 혜교가 덧붙인 각 분과별 「논」 부분과 「서록」을 합치면 글자 수는 모두 13,484개 분량이다. 이는 『고승전』 전체의 10.1%를 차지함으로써 혜교의 주관적인 해석이 『고승전』에 반영되었다는 점을 말해 준다.

인물별로 구분할 때 가장 많은 분량을 차지하는 고승은 「신이」편의 축불도징이다. 불도징에게 할당된 분량은 모두 5,265자로서 전체 분량 중 4%를 차지하고 있는데, 분량이 많은 승려들을 중심으로 10명을 가려내면 다음의 〈표 7〉과 같다.

〈표 7〉 행장 분량이 많은 승려

순 위	분 과	인 물	글자 수
1	「신이」	축불도징	5,265 (4%)
2	「의해」	석혜원	4,924 (3.7%)
3	「역경」	구마라집	4,205 (3.2%)
4	「의해」	석도안	3,504 (2.6%)
5	「역경」	구나발마	2,750 (2%)
6	「신이」	배 도	2,478 (1.8%)
7	「의해」	지 둔	1,957 (1.5%)
8	「의해」	석승조	1,712 (1.3%)
9	「역경」	담무참	1,671 (1.2%)
10	「역경」	불타발타라	1,664 (1.2%)

〈표 7〉의 분석을 통해 혜교의 『고승전』 편찬에 대한 입장을 추정하면 역경승 구마라집과 구나발마, 의해승 석혜원이나 석도안에 대한 비중이 크다는 점을 알 수 있다. 특이한 점은 '신이승'인 불도징과 배도의 분량이 많다는 것이다.

　　이들 10명의 행장에 나타난 분량을 합하면 모두 30,130글자로서 전체의 약 23% 분량이다. 전체 인물이 257명인 점을 감안한다면 표에 나타난 10명의 분량이 많다.

　　여기서 전체적인 분과 구성에서 몇 가지 분석을 해보자.

① 혜교가 의해승이었던 만큼 「의해」편 분량이 가장 많다. 당시까지 활발하게 진행되었던 역경과 관련한 상황이 반영되었을 것이다.
② 습선승과 명률승을 소개하지만 상대적으로 분량이 적다. 당시 수선과 율의 실천, 즉 승려들의 수행풍토가 정착되지 못했다는 점을 의미한다.
③ 「신이」편을 비롯하여 「망신」편 이하 「창도」편까지의 내용은 불교신앙과 더불어 전법을 중시했음을 보여주고 있다.

　　이상과 같이 『고승전』에는 선승은 물론 역경승이나 의해승을 비롯하여 많은 승려들의 철저한 수행과 덕업을 기리는 모습들을 소개하고 있다. 『고승전』에는 세상을 교화하면서 제자들을 배출하고 세상을 하직하는 전형적인 수행자의 모습을 기술하고 있다. 특히 좌선한 채로 입적하는 기술이 여러 곳에서 나타난다. 역경승과 의해승들의 행적이 이러할진대 명률승이나 습선승들의 소개 내용은 더욱 더 행업 중심으로 불교의 실천을 강조한다. 따라서 혜교의 『고승전』 편찬 정신은 수행과 신앙, 전법을 드러냄에 그 목적이 있었음을 알 수 있다.

2) 『고승전』의 전법정신(傳法精神)

혜교는 고승들이 매진했던 덕업에 따라 10과를 분류했지만 오히려 고승 1인을 살펴보면 다양한 행업들이 나타난다. '역경승'이나 '의해승'들도 습선이나 계율에 밝았으며, '습선승'이나 '명률승'들 또한 경전에 의지하여 송경이나 신이를 행했던 경우가 많다. 마찬가지로 '신이승'이나 창도, 망신, 경사로 분류된 고승들이 의해나 송경에 밝은 이들도 있다.

승려들의 수학과 불교적 실천은 불법홍포라는 궁극의 목표를 지니고 있다. 이는 『고승전』의 10분과 전체에 나타난 생애기록에도 전법 정신이 그대로 나타나 있고, 혜교 역시 8분과에서 「경사」, 「창도」 편을 추가하여 10분과로 증가시켰다. 이로써 「고승전」을 보면 전법을 강조한 혜교의 의지를 엿볼 수 있다. 혜교는 "비록 이 두 과가 10과 끝에 배치되었을지라도 속인들을 깨닫게 하는 데 숭상할 만하다."고 평가한다.[18]

『고승전』의 여러 곳에서 전법의 구체적인 사례를 찾아보면, 첫 번째 인물로 소개되는 섭마등 조에는 '서역(西域)의 신(神)', 즉 부처를 신으로 보았다는 내용을 담고 있으며, 인도와 중국의 문화 접변의 양태를 보여준다. 한(漢)나라 명제의 꿈속에 금빛이 나는 사람이 공중으로 날아오르는 모습을 신하에게 물었고, 신하인 통인 부의는 "제가 듣기에 서역에는 부처[불(佛)]라는 신이 있다고 합니다. 폐하께서 꾸신 꿈은

---

18 「창도」편, 혜교 「論」(대정장 50, p.417하) "昔草創高僧本, 以八科成傳, 卻尋經導二技. 雖於道爲末, 而悟俗可崇. 故加此二條足成十數."의 내용 참조.

아마도 필시 이것이었을 것입니다."[19]

이는 불교의 전래와 깊은 관련을 갖는 내용이며, 강승회 조에는 오의 손호가 불교에 대해 호기심을 가진 내용으로 그의 궁녀가 불교를 신앙하면서 불교가 도입된 것을 기술하고 있다. 여기에는 '탑사(塔寺)', '제사(祈祀)', '불신(佛神)', '참회(懺悔)' 등 불교 신앙과 관련된 단어들이 많이 등장한다.

특히 '제사'와 관련하여 『주역』이나 『시경』에 기복을 언급하는 부분[20]에서 인도불교와 중국문화가 만나는 극적인 장면들이 있는데, 이로써 중국에 불교가 뿌리내리는 과정을 보여주고 있다. 『고승전』을 통한 혜교의 전법 정신을 방편과 공덕, 그리고 신이를 중심으로 살펴보면 다음과 같다.

(1) 방편적 요소의 적극적인 활용

혜교는 그의 「서록」 첫 머리에서 방편의 중요성을 다음과 같이 말하고 있다.

> 원래 지극한 도는 어렴풋하여 방편[蹄筌][21]의 힘을 빌린 뒤에야 드러난다.[22]

---

19 「역경」편, 섭마등 조(대정장 50, p.322하) "臣聞, 西域有神, 其名曰佛, 陛下所夢, 將必是乎."
20 「역경」편, 강승회 조(대정장 50, p.325하) "爲惡於顯人, 得而誅之. 易稱積善餘慶, 詩詠求福不回. 雖儒典之格言, 卽佛敎之明訓."의 부분 참조.
21 고기를 잡는 통발과 토끼를 잡는 올가미란 뜻으로서, 목적을 위한 방편을 이르는 말. 제전(蹄筌) 혹은 전제(筌蹄)다.
22 「서록」(대정장 50, p.418중) "原夫至道沖漠, 假蹄筌而後彰."

이와 같이 지극한 도를 드러내기 위해서는 방편이 있어야함을 주장하고 있다. 즉, 전법의 다양한 방법과 차별을 인정하는 말로 "수많은 흐름이 커다란 구덩으로 돌아가고, 북극성 주위에 수많은 별들이 받들고 있다, 또한 "깨끗함과 더러움은 듣는 것에 따라 달라지고, 위로 오름과 아래로 떨어져 내림은 보는 것에 따라 달라진다."고 하여 방법의 차별성을 인정한다. 더불어 "서방이 소리와 형태의 근본을 앞세우지만 동쪽나라는 이익을 앞세운다."고 지역의 특성에 따라 전법의 방법도 달라져야 함을 강조했다. 이는 혜교가 승려들의 덕업을 기준으로 『고승전』의 목차인 10과를 구분했던 입장과 일치한다.[23]

그러나 혜교는 방편 활용에 대한 경고 또한 잊지 않는다. 그는 「망신」편에서 '신체 훼손(망신)'이라는 '방편'에 대해 반드시 중생들을 위해서 시절과 상황에 맞게 행동해야 한다는 전제로 경전을 인용하여 "손가락이나 발가락을 태우는 것이 나라와 성으로 보시하는 것보다 그 공덕이 수승하다."고 말한다. 그러나 잔혹하게 신체를 훼손한다면 얻음도 있지만 잃음도 크다고 경고한다.

(2) 공덕의 중시

혜교는 『고승전』 10과를 구분하면서 공덕을 중시했다. 『고승전』 257인의 선정 기준 또한 공덕의 유무였다.[24] 그는 「서록」에서 밝히기를 "고승들의 전기를 찬집함에 그들의 덕업을 나누어 10가지로 했다."고 하였다.

불법이 인도에서 중국으로 전해지기까지 사막과 험난한 산을 넘거

---

23 동국역경원 역, 『고승전 외』, 1998, p.26.
24 「서록」(대정장 50, p.418하) "二百五十七人, 又傍出附見者二百餘人, 開其德業大爲十例."

나, 파도가 거센 바다에 배를 띄워 목숨을 걸고 전역한 사람들의 공덕을 기록하고 있다. 불법이 중국 땅에 널리 퍼지게 한 이들 구법승의 공훈을 숭상하여 「서록」에 적는다고 밝히고 있다. 이와 함께 혜교는 고승들의 공덕을 7가지로 다음과 같이 나누었다.

① 지혜와 이해력으로 정신을 열면, 도가 만억 사람을 아우른다. ② 감응에 통하여 교화로 나아가면, 강폭한 사람을 복되게 한다. ③ 생각을 편안하게 하여 선정에 안주하면 공덕이 무성하다. ④ 율법으로 널리 도우면, 계율의 행실이 맑고 깨끗하다. ⑤ 형체를 잊고 몸을 버리면, 자랑하고 인색하던 사람이 마음을 고친다. ⑥ 불법의 말씀을 노래하고 외우면, 귀신과 사람이 경사로움을 머금는다. ⑦ 복되고 착한 일을 심고 일으키면, 부처님이 남긴 모습을 전할 수 있다.[25]

더불어 혜교는 각 과(科)마다 찬(贊)과 논(論)을 갖춤으로써 고승들의 공덕을 기린다고 서술한다.

(3) 습선(習禪)과 신이(神異)의 적극적인 수용

불교의 전래와 더불어 선문화가 없었던 중국에 습선법이 전래되었지만 중국인들에게 그것은 이질적이었다. 습선이 신이(神異)라는 방편과 연계되면서 관심을 끌었고, 『고승전』에는 선자들의 신이적 활약을 수록하고 있다. 혜교는 10분과 중 세 번째에 「신이」편을 배치하고 고승들의 공력(功力)에 의한 수많은 이적 현상들을 소개하였는데 그러한

---

25 「서록」(대정장 50, p.419상) "至若慧解開神, 則道兼萬億. 通感適化, 則彊暴以綏. 靖念安禪, 則功德森茂. 弘贊毘尼, 則禁行淸潔. 忘形遺體, 則矜吝革心. 歌誦法言, 則幽顯含慶. 樹興福善, 則遺像可傳."

공력은 수행과정, 즉 습선이나 다양한 수도법들과 연계된다.

「습선」편에서 신이적 내용과 관련되는 인물은 먼저 축승현 조에서 찾을 수 있다. 승현은 "며칠씩 선정에 들었어도 또한 주린 기색이 없었다."[26]라는 부분에서 선정 속에 있으면 먹지 않고도 살 수 있다는 신이를 통해 당시 사람들에게 습선의 공능을 보여준 사례를 적고 있다. 「습선」편 백승광 조에는 "꿈에 산신이 나타났다. 혹 호랑이의 형상을 짓기도 하고, 혹 뱀의 몸이 되기도 하면서 다투어 찾아와 승광을 위협하였다. 승광은 한결같이 모두를 두려워하지 않았다."[27]는 부분이 있고, 맹수와 산신의 횡포가 심한 곳에서 좌선을 위한 석실을 마련하고 선정을 통해 산신과 맹수를 물리쳤다는 일화가 있는데, 이는 불법이 당시의 민간 신앙보다 더 뛰어나다는 것을 전파한 사례다.

축담유는 석성산에서 수도할 때 지네를 먹고도 탈이 없었다는 내용을 수록한다. 또 시풍의 적성산에 들어가 석실을 마련하고 좌선에 임했고, 원래 그곳에 주재하고 있던 산신이 호랑이의 모습으로 나타나 담유를 위협했지만 담유는 두려워하지 않고 호랑이를 다스렸고 그 산신은 본래 하(夏)임금의 아들로서 적성산에서 2,000년간 거주했다고 고백한다. 이에 선자인 축담유를 위해 산신이 떠난다. 이처럼 앞에 언급한 승광의 사례 등과 함께 선업이나 주문(呪文)을 수업했을 때, 귀신이나 산신령의 출몰을 해결하는 경우가 많고 더불어 호랑이, 뱀 등 인간을 해치는 미물들을 물리치는 신이가 많이 기술되어 있다. 이는 인도의 습선문화와 중국의 산신문화가 만나고 당시 선(禪)이 중국에 뿌리내리는 과정을 알려준다.[28]

---

26 「습선」편, 축승현 조(대정장 50, p.395중) "或時數日入禪, 亦無飢色."
27 「습선」편, 백승광 조(대정장 50, p.395하) "夢見山神, 或作虎形, 或作蛇身, 競來怖光, 光一皆不恐."
28 「습선」편, 축담유 조(대정장 50, pp.395하~396중)의 내용 참조.

또한 배도 조에서 볼 수 있듯이, 현실 세계와 다른 차원의 이상향이 있다는 일화를 엮고 있다. 그리고 식재(息災)나 희구함을 이루는 경우 또한 많이 나타난다.

습선승 혜외(慧嵬)는 선정을 닦으면서도 계율에 따른 행실이 맑았다. 그는 주로 산 속에서 선업[수선정지업(修禪定之業)]을 이어가는 중 귀신의 위협을 받았다. 머리 없는 귀신이 나타나면 "머리가 없어서 근심 걱정이 없겠구나"[29], 또 배가 없는 귀신에게 "오장육부가 없어 배탈이 없겠구나"[30] 등 귀신과의 대화로 여러 형상으로 나타난 귀신들을 물리치는 내용을 수록하고 있다.

「신이」편의 고승들 또한 습선에 밝은 수행자들이 있다. 이는 습선승의 신이적 요소와는 반대의 입장으로서 단도개는 여러 가지 이적현상을 보인 승려다. 그는 "소덕사로 옮겨 방안에 높이 8척 내지 9척 가량의 이중 다락을 만들고, 그 위에 왕골로 열섬들이 광주리를 엮어 선실(禪室)을 만들어 항상 그 안에서 좌선하였다"[31]는 기술이 보인다. 신이승이 좌선 수도하는 모습이 당시 중국인들에게 새로운 모습이었음은 두말할 나위가 없었을 것이다.

석보지(釋保誌) 조에는 "서울 도림사에 머물면서 사문 승검에게 사사하여 그를 스승[화상(和上)]으로 모시며 선업을 닦고 익혔다."[32]라고 기록한다. 석보지 역시 많은 신이를 보인 인물로 선업을 닦았음을 나타

---

29 「습선」편, 석혜외 조(대정장 50, p.396중) "有一無頭鬼來, 嵬神色無變. 乃謂鬼曰, 汝旣無頭, 便無頭痛之患."의 내용 참조.
30 「습선」편, 석혜외 조(대정장 50, p.396중) "鬼又曰, 汝旣無腹, 便無五藏之憂, 一何樂哉?"
31 「신이」편, 단도개 조(대정장 50, p.387중) "昭德寺, 於房內造重閣, 高八九尺許, 於上編菅爲禪室, 如十斛籮大, 常坐其中."
32 「신이」편, 석보지 조(대정장 50, p.394상) "京師道林寺, 師事沙門僧儉, 爲和上修習禪業."

내고 있다.

혜교는 「신이」편의 논평에서 방편의 의미를 "무릇 진리의 세계에서 귀하게 여기는 것은 도와 합치하는 것이다. 현상의 세계에서 귀중히 여기는 것은 중생을 제도하는 것이다. 그런 까닭에 '방편'이란 불변의 진리[상(常)]에 반대되더라도 도와 합치하는 것이자 쓰임을 이롭게 하여 일을 완성하게 하는 것이다."[33]라고 하여 신이가 갖는 특성과 방편의 필요성을 말하고 있다. 곧 불교 포교라는 측면에서 신이의 현상들을 방편으로 수용했음을 알 수 있다. 따라서 역경승이나 의해승들의 신이 는 물론 명률승 흥복, 망신 등의 분과 가운데 신이의 인물들이 다양하 게 나타난다.

혜교는 『고승전』에서 신이를 통한 다양한 공덕이나 공능들을 표현 하고 있지만, 불교와 습선이 정착하기 시작한 시기와 당 시기에 편찬 된 『속고승전』이나 그 이후에 편찬된 『송고승전』에서는 '신이편'을 분 과로 설정하지 않았다.

이렇게 전법 중시에 따라 고승들의 방편, 공덕, 신이를 중심으로 『고승전』의 내용을 살펴보았다. 중국에 불교가 전래되고 정착하는 과 정에서 전법은 당연히 중시될 수밖에 없었다. 또한 전법을 위한 다양 한 방편이나 신이적 요소들이 자연스럽게 수용되는 구조였다. 따라서 수많은 공능들을 소개하지만 불교 본연의 모습을 찾아가는 과정을 보 여준다.

그리고 『속고승전』이나 『송고승전』에는 방편적 예화들이 현저히 감소되었다는 점에서, 『고승전』이 불교 전파의 시기에 전법에 비중을 크게 두었음을 알 수 있다.

---

33 「신이」편(대정장 50, p.395상) "夫理之所貴者合道也. 事之所貴者濟物也. 故權者反 常而合道, 利用以成務."

제2장 초기 중국불교의 '선(禪)' 이해

1. '선어(禪語)'로 본 선의 함의

선정의 실천법은 천축에서 입국한 승려들과 역경승들의 선경류들 번역으로 소개되었다. 이후 습선을 통해 수많은 중국 고승들이 배출되었다. 『고승전』은 당시 선(禪)을 도입한 천축승들은 물론 역경승들과 중국 고승들의 습선 내용들을 기록하고 있다. 『고승전』은 기록에 근거하여 편찬한 역사서로, 혜교는 고승들의 선(禪) 및 기타 실천적 행위들을 충실하게 반영하였고, 선과 관련된 용어들까지 풍부하게 사용하고 있다. 따라서 2장에서는 『고승전』 전반에 내재된 선정과 깨침, 그리고 삼매와 관련된 선어들을 추출하고 분류하여 그 용어들이 어떤 의미로 사용되었는지 고찰하여 초기 중국불교에서 '선(禪)'이 어떻게 이해되었는지 알아본다.

본 장에서는 먼저 선정을 '선(禪)'과 '정(定)'으로 나누어 분석한다. 분석을 위해 편의상 '선나(禪那)'와 '사유수'로 나누었다. 선나와 사유수는 『고승전』에서 혼용하고 있는데, 선나는 범어인 'dhyāna'의 음역이고 '사유수'는 의역이다.

『고승전』에서 '선나'의 의미로 사용된 용어로는 '습선', '선학', '선법' 등이 있으며, 사유수에 해당하는 용어는 '사유(思惟)', '심유(深惟)', '심사(深思)', '선사(禪思)' 등이 있다. 이 두 가지를 중심으로 『고승전』에 나타난 용어들을 취합하여 선의 의미를 고찰하고자 한다.

1) '선나(禪那)' 용어 분석

(1) 사전적인 용어로서 '선나[선(禪)]'에 대한 분석

범어 dhyāna 및 빨리어 jhāna의 음사인 선나(禪那)에서 '나(那)'가 생략되어 '선(禪)'으로 표기된다. 『고승전』에서 선나 용어가 드물게 사용되고, 오히려 〈선(禪)+정(定)〉이 정착되었음을 보게 되는데, 선나는 혜교 이전에 번역된 다른 선경류에서도 발견하기가 쉽지 않고 다만 구마라집이 번역한 『반야경』에 '선나바라밀'이 자주 등장할 뿐이다.

'선나'는 「습선」편의 석승심 조에서 보이며, 혜교의 「논평」에서도 찾아볼 수 있다. 석승심 조에는 "선이 아니면 지혜를 이룰 수 없다고 보고 오로지 선나에 매진했다."[1]라는 기술이 있다. 승심은 당시 선(禪)의 거장이었던 담마밀다로부터 선을 배웠으며, 다시 영요사로 옮겨 정진한 결과 심오한 경지를 터득했다고 한다.

「습선」편에 대한 혜교의 논평에서는 '선이란 무엇인가[선야자(禪也者)]'에 대하여 다음과 같이 설명한다.

> 논왈, 선이라는 것은 만물을 미묘하게 하는 것을 일컫는다. 그럼으로써 인연하지 않는 법이 없고 살피지 못할 경계가 없다. 그러나 법(法)에 인연하고 경계(境界)를 살피자면 오직 고요함으로써만 밝힐 수 있다.[2]

이어서 "선나의 고요함이여 정수(正受)의 깊음이여"[3]라 하면서 선나라는 용어를 쓰고 있다. 이는 규봉종밀(780~841)이 『선원제전집도서』

---

1 「습선」편, 석승심 조(대정장 50, p.399하) "常謂非禪不智, 於是專志禪那."
2 「습선」편, 혜교의 논평(대정장 50, p.400중) "論曰, 禪也者, 妙萬物而爲言. 故能無法不緣, 無境不察. 然緣法察境, 唯寂迺明."
3 「습선」편, 혜교의 論(대정장 50, p.400하) "禪那杳寂, 正受淵深."

에서 밝힌 바와 같이 사전적 의미인 '사유수'[4]를 가리키고 있음을 볼 수 있다. 이 문장을 좀 더 세밀히 분석하기 위해 〈선나(禪那)+묘적(杳寂)〉, 〈정수(正受)+연심(淵深)〉으로 배치할 수 있다. 이는 곧 〈선+정〉, 〈정수+삼매〉로 이어질 수 있다. 선정이 지속되고 이는 삼매로 이어져 다시 정수(正受)의 공덕이 발생하는 순서인 것이다.

혜교는 「논평」에서 습선인을 찬탄하면서 선의 의미를 은유적으로 표현하기도 하는데, '오문기악(五門棄惡) 9차제정[구차총림(九次叢林)]'[5]이 그것이다. '기악'은 선(禪)을 의미하며, 총림은 '공덕총림'으로써 정(定)을 뜻한다. 따라서 이 부분을 다시 말하면 오문선(五門禪)과 9차제정(九次第定)을 가리키는 말이 된다. 『고승전』에 나타난 선의 용어들이 나타난 곳을 살펴보면 〈표 8〉과 같다.

〈표 8〉 습선 용어의 출현 횟수

용어 출현 횟수	분과 및 승려명
선나(禪那) 2	「습선」 석승심 조, 「습선」 혜교 「논(論)」
습선(習禪) 11	「의해」 석법안 조, 「습선」 백승광 조, 「송경」 석혜예 조, 「습선」 석법성 조, 「의해」 석도항 조, 「명률」 석도영 조, 「신이」 석보지 조, 「습선」 축담유 조, 「송경」 석홍명 조, 「습선」 석현호 조
선수(禪數) 3	「역경」 승가발징 조, 「역경」 불타발타라 조, 「의해」 강법랑 조
선학(禪學) 3	「역경」 강량야사 조, 「역경」 승가달다 조, 「습선」 축담유 조

4 『선원제전집도서』(대정장 48, p.399상) "禪是天竺之語, 具云禪那, 中華翻爲思惟修. 亦名靜慮. 皆定慧之通稱也."
5 「습선」편, 혜교의 論(대정장 50, p.400하).

『고승전』에서는 습선이라는 용어를 다양하게 사용하고 있다. '습(習)'은 사전적으로 ① 익히다, ② 익숙하다, ③ 배우다, ④ 연습하다, ⑤ 복습하다, ⑥ 겹치다 등의 뜻을 지니며, 이는 '닦다' 혹은 '익히다' 의미인 '수(修)'와 합쳐져 '수습'이라는 용례로 쓰인다. 『고승전』에서 '수습'은 구나발마 조의 '사시선(死屍觀)을 수습하다'[6]처럼 오정심관(五停心觀)의 관법을 닦는다는 것을 뜻하고 있다. 그리고 석보지 조에는 "제자는 어느 때면 고요한 마음[정심(靜心)]으로 닦고 익힐[수습(修習)] 수 있겠습니까?"[7]라는 부분이 있는데 이는 배우는 과정의 학습단계가 아니라, 선 수행 자체를 의미하고 있다.

수습과 선정이 결합하여 '습선'이 되며, 습선이란 복합어는 『고승전』뿐만 아니라 이후 도선의 『속고승전』이나 찬영의 『송고승전』, 여성의 『대명고승전』에 분과의 하나로 삽입되었다. 특히 『송고승전』 목차에서는 '습선편'을 가리켜 "수습하여 무념에 이르되 선악이 모두 사라지지만[망(亡)] 그 망 또한 버려[망(亡)] 항상 안락에 머문다."[8]로 정의 내리고 있다.

'습선'에 대한 사전적 의미는 '몸에 익숙할 때까지 빠뜨리지 않고 수행하는 것이다. 또한 십법행의 하나로서 지혜에 의한 수행을 의미하기도 한다. 수습은 천태종에서 지관(止觀)을 실천하는 것으로 정의하기도 한다' 또는 '교단에 입문하여 몸과 마음을 닦되 익숙할 때까지 도야하는 것이다'라는 의미를 지닌다.

명확하게 습선으로 표기한 곳은 석법성 조다. 법성은 양주(涼州) 사람으로 "16살에 출가하여 배움에 경전과 율장에 뛰어났다. 오곡을 먹

---

6 「역경」편, 구나발마 조(대정장 50, p.341하) "修習死屍觀."
7 「신이」편, 석보지 조(대정장 50, p.394하) "弟子, 何時得靜心修習."
8 『송고승전』(대정장 50, p.710상) "習禪篇第三(修至無念, 善惡都亡, 亡其所亡, 常住安樂)."

지 않고 오직 송진만을 먹고 바위동굴에 은거하여 습선을 일삼았다."[9]고 썼다.

『고승전』에 보이는 '습선' 용어는 「습선」편 뿐만 아니라 「의해」편이나 「송경」편, 「신이」편에서도 사용되었음을 볼 수 있다. 중국에 입국한 역경가들을 일컬어 습선자라고 부르지 않으며, 오히려 선에 밝은 중국인들을 가리켜 습선승으로 분류하고 있다. 「명률」편 석도영 조에는 "처음 영요사에 머물러 선을 익혔다."[10]고 하여 명확하게 '습선' 용어를 사용하였다. 이때 습선은 '수습선업' 혹은 '수습선정'의 줄임말이었음을 보여준다.

「신이」편의 석보지(釋保誌) 조에 "사문 승검(僧儉)에게 사사하였다. 그를 화상(和上)으로 모시고 선업을 수습하였다."[11]에서 '수습선업'이라는 말이 보인다. '습선정(習禪定)'이 선어로 표기된 곳은 「습선」편 축담유 조에 "어릴 때부터 고행하면서 선정을 익혔다."[12]가 있으며 「송경」편 석승생 조에는 "『법화경』을 외우고 선정을 익혔다."[13], 「송경」편 석홍명 조에는 "『법화경』을 외우고 선정을 익혔다. 부지런히 정진하며 육시예참을 그치지 않았다."[14]는 내용에서는 '습선'과 '육시예참'의 행의(行義)가 동시에 나타난다. 「습선」편 석현호 조에도 "항상 선정을 익히는 것을 일삼았다."[15]에서 '습선정'의 용어를 사용하였다.

'습선업(習禪業)' 용어 또한 여러 번 나타난다. 「의해」편 석법안 조에

---

9 「습선」편, 석법성 조(대정장 50, p.399상) "十六出家, 學通經律. 不餌五穀, 唯食松脂, 隱居巖穴, 習禪爲務."
10 「명률」편, 석도영 조(대정장 50, p.401하) "始住靈曜寺, 習禪."
11 「신이」편, 석보지 조(대정장, p.394상) "師事沙門僧儉, 爲和上修習禪業."
12 「습선」편, 축담유 조(대정장 50, p.395하) "少苦行習禪定."
13 「송경」편, 석승생 조(대정장 50, p.406하) "誦法華習禪定, 常於山中誦經."
14 「송경」편, 석홍명 조(대정장 50, p.408상) "止山陰雲門寺, 誦法華習禪定."
15 「습선」편, 석현호 조(대정장 50, p.396하) "常習禪定爲業."

는 "혜원의 제자로서 계율을 훌륭히 수행하고 많은 경전을 강설하였다. 아울러 선업을 닦았다."[16]에서 보듯이 법안은 계율을 지키고 경전을 강의하며, 이와 동시에 선업을 닦았다고 하여 당시 습선과 경율과의 관계를 나타내고 있다. 백승광 조에는 "어려서부터 선업을 닦았다."[17]로 석혜예 조에는 "선업을 익혀 정밀하게 오문선을 닦았다."[18]와 같은 '선업' 용어를 사용한 것을 확인할 수 있다. 석승조 조에는 '습선도'를 사용한다. "선사는 와관사에서 선도(禪道)를 가르치니, 문도 수백 명이 밤낮으로 게으르지 않으며 화목하고 엄숙하여 스스로 기뻐하고 즐거워하였다."[19]라는 부분에서 '습'과 함께 '선도'가 활용되었다.

'수습' 혹은 '습선'의 연원은 구나발타라의 번역인 『잡아함경』에서 볼 수 있다. 여기에는 "정근하여 수습하되 나태하지 않음에 머무르라"[20]에서 '수습' 용어가 사용되었고, "항상 방편을 써서 선정을 닦고 익혀(수습) 안으로 그 마음을 고요히 해야 하느니라. 왜냐하면 비구가 항상 방편을 써서 선정을 닦고 익혀 안으로 그 마음을 고요히 하면 사실 그대로 관찰할 수 있기 때문이다."[21]라고 선정 수습을 강조하고 있다.

---

16 「의해」편, 석법안 조(대정장 50, p.362하) "遠公之弟子也. 善戒行, 講說衆經, 兼習禪業."
17 「습선」편, 백승광 조(대정장 50, p.395하) "少習禪業."
18 「송경」편, 석혜예 조(대정장 50, p.408상) "習禪業, 精於五門."
19 「의해」편, 석승조 조(대정장 50, p.365중) "禪師於瓦官寺, 教習禪道, 門徒數百, 日夜匪懈, 邕邕肅肅, 致自欣樂."
20 『잡아함경』(대정장 2, p.3하) "精勤修習, 住不放逸." 부분 참조.
21 『잡아함경』(대정장 2, p.17상) "常當修習方便禪思, 內寂其心. 所以者何? 比丘常當修習方便禪思. 內寂其心, 如實觀察."

(2) 경전에 나타난 수습(修習) 용어 분석

'수습' 용어가 선어에서 중요한 위치를 차지하는 만큼 선경류에서 검색해 볼 필요가 있다. 역경가인 구마라집을 중심으로 그가 번역한 선경류에서 '수습' 용어가 나타난다. 그의 번역서인『좌선삼매경』에는 '수습'이라는 용어가 발견되지 않고 다만,『사익범천소문경』,[22]『긴나라왕소문경』[23]에 1번씩 등장한다. 그리고『선비요법경』에는 2번,『선법요해』 3번,『사유략요법』에서 3번 검색된다. 그런데『십주경』에서는 26번 찾아볼 수 있다.

후한의 안세고는『안반수의경』을 필두로『음지입경』(2권),『불설선행삼십칠품경』(1권),『선행법상경』(1권),『도지경』(1권) 등 많은 선경류를 번역했으나, 그가 번역한 경전에서 '수습'이라는 용어를 찾아보기 어렵다. 그러나 동진의 불타발타라가 번역한『달마다라선경』(2권)에는 '수습' 용어가 17번이나 검색되어 안세고의 번역물과 비교된다.

그런데 같은 경전일지라도 '수습' 용어들이 갖는 뉘앙스가 다르게 사용된 것이 보인다. 불타발타라의『달마다라선경』에서 "수승한 관법(觀法)을 닦는다."[24]에서 '수습'과, "먼저 안반부정념을 닦고 후에 여러 경계들을 관찰한다."[25]에서 수습은 닦는다는 의미이지만 "적멸의 지혜를 갖춘다[수습적멸혜(修習寂滅慧)]"[26]에서 수습은 '닦는다'라는 의미보다 '갖추다'라는 의미가 적합하다.

---

22 『사익범천소문경』(대정장 15, p.57중) "應當修習, 如是牢强精進."
23 『긴나라왕소문경』(대정장 15, p.372중) "修習福慧, 無有滿足."
24 『달마다라선경』(대정장 15, p.316하) "修習此勝觀."
25 『달마다라선경』(대정장 15, p.317하) "有因先修習安般不淨念, 然後觀諸界."
26 『달마다라선경』(대정장 15, p.317상) "修習寂滅慧."

구마라집의 『십주경』에 등장하는 많은 숫자의 '수습'에서 역시 의미가 다르게 해석된다. '습선제선정(修習諸禪定)'[27]에서는 '선정을 닦는다'라는 의미보다 "복혜를 갖추다."[28]라는 해석이 더 가깝게 보인다. 한편, "4정법을 닦으며[습행(習行)], 4여의분을 닦으며[수(修)], 5근을 행하며[습행(習行)], 또한 5력을 닦는다[수(修)]. 7각지를 닦으며[수습(修習)], 8정도를 행한다[행(行)]"[29]에서 보듯이 '수(修)', '행(行)', '습행', '수습'의 선어들이 집중적으로 열거된 부분이 나타나기도 한다.

'선수(禪數)'라는 용어는 『고승전』에서 세 번 검출된다. 수(數)는 곧 아비달마(阿毘達摩)의 표현으로 선에 대한 연구 혹은 논구를 말한다. 「역경」편 승가발징 조에서 "선수(禪數)의 학문이 매우 성하였다."[30]에서 선수는 곧 아비달마를 말한다. 아비달마를 대법(對法), 혹은 수법(數法)이라 할 때 당시 중국에서도 선경과 선법이 도입되면서 법에 대해 분석하려는 경향이 있었다. 비록 중국에 노장사상(老莊思想)이 편재해 있더라도 그들은 새롭게 소개된 선법에 대해 분석해야 했던 것이다. 이때 '선수학(禪數學)' 용어가 나타났으며 이는 수입된 선법들을 명수(名數)로 나누고 법상에 따라 분류하는 것이다. 즉, 중일(增一)의 방법에 따라 일법, 이법, 삼법 등으로 분류하고 이것을 수수분별하여 선법을 숫자로서 다양하게 분석하려는 입장이다.[31]

'선수'는 불타발타라 조에서도 발견되는데, '선수(禪數)' 제경(諸經)[32]이라 하여 선경류의 다양성을 가리키고 있으며, 또한 아비달마적, 분

---

27 『십주경』(대정장 10, p.520상) "修習諸禪定."
28 『십주경』(대정장 10, p.511하) "以得念慧心道理之勢力, 修習於福慧."
29 『십주경』(대정장 10, p.510하) "習行四正法, 修四如意分, 習行於五根, 及以修五力, 修習七覺意, 行於八聖道."
30 「역경」편, 승가발징 조(대정장 50, p.328중) "禪數之學甚盛."
31 뤼청(呂澂) 저, 각소 옮김, 『중국불교학 강의』(민족사, 1992), p.55.
32 「역경」편, 불타발타라 조(대정장 50, p.335중).

석적 의미로서 응용하고 있음을 볼 수 있다. 강법랑(康法朗) 조에서는 '사학(思學)'·'선수(禪數)'·'입정(入定)'을 동시에 배치시켜 선수의 의미를 적절하게 표현하였고, 이것은 또한 실수(實修)로 이어졌음을 말하고 있다.[33]

그러나 『고승전』에 사용된 '선학' 용어는 선사상에 의한 논리적 토대를 설명한 것이 아니라, 습선과 같은 용어로 활용되었으며, 단순히 선법을 배운다는 의미다. 「역경」편 승가달다 조에는 "선학에 매우 밝았다."[34]라고 하여 습선의 의미로 사용하고 있다. 또한 강량야사 조에는 "선을 배우려는 이들이 무리를 이루었다."[35]고 하여 '학(學)'의 의미를 살리고 있다. 「습선」편의 축담유 조에서도 선을 배운다는 '습선'으로 '선학'이 사용되었음을 보여준다.[36]

2) '사유수(思惟修)' 관련 용어 분석

'사유수' 혹은 '정려(靜慮)'와 관련하여 『고승전』에 다양한 용어가 등장한다. 〈표 9〉와 같이 여섯 개의 용어를 선택하여 고찰해 보고자 한다.

---

33 「의해」편(대정장 50, p.347중) "선 수행에 뛰어나서, 입정할 때마다 혹은 며칠씩 일어나지 않았다[思學有功, 特善禪數, 每入定或數日不起.]."
34 「역경」편, 승가달다 조(대정장 50, p.343하) "禪學深明."
35 「역경」편, 강량야사 조(대정장 50, p.343하) "處處弘道禪學成群."
36 「습선」편, 축담유 조(대정장 50, p.396상), "禪學造者十有餘人." 부분 참조.

<표 9> '사유수'와 관련된 용어 검색

용어 횟수	출전 분과 및 승려명
사유(思惟) 3	「역경」 담마야사 조, 「역경」 담무참 조, 「역경」 승가라다 조
고유(顧惟) 2	「의해」편 석지림 조, 「경사」 혜교 「서록(序錄)」
심유(深惟) 2	「역경」 안세고 조, 「역경」 구마라집 조
심사(深思) 4	「의해」 우법개 조, 「의해」 석담영 조, 「의해」 석승필 조, 「의해」 혜교 「논(論)」
선사(禪思) 6	「역경」 석지엄2, 「의해」 석혜영, 「의해」 법유, 「의해」 석보량, 「신이」 배도
징사(澄思) 2	「의해」 석담옹, 「의해」 석법원
사념(思念) 2	「역경」편 담마야사, 「신이」편 배도

혜교는 『고승전』을 편찬하면서 '사유'라는 용어를 곳곳에서 사용하고 있다. 담마야사 조에는 '깨달아 스스로 사유하되 여러 곳을 다니면서 도를 전수하고자'[37]라는 부분이 있으며, 담무참 조에는 "도진이 다시 사유(思惟)하기를"[38]이라는 문구가 보인다. 또 "승가달다가 사유(思惟)하되 원숭이가 꿀을 바치자 부처님께서도 받아드셨다. 지금 날아가는 새가 내려준 음식이라고 해서 어찌 안 되겠는가"[39]라는 부분에서 살펴보면 평범한 '생각'이라는 의미를 넘어 '반조(返照)'라는 의미를 담고 있다.

---

37 「역경」편, 담마야사 조(대정장 50, p.329중) "覺自思惟, 欲遊方授道."
38 「역경」편, 담무참 조(대정장 50, p.336하) "進更思惟."
39 「역경」편, 승가달다 조(대정장 50, p.343하) "達多思惟, 彌猴奉蜜, 佛亦受而食之. 今飛鳥授食, 何爲不可?"

'고유(顧惟)'⁴⁰라는 용어도 나타나는데 두 번 검색된다. '고유'는 '돌이켜 본다'는 의미로서 사유와 미세한 차이가 보인다. 석지림 조에서 '다만 이 도를 되돌아 볼[고유(顧惟)] 때마다 지금부터는 영원히 단절되어 아무도 말하는 사람이 없을 것이라 사유하였습니다'라고 하여 고찰적 의미를 부여한다. 혜교는 그의 「서록」에서 '고유'를 단순히 '돌이켜 보건대'로 활용하고 있다. 이때는 선적인 의미와 거리가 있다.

'심사(深思)' 용어는 「의해」편의 우법개 조를 비롯하여 모두 네 번에 걸쳐 나타나지만 이는 선을 가리키기보다 단순히 숙고(熟考)의 의미로만 사용되었음을 볼 수 있다.⁴¹ '심유(深惟)' 역시 사유와 같은 뜻으로 쓰였다.

> 안세고는 출가하기 전에도 계율을 받드는 것을 매우 엄격히 하였다. 부왕이 죽자 왕위를 계승하였다. 이에 인생의 괴로움과 헛됨[공(空)]을 깊이 깨닫고[심유(深惟)] 걸림돌이 되는 육체를 꺼려 떠나고자 하였다. 그래서 상복을 벗은 뒤에 마침내 숙부에게 왕위를 양보하고 출가하여 불도를 닦았다.⁴²

인용에서 보듯이 출가하여 불도를 닦기 위해 성찰하는 모습을 충분히 표현하고 있다. 또 구마라집 조에도 출가와 관련된 사유를 나타내고 있다.

---

40 「의해」편, 석지림 조(대정장 50, p.376중) "復旦夕西旋, 顧惟此道, 從今永絶不言.";
「서록」혜교(대정장 p.422하) "來告累紙, 更加拂拭, 顧惟道藉人弘理由敎."

41 「의해」편, 우법개 조(대정장 50, p.350상) "深思孤發獨見言表.";「의해」편, 석담영 조(대정장 50, p.364상) "特加深思, 乃著法華義疏四卷.";「의해」편, 석승필 조(대정장 50, p.369상) "愛日惜力靖有深思.";「명률」편, 혜교 「論」(대정장 50, p.403중) "其後智稱律師竭有深思."

42 「역경」편, 안세고 조(대정장 50, p.323중) "高雖在居家, 而奉戒精峻. 王薨便嗣大位. 乃深惟苦空, 厭離形器, 行服旣畢, 遂讓國與叔, 出家修道."

"뒤에 성을 나가 돌아다니면서 구경하였다. 무덤 사이에 마른 해골이 여기저기 흩어져 굴러다니는 것을 보았다. 이에 고(苦)의 본질을 깊이 심유(深惟)하여 출가하기로 결심하였다. 만약 머리를 깎지 못한다면 음식을 목구멍으로 넘기지 않겠다고 맹세하였다."[43]

구마라집이 출가하려는 동기에서 보이는 '심유' 또한 성찰적 의미를 충실히 담아내고 있다.

「역경」편 석지엄 조에서 "불타선이 그가 선정[선사(禪思)]에 조예가 있음을 알고는 특별히 그의 재능을 남다르게 여겼다."[44]는 부분이 보인다. 또,

함께 거주하는 세 사람의 승려가 각기 새끼로 맨 의자[승상(繩牀)]에 앉아 고요히 선정[선사(禪思)]에 든 것을 보았다. 왕회가 다가가 한참 동안 있다가 손가락을 튕겨도 알아채지 못하였다.[45]

여기서 보듯이 '선사(禪思)'는 선정 중이라는 의미를 담고 있다. 또한, 「의해」편의 석혜영 조에 "선정에 들고자 생각할 때마다 문득 그곳에 가서 지냈다."[46]가 있으며, 석보량 조에서도 "홀로 거처하여 선(禪)에 잠기며 강설을 그만두고 인사를 단절하였다."[47]라는 대목이 발견된다. 석도조 조의 제자인 법유·도항·도수를 소개하는 부분에서 "혹은

---

43 「역경」편, 구마라집 조(대정장 50, p.330상) "後因出城遊觀, 見塚間枯骨異處縱橫. 於是, 深惟苦本, 定誓出家, 若不落髮不咽飲食."
44 「역경」편, 석지엄 조(대정장 50, p.339중) "佛馱先, 見其禪思有緒, 特深器異."
45 「역경」편, 석지엄 조(대정장 50, p.339중) "見其同止三僧, 各坐繩床, 禪思湛然. 恢至良久, 不覺彈指."
46 「의해」편, 석혜영 조(대정장 50, p.362상) "每欲禪思, 輒往居焉."
47 「의해」편, 석보량 조(대정장 50, p.381하) "因屏居禪思, 杜講說絶人."

논리 이해에 깊고 밝으며, 혹은 중생의 일을 바로잡고 구제한 사람도 있고, 혹은 계행이 청정하여 드높은 사람도 있고, 혹은 선정에 깊이 들어간 사람도 있다."[48]에서 '선사(禪思)' 용어가 발견된다.

> "이전에 선생님을 뵈었을 적에는 선의 사유[선사(禪思)]가 그윽이 높아 한 번 앉으면 100년을 앉으셨습니다. 큰 자비로움이 제 마음에 배어드니 마음을 텅 비워 마른 해골을 생각하겠습니다."[49]

인용문에서 보듯이 배도 조에는 '선사(禪思)'와 함께 '유수(幽岫)'로 표현하며 '높다' 혹은 '그윽하다'라고 하여 관조(觀照)의 고원함을 나타내려 한 점이 보인다.

이와 더불어 '징사(澄思)' 용어는 『고승전』에서 두 번 검색되는데 홀로 사용되기보다 형용의 표현이다. '징사선문(澄思禪門)'과 '징사오문(澄思五門)'으로 사용되었다. 「의해」편 석담옹 조에는 "곧 산의 서남쪽에 초가집을 세워 제자인 담과와 맑게 선문을 생각하였다."[50]라고 하여 좌선의 모습과 함께 내면의 성찰이 이루어지고 있음을 표현하고 있다.

'사념(思念)'은 '선사(禪思)'와 더불어 사량을 표현한다. 「역경」편의 담마야사 조에서는 "홀로 머물러 사념하되 자칫하면 밤낮을 바꾸기도 하였다."[51]라고 선나의 의미로 사용하고 있다.

---

48 「의해」편, 석도항 조(대정장 50, p.363상) "或義解深明, 或匡拯衆事, 或戒行淸高, 或禪思深入."
49 「신이」편, 배도 조(대정장 50, p.391중) "前見先生, 禪思幽岫, 一坐百齡. 大悲熏心, 靖念枯骨."
50 「의해」편, 석담옹 조(대정장 50, p.362하) "乃於山之西南, 營立茅宇, 與弟子曇果, 澄思禪門."
51 「역경」편, 담마야사 조(대정장 50, p.329중) "獨處思念, 動移宵日."

위와 같이 추출된 용어들의 분석을 종합해 볼 때 선적인 사유에 대한 정의적 용어와 그 내용들이 「습선」편에만 집중된 것이 아니라, 「역경」편과 「의해」편에도 다양하게 나타나고 있음을 보게 된다. 따라서 습선만을 지향한 승려들 뿐만 아니라, 역경승과 의해승들도 선(禪)의 실천을 중시했다는 점을 보여주고 있다.

3) 선(禪)을 지칭하는 여러 용어들

이번에는 '선(禪)'과 관련된 용어를 고찰한다. '선법(禪法)', '수선(修禪)', '선업(禪業)', '업선(業禪)', '선도(禪道)' 등의 용어는 선정이나 선정행위, 혹은 교의적 측면과 비교되는 실천 용어로서 활용되었다.

(1) '선법(禪法)' 용어의 의미와 활용

『고승전』 전문에서 '선법' 용어를 검색하니 모두 15번에 걸쳐 검색된다. 이들 용어는 번역되는 책의 제목으로 활용된 예를 볼 수 있다. 먼저 구마라집의 『선법요』(『선비요법경(禪祕要法經)』3권)를 볼 수 있는데, 구마라집은 좌선법을 알리는 『선경』(『좌선삼매경』2권), 『선요해』(『선법요해』2권) 등 많은 선경류들을 역출하였다.[52]

---

52 「역경」편, 구마라집 조(대정장 50, p.332중).

<표 10> 선(禪)을 가리키는 용어의 출현 횟수

용어 출현 횟수	선어(禪語)의 검출 분과 및 승려명
선법(禪法) 15	「역경」편 담마야사, 「역경」편 구마라집, 「역경」편 구마라집, 「역경」편 불타발타라, 「역경」편 안양후, 「역경」편 석지엄, 「역경」편 담마밀다, 「역경」편 담마밀다, 「역경」편 강량야사, 「의해」편 석혜원, 「의해」편 석승예, 「의해」편 석승예, 「의해」편 석혜의, 「습선」편 석현고, 「습선」편 석법성
선업(禪業) 14	「역경」편 안세고, 「역경」편 불타발타라, 「역경」편 담마밀다, 「의해」편 석법안, 「신이」편 석보지, 「습선」편 백승광, 「습선」편 혜진, 「습선」편 담요, 「습선」편 석혜통, 「습선」편 석법기, 「습선」편 석도과, 「습선」편 석도법, 「습선」편 석승심, 「송경」편 석도경, 「송경」편 석혜예
업선(業禪) 5	「역경」편 석보운, 「습선」편 축승현, 「습선」편 석보항, 「습선」편 법달 · 혜승
선도(禪道) 9	「역경」편 담마밀다, 「의해」편 석승조, 「의해」편 석담빈, 「의해」편 석혜구, 「습선」편 석현고2, 「습선」편 석담초, 「습선」편 혜교 「논(論)」, 혜교의 「서록」

담마밀다 조에도 '선경(禪經)'이 발견된다. 담마밀다는 '기원사에서 『선경』, 『선법요』, 『보현관』, 『허공장관』 등을 번역하여 펴냈다'[53]라고 기록되어 있다. 그러나 담마밀다와 관련하여 전해지는 번역은 『오문선경요용법』 1권 뿐이다. 이와 더불어 「의해」편 석승예 조에는 다음과 같은 기록이 보이고 있다.

---

53 「역경」편, 담마밀다 조(대정장 50, p.343상) "卽於祇洹寺, 譯出禪經, 禪法要, 普賢觀, 虛空藏觀等."

그 후 구마라집이 관중에 이르렀다. 그에게 청하여 『선법요』
3권을 번역했다. 첫 권은 구마라타가 지은 것이고, 마지막 권은
마명이 설법한 것이다. 중간 권은 외국의 여러 성인들이 함께 지
은 것이어서 역시 『보살선』이라 하였다.[54]

여기서 가리키는 『선법요』 3권은 곧 『선비요법경』으로서 저술의
제목에서 선법이 의미하는 바가 매우 비밀스럽다는 점에서 당시 선법
에 대한 호기심은 물론 문화적으로 매우 차별성이 있었음을 말해준다.
 번역된 책의 제목에서 선법이 나타나며, 또한 실질적으로 '선법' 용
어를 응용하여 사용한 흔적도 여러 곳에 보인다. 구마라집 조에는 '요
선법(樂禪法)'이라하여 구마라집 어머니의 출가와 관련한 일화를 수록
하고 있다.

　　남편(구마라집의 부친)이 이를 두려워 (그녀의) 출가를 허락하였
　　다. 그녀는 아직 삭발하지 않았다는 이유로 여전히 음식을 먹지
　　않았다. 즉시 사람을 시켜 삭발을 해주니 그제야 음식을 들었다.
　　다음 날 아침 계를 받았다. 선법을 좋아하여 애오라지 정진하고
　　나태하지 않아 초과를 배워 터득하였다.[55]

여기서 혜교는 '선정' 용어가 아닌 '선법'으로 표현하고 있다. 따라서
위의 문장에서 '선법' 용어는 특정한 '선정 방법'이 아닌 일반적인 의미
로서 선이다. 「의해」편 석혜원 조에는 "처음 경전이 강동지방에 전해
질 때는 대부분 미비한 점이 많았다. 선법에 대해서는 알려진 것이 없

---

54 「의해」편, 석승예 조(대정장 50, p.364상) "什後至關, 因請出禪法要三卷. 始是鳩摩
羅陀所製, 末是馬鳴所說. 中間是外國諸聖共造, 亦稱菩薩禪."
55 「역경」편, 구마라집 조(대정장 50, p.330중) "夫乃懼而許焉. 以未剃髮, 故猶不嘗進.
卽敕人除髮, 乃下飮食. 次旦受戒, 仍樂禪法, 專精匪懈, 學得初果."

었고 율장은 듬성듬성 빠져 온전하지 못한 상태였다."⁵⁶에서 보듯이 경전이나 율전에 대한 비교의 용어로 선법이라 표현하였다.

「의해」편 석승예 조에는 '경법(經法)'과 '선법(禪法)'이 동시에 언급되고 있다. 그는 구마라집에게 청하여 『선법요』3권을 역출하는데, 이 부분에서 '선법'을 언급한다. "경법(經法)은 아무리 미소한 것이라 할지라도 인과를 알기에는 충분하다. 그러나 선법은 아직 전수받지 못하였다. 그러니 마음을 둘 곳이 없다."⁵⁷라는 부분에서 '경설'을 '경법'으로 표현했듯이 '선정'을 '선법'으로 표기한 것이다. 혜교가 '경법'이라고 표현한 부분은 그의 「서록」에서도 발견된다.

> 그 때부터 서역의 이름 높은 승려가 때때로 이 땅에 이르렀다. 혹은 경법을 전도하기도 하고, 혹은 선도(禪道)를 교수하기도 하며, 혹 기적을 나타냄으로써 사람들을 교화하기도 하고, 혹은 신통력으로 중생들을 구제하기도 하였다.⁵⁸

여기서 언급한 '경법'은 『고승전』 여러 곳에서 '불법'이라는 용어를 쓴 예와 같다. 대표적으로 「역경」편 섭마등 조에서 "낭중 채음과 박사 제자 진경 등을 보내 천축국으로 가서 불법을 찾도록 하였다."⁵⁹라는 부분에서 보듯이, 한의 명제가 신하들로 하여금 불교를 수입하게 되는 배경에서 '불법' 용어를 사용하고 있다. 따라서 '선법'은 '불법', '경법'과

---

56 「의해」편, 석혜원 조(대정장 50, p.359중) "初經流江東, 多有未備. 禪法無聞, 律藏殘闕."
57 「의해」편, 석승예 조(대정장 50, p.364상) "經法雖少, 足識因果. 禪法未傳, 厝心無地."
58 「서록」(대정장 50, p.418중) "自爾, 西域名僧, 往往而至. 或傳度經法, 或教授禪道, 或以異跡化人, 或以神力救物."
59 「역경」편, 섭마등 조(대정장 50, p.322하) "卽遣郎中蔡愔, 博士弟子秦景等, 使往天竺, 尋訪佛法."

같이 선정 혹은 선의 가르침을 의미한다.

또한 '경법'과 같은 용법으로 불타발타라 조에서는 "여러 승려들의 기강을 바로잡고 선법을 베풀어 줄 수 있는 사람은 바로 불타발타라입니다."[60]라고 하였으며, 「의해」편 석혜의 조에도 "그 후 서역의 많은 명승들이 이 절에 머물렀다. 혹 경전을 번역하거나, 혹 선법을 가르쳐 전수하였다."[61]라고 하였다.

이와 같은 의미로 석지엄 조에는 "불타선에게 선법을 묻고 배웠다."[62], 담마야사 조에는 "강양야사는 남쪽 강릉의 신사(辛寺)에 머물면서 크게 선법을 펼쳤다."[63], 석법성 조에는 "광한에 머물면서 다시 선법을 널리 펼쳤다."[64], 「습선」편 석현고 조에는 "선법에 미묘하게 뛰어났다."[65]를 볼 수 있다.

이와 함께 안양후 조에는 "선법을 밝게 깨달았다."[66], 담마밀다 조에는 "특히 선법에 깊이가 있었다."[67]가 검색된다. 그러나 이와 달리 강량야사 조에는 "사문인 보지(寶誌)가 그(강량야사)의 선법을 숭배하였다."[68]고 하여, 강량야사가 가르치는 특정한 '선정법'의 뜻으로 사용했다.

---

60 「역경」편, 불타발타라 조(대정장 50, p.334하) "可以振維僧徒宣授禪法者, 佛馱跋陀其人也."
61 「의해」편, 석혜의 조(대정장 50, p.368하) "或傳譯經典, 或訓授禪法."
62 「역경」편, 석지엄 조(대정장 50, p.339중) "從佛馱先比丘, 諮受禪法."
63 「역경」편, 담마야사 조(대정장 50, p.329하) "耶舍, 後南遊江陵, 止于辛寺, 大弘禪法."
64 「습선」편, 석법성 조(대정장 50, p.399상) "因停廣漢, 復弘禪法."
65 「습선」편, 석현고 조(대정장 50, p.397상) "妙通禪法."
66 「역경」편, 안양후 조(대정장 50, p.337상) "明了禪法."
67 「역경」편, 담마밀다 조(대정장 50, p.342하) "特深禪法."
68 「역경」편, 강량야사 조(대정장 50, p.343하) "誌崇其禪法."

(2) '선업(禪業)' 용어 분석

'선업' 용어에 대한 내용을 살피고자 한다. 「역경」편 강량야사 조에는 "선문으로써 오로지 일로 삼았다."[69]의 부분처럼 '선업'을 풀어 쓴 경우가 있다. 또, (습선)편 석도법 조에는 "오로지 선업에 매진하다."[70]에서 보듯이 '선업'은 '선법'과 같은 의미로 사용되지만, '선법'보다 더욱 강한 실천적 의미를 지니고 있음을 알 수 있다.

안세고 조에는 "『안반수의경』에서 분명히 한 바는 선업을 말한 것이다."[71]라는 문구가 보이는데, 여기서도 선업은 선의 실천방법이란 의미로 쓰였다. 불타발타라 조에 나오는 "또 각현이 장안에 있으면서 선업을 크게 홍포하자 사방에서 선정을 좋아하는 사람들이 모두 소문을 듣고 이르렀다."[72]는 문구처럼, 선업을 포교와 결합하여 사용하는 용례도 있는데 담마밀다 조에 "배우려는 무리들이[학도(學徒)] 많이 찾아들어 선업이 몹시 성하였다."[73]가 있으며, 「습선」편 현고의 부견인인 담요 조에는 "역시 선업으로 칭송받았다."[74]가 있다.

한편, 선업을 마치 어떤 직업을 계승하는 것처럼 사용한 예도 보인다. 「습선」편 석혜통 조에는 "혜소선사로부터 선업을 전수받았다. 불법과 관행(觀行)에 매우 예리하였다."[75]라 하였고 석법기 조에도 "지맹으로부터 선업을 이어받다."[76]는 문구가 보인다. "영취사의 혜고도 그

---

69 「역경」편, 강량야사 조(대정장 50, p.343하) "以禪門專業."
70 「습선」편, 석도법 조(대정장 50, p.399중) "專精禪業."
71 「역경」편, 안세고 조(대정장 50, p.324중) "然安般所明, 盛說禪業."
72 「역경」편, 불타발타라 조(대정장 50, p.335상) "又賢在長安, 大弘禪業, 四方樂靖者, 並聞風而至."
73 「역경」편, 담마밀다 조(대정장 50, p.342하) "學徒濟濟, 禪業甚盛."
74 「습선」편, 석혜숭 조(대정장 50, p.398중) "亦以禪業見稱."
75 「습선」편, 석혜통 조(대정장 50, p.398하) "禪師慧詔, 諮受禪業, 法門觀行, 多所遊刃."
76 「습선」편, 석법기 조(대정장 50, p.399상) "從智猛, 諮受禪業."

를 따라 선업을 전수받았다. 승심에게 절로 돌아가기를 청하여 따로 선방을 세웠다."[77]의 부분처럼 스승으로부터 선법을 이어받았다는 것을 '선업'으로 표기하였다.

> 혜원의 제자로서 계율을 훌륭히 수행하고 많은 경전을 강설하였다. 아울러 선업을 닦았다.[78]

여기서도 혜교는 굳이 '습선업'으로 표기하였다. 선업이 단순히 선법을 가리키는 것이 아니라 실천적 의미를 강조하고자 하는 것임을 알 수 있다. 「습선」편 백승광 조에도 "어려서부터 선업을 익혔다."[79]가 보이며, 「송경」편 석혜예 조에도 "또한 선업을 수습하되 오문선을 정밀하게 닦았다."[80]고 하였다.

『고승전』에는 또 '수선업'이 발견된다. 「신이」편 석보지 조에는 "사문 승검에게 사사하였다. 그를 화상으로 모시며 선업을 닦고 익혔다."[81] 「송경」편 석도경 조에는 "그는 더욱 정진하여 선업을 닦아 절도 있는 행실이 날로 새로워졌다."[82]에서 보듯이 수(修)와 선업을 통해 선업의 실천적 의미를 전달하고 있다.

77 「습선」편, 석승심 조(대정장 50, p.399하) "靈鷲寺慧高, 從之受禪業. 乃請審還寺, 別立禪房."
78 「의해」편, 석법안 조(대정장 50, p.362중) "善戒行, 講說衆經, 兼習禪業."
79 「습선」편, 백승광 조(대정장 50, p.395하) "少習禪業."
80 「송경」편, 석혜예 조(대정장 50, p.408상) "又習禪業, 精於五門."
81 「신이」편, 석보지 조(대정장 50, p.394상) "師事沙門僧儉, 爲和上修習禪業."
82 「송경」편, 석도경 조(대정장 50, p.407상) "於是, 進修禪業, 節行彌新."

(3) 업선(業禪) 용어의 등장

'업선(業禪)'으로서 '선업' 글자의 앞뒤가 바뀐 형태로 사용된 용례가 있다. 이는 선업 용어보다 그 의미가 강화된 것으로 보인다. 이는 「의해」편 석혜구 조에서 보듯이 "후에 그는 상주 녹산사에 들어가 오로지 선도에 전업하였다."[83]와 같이 매진하는 경우를 가리킨다.

> 푸성귀만을 먹으면서 경을 외우고 선(禪)을 일삼아 힘썼다. 항상 산림에 혼자 거처하였다. 그리고 인간 세계 밖에서 두타행을 닦았다. 혹 때로는 며칠씩 선정에 들었어도 주린 기색이 없었다.[84]

석보운 조에도 같은 의미로 사용되었다. 보운은 "뒷날 장안으로 돌아와 불타발타라 선사를 따라 선을 일삼아[업선(業禪)] 도로 나아갔다."[85] 또한 「습선」편 석보항 조에서도 "방에 홀로 머물고 권속을 세우지 않았다. 고요함을 익히며[습정(習靖)] 선을 일삼았다. 선정에 들고 나오며 머무는 일을 훌륭히 하였다."[86]고 하여 선에 매진하는 것을 일컬어 '업선'을 사용하였다.

---

83 「의해」편, 석혜구 조(대정장 50, p.381상) "後入湘州麓山寺, 專業禪道."
84 「습선」편, 축승현 조(대정장 50, p.395중) "蔬食誦經, 業禪爲務. 常獨處山林, 頭陀人外. 或時數日入禪, 亦無飢色."
85 「역경」편, 석보운 조(대정장 50, p.339하) "隨禪師佛馱跋陀, 業禪進道."
86 「습선」편, 석보항 조(대정장 50, p.399중) "止治下安樂寺, 獨處一房, 不立眷屬. 習靖業禪, 善入出住."

(4) 선도(禪道) 용어 분석

'불교(佛教)',[87] '불법(佛法)',[88] '불도(佛道)'[89]로 활용되듯이 선도(禪道) 또한 같은 의미로 활용된다. 선도의 사전적 의미는 '선(禪)을 실천하는 것, 그리고 교가(教家)에 대한 '선문(禪門)' 혹은 '선종', '선가(禪家)'등 의 뜻으로 사용한다'는 것이다. 「서록」에서 혜교는 '선도'를 언급하고 있다.

---

[87] 『고승전』에서 '불교(佛教)' 용어는 10번 검색된다. 당시 중국에 새롭게 전해진 종교의 의미로 활용되었음을 알 수 있다. '불교'는 사전적으로 "석가모니불께서 말씀하신 교법과, 그 역사적으로 분파한 온갖 교리와 법문과 종지(宗旨)를 총칭한다."(길상 편, 『불교대사전』, 홍법원, p.959)고 했을 때, 혜교 역시 같은 의미로 활용하고 있다. 「역경」편 강승회 조의 문답에서 유가의 가르침과 비교되는 부분이 등장한다. "손호가 다시 물었다. '만약 그렇다면 주공(周公)이나 공자가 이미 밝히신 것이니, 불교의 쓰임새가 어디에 있다는 말인가?'"(「역경」편, 강승회 조(대정장 50, p.325하) "皓曰. 若然, 則周孔已明, 何用佛教"에서처럼 천축에서 새롭게 수입된 불교에 대해 논의하고 있다. 특히, 석도안 조에는 불교 대신 "부처님의 가르침"을 "여래지교(如來之教)"라고 표현한 문구가 보인다(「의해」편, 석도안 조(대정장 50, p.352하, "如來之教.").

[88] '불법(佛法)' 용어는 『고승전』에서 58여회 검색되는 바와 같이 여러 번 등장한다. 사전적으로 부처님의 깨달은 진리로서 법(法)이며, 이에 의거해 깨친 사람의 이법(理法) 혹은 교법(教法)이다. 부처님께서 설한 법이며, 불교의 기초가 되는 근본을 일컫는다.(길상 편, 『불교대사전』, 홍법원, p.967)『고승전』첫번째 등장 인물인 섭마등 조에 불법이 등장한다. 한(漢)의 명제(明帝)가 사신들을 시켜 불법(佛法)을 구하도록 했다는 부분에서 '佛法' 용어를 사용하고 있다. 「역경」편, 섭마등 조(대정장 50, p.322하, "使往天竺, 尋訪佛法.")

[89] 불도(佛道)는 사전적으로 '① 부처님이 설한 가르침, ② 부처가 되기 위한 가르침, ③ 깨달음에 이르러야할 도, ④ 불교의 수행, ⑤ 부처님이 설한 실천 방법 등'(길상 편, 『불교대사전』, 홍법원, p.961) 여러 가지로 정의한다. 사전적 의미로는 다양하지만, 『고승전』에서는 주로 '부처님의 가르침'이라는 의미로 활용되었다. "불도를 널리 펴다[홍찬불도(弘贊佛道)]."(「역경」편, 구마라집 대정장 50, p.331상)에서 보듯이 불교 혹은 불법과 동의어로 사용되었으며, '불도에는 어떤 영험이 있는가[佛道有何靈驗].'(「신이」편, 축불도징 조, 대정장 50, p.383하), 그리고, '삼세의 불도[三世佛道]'(「명률」편, 혜교 「논(論)」 p.403하)의 문구에서 보듯이 '부처님의 가르침'의 의미다. 그러나 '예전 불도의 법에는 오시(午時)가 지나면 먹지 않았습니다[古佛道法, 過中, 不餐.]'(「의해」편, 석승종 조, 대정장 50, p.375하)에는 불법의 실천이라는 의미다.

「습선」편 석담초 조에는 "북제의 태조가 즉위하자 칙명을 받고 요동에 가서 선도를 널리 펼쳤다."[90]고 하여 선법의 의미로서 '선도'를 사용하였다. 그러나 혜교는 「습선」편 논평에서 '선의 실천'의 의미로서 '선도' 용어를 사용하고 있다.

　　"부처님께서 남기신 가르침이 동방으로 옮겨온 이래 선도 역시
　　전수되었다. 이에 앞서 안세고와 축법호 선사가 선경을 번역하여
　　출간하였다."[91]

위의 인용에서 보듯이 안세고와 축법호 등이 선경을 역출하였고 '선도', 즉 선의 실천 방법이 전수되었음을 말하고 있다. 담마밀다 조에서도 "『선법요』, 『보현관경』, 『허공장관』 등 항상 선도로써 교수(敎授)하였다."[92]라고 하여 경전과 함께 선도가 수입되었다고 기록한다. 역시 「의해」편 석승조 조에도 "선사는 와관사에서 선도를 가르치니"[93]라고 하였으며, 석담빈 조에도 같은 의미의 선도가 발견된다. "처음에는 강릉의 신사(新寺)에 머물면서 경론을 듣고 선도를 배웠다."[94] 이와 함께 「습선」편 석현고 조에는 아래의 인용문에서 보듯이 '선의 실천'으로 '선도'를 분명하게 언급하고 있다.

　　이 산에는 100여 명의 학인이 있었다. 그의 교리 가르침을 숭
　　배하고 그에게서 선도를 품수받았다. 당시 장안에 사문 석담홍

---

90 「습선」편, 석담초 조(대정장 50, p.400상) "至齊太祖卽位, 被救往遼東, 弘讚禪道."
91 「습선」편, 혜교 「論」(대정장 50, p.400중) "自遺教東移, 禪道亦授. 先是, 世高法護, 譯出禪經."
92 「역경」편, 담마밀다조(대정장 50, p.343상) "禪法要, 普賢觀, 虛空藏觀等, 常以禪道敎授."
93 「의해」편, 석승조 조(대정장 50, p.365중) "禪師, 於瓦官寺, 敎習禪道."
94 「의해」편, 석담빈 조(대정장 50, p.373상) "始住江陵新寺, 聽經論, 學禪道."

이 있었다. 진(秦)나라의 고승으로서 이 산에 은거하면서 현고와
서로 만나 함께 동업(同業)[선도(禪道)]를 닦으며 우의좋게 지냈다.
… 문도를 거느리고 무리를 이루어 선의 도를 가르쳤다. 삼매를
바르게 닦아 이미 깊고도 미묘한 경지에 이르렀다.[95]

『고승전』에서 선어로서 '선도'가 활발하게 사용된 점과 달리 번역된
선경류에는 거의 나타나지 않는다. 다만 동진의 승가제바 역『중아함
경』에 나타나며, 『잡아함경』에는 없다. 『중아함경』에는 '초선(初禪)',
'수습제2선도(修習第二禪道)', '수습제3선도(修習第三禪道)', '수습제4선도
(修習第四禪道)'의 단계를 설하는 과정에서 선도가 활용되고 있다.

구마라집 번역의『선법요해』에서는 두 번 발견된다. 여기서 선도는
"초저녁 한밤중 새벽에 정진 고행하여 초선도(初禪道)를 수습한다."[96]
에서 보듯이 사선 가운데 초선의 방법이라는 의미를 가리킨다. 또한,
『선법요해』에서 '여시등시2선상(如是等是二禪相)'[97] 또한 같은 의미로 검
출된다.

『속고승전』의「명률」편 석도주(釋道胄) 조에는 "선사로부터 선도를
전수받았다."[98]는 표현이 있고, 「잡과」편의 석법운 조에도 '수(受)선
도'라 하여 선도의 전수받음을 표현하고 있다. 이와 함께「습선」편의
석승조(釋僧稠) 조에도 '수(受)선도'가 발견된다. 그러나「습선」편 석승
선 조에는 "마두산에 거주하면서 선도를 크게 행하였다."[99]에서처럼
선의 실천으로 표기하였다. 또한 석현경(釋玄景) 조에는 "선도로써 내

---

95 「습선」편, 석현고 조(대정장 50, p.397상) "山學百餘人, 崇其義訓, 稟其禪道. 時有長安
沙門釋曇弘, 秦地高僧, 隱在此山, 與高相會, 以同業友善. … 領徒立衆, 訓以禪道. 然三
昧正受, 旣深且妙."
96 『선법요해』(대정장 15, p.288중) "初夜中夜後夜, 精勤苦行, 習初禪道."
97 『선법요해』(대정장 15, p.289상).
98 『속고승전』「명률」편, 석도주 조(대정장 50, p.623중) "禪師下稟受禪道."
99 『속고승전』「습선」편, 석승선 조(대정장 50, p.569상) "居住馬頭山中, 大行禪道."

외가 상융하였다."[100]라는 선어 사용이 돋보인다. 이로써 '선도'는 두 가지의 의미를 내포한다. 하나는 교법이나 교의에 비견되는 용어로서 사용되었으며, 다른 하나는 '선의 실천'이라는 의미로 사용되었음을 알 수 있다.

4) 선정(禪定) 상태를 가리키는 선어(禪語)

'입선(入禪)'은 선정에 들어간다는 입정(入定)의 의미와 같다고 생각할 수 있다. 그러나 '입선'이라고 표현했을 때 미세한 차이가 있다. 『고승전』에는 '입정' 용어가 많이 나타나지만 역시 '입선' 용어도 검출된다. '입선'이 어떤 부분에서 사용되는가를 살펴보고 더불어 '정중(定中)', '안선(安禪)' 등의 선어들을 고찰하기로 한다. 「습선」편 축승현 조에서 검출된 '입선' 용어는 그의 습선 생활과 관련하여 일상적 용어로 사용되고 있다.

「송경」편 석도경 조에도 선정 생활을 가리키는 부분에서 입선 용어가 보인다. "남간사에 머물면서 항상 반주삼매에 드는 것을 일삼았다. 어느 날 한밤중에 선정에 들었다[입선]. 문득 네 사람이 수레를 몰고 방에 이르렀다. 도경을 불러 수레에 올라타게 하였다."[101]에서 보듯이 습선 생활을 의미하고 있다.

또 "왕경칙이 선방에 들어가서 승심을 찾았다. 이에 선정에 든 것[입선]을 바로 보고 손가락을 튕기면서 밖으로 나왔다."[102]에서 보듯이

---

100 『속고승전』「습선」편, 석현경 조(대정장 50, p.569중) "又以禪道, 內外相融."
101 「송경」편, 석도경 조(대정장 50, p.407상) "止南澗寺, 常以般舟爲業. 嘗中夜入禪, 忽見四人御車至房, 呼令上乘."
102 「습선」편, 석승심 조(대정장 50, p.400상) "王敬則入房覓審, 正見入禪, 因彈指而出."

바로 앞에서 좌선하고 있어 선정에 들어있다는 것을 묘사하고 있다. 마찬가지로 법헌 조에 입선을 선정에 드는 것으로 사용한 용례가 나온다.

> 법헌이 그 후 선정에 들었을 때[입선], 문득 어떤 사람이 나타나 말하였다. "경쇠줄이 끊어지려 하는데 왜 고치지 않는가?" 법헌이 놀라 일어나서 보니 드리워진 줄이 곧 땅에 닿으려 하였다. 그가 손을 대어 경쇠가 부러지고 손상된 것이 없었다.[103]

구나발마 조에는 '입선요(入禪要)'라는 용어가 나온다. 이는 선의 요의, 즉 선에 대한 교의적 내용을 일컫는다. "율품에 깊이 통달하였으며, 선의 요의(要義)에 있어서도 신묘한 경지에 들어섰다. 당시에 다들 삼장법사라고 불렀다."[104]에서 구나발마는 선의 실천뿐만 아니라, 요의에 있어서도 밝았음을 말하고 있다. 같은 용어로서 '입선요'는 「의해」편 석현창 조에도 검출된다. "경전과 율법을 환하게 깨우치고 깊이 선(禪)의 요체에 들어갔다."[105]고 하였다.

'입선' 선어가 사용된 경전은 『잡아함경』이 있다. 제197경에 '신족(神足)', '타심(他心)', '교계(教誡)'의 세 가지를 시현하는 장면에서 나타난다. 세존께서 신족시현을 위해 입선하는 것을 '세존께서는 그 응하는 바를 따라 선정의 정수삼매(正受三昧)에 드는 모습을 보이셨으니, 허공을 날아 동방으로 가서 다니고 머무르며…'[106]에서 볼 수 있다. 입선은

---

103 「흥복」편, 석법헌 조(대정장 50, p.411중) "獻後入禪, 忽見一人來云, 磬繩欲斷, 何不治? 獻驚起, 往視垂將委地. 由其手接, 得無折損."
104 「역경」편, 구나발마 조(대정장 50, p.340상) "達律品, 妙入禪要. 時號曰, 三藏法師."
105 「의해」편, 석현창 조(대정장 50, p.377상) "洞曉經律, 深入禪要, 占記吉凶, 靡不誠驗."
106 『잡아함경』(대정장 2, p.50중) "世尊隨其所應, 而示現入禪定正受, 陵虛至東方…."

아함경류와 달리 선경류에 여러 번 등장한다.

『좌선삼매경』에는 입선하여 사유하는 방법을 구체적으로 설명한다. '만일 행자가 불도를 구하려면 선정에 들어 마음을 다잡아 맨 후 오로지 시방삼세의 여러 부처님 나투시는 모습을 염(念)해야 한다'[107]에서 보듯이 입선을 설명하고 있다.

「습선」편, 백승광 조에는 안선(安禪)이란 용어가 나온다.

> 길을 걸어 몇 리를 들어가니 갑자기 크게 비바람이 치면서 호랑이 떼가 포효하고 울부짖었다. 승광은 산 남쪽에 한 석실(石室)을 발견하고는 그 속에 머물러 합장하고 선에 안주[안선(安禪)]하여 정신을 깃들이는 처소로 삼았다. 이튿날 아침이 되어 비가 멎었다. 마을로 내려가 음식을 구걸하고 저녁에는 다시 굴속으로 돌아왔다. 이렇게 사흘이 지나자 꿈에 산신이 나타났다. 혹, 호랑이의 형상을 짓기도 하고, 혹 뱀의 몸이 되기도 하면서 다투어 찾아와 승광을 위협하였다. 승광은 한결같이 모두를 두려워하지 않았다.[108]

「송경」편 석승후 조에도 '안선' 용어를 사용하고 있다. 승후는 "후강(後岡)에 돌집을 짓고 안선하는 장소로 삼았다. 사미 때부터 목숨을 버릴 때까지 생선, 고기, 마늘, 매운 것은 한 번도 입에 가까이하지 않았다. 발그림자가 조금만 기울어져도 식사도 거른 채 지나갔다[오후불식(午後不食)]'[109]고 하여 그의 생활하는 모습에서 '안선' 용어를 사용하고

---

107 『좌선삼매경』(대정장 15, p.281상) "若行者求佛道, 入禪, 先當繫心, 專念十方三世諸佛生身."

108 「습선」편, 백승광 조(대정장 50, p.395하) "行入數里, 忽大風雨, 群虎號鳴. 光於山南, 見一石室, 仍止其中, 安禪合掌, 以爲栖神之處. 至明旦, 雨息, 乃入村乞食, 夕復還中. 經三日, 乃夢見山神. 或作虎形, 或作蛇身, 競來怖光, 光一皆不恐."

109 「송경」편, 석승후 조(대정장 50, p.408하) "後岡創立石室, 以爲安禪之所. 自息慈

있다. 비록 10과 중 송경인으로 분류하고 있지만 선자의 모습을 동시에 나타내고 있다.

안선의 경전적 근거를 찾아보면 동진의 불타발타라(359~429)가 번역한 『관불삼매해경』에 '안선' 용어가 보인다. "안선하여 합장하고 염불의 정(定)에 들었다."[110]의 부분이 보이며, 구마라집 번역의 『묘법연화경』 「서품」에도 같은 '안선' 용어가 나타난다. "또 어떤 보살은 안선하여 합장하여 천만의 게송으로 수많은 법왕들을 찬탄하니"[111]에서 '합장' 용어를 동시에 사용하고 있다.

혜교 이후의 『속고승전』에도 '안선' 용어가 사용되고 있다. 「습선」편 석지희 조에서 "천태산 불롱도량에서 안선하였다."[112]고 하였으며, 「의해」편 석청연 조에는 '안선제연(安禪諸緣)'[113]으로 사용되었다. 특히 「잡과」편의 석진관 조에는 "깊이 안선으로 고요하였다."[114]에서 보듯이 '안선'과 함께 '심(深)'과 '적(寂)'이 사용되어 그 표현이 더욱 심오해졌음을 알 수 있다.

以來, 至于捨命, 魚肉葷辛, 未嘗近齒. 脚影小蹉, 輒虛齋而過."
110 『관불삼매해경』(대정장 15, p.657하) "安禪合掌, 入念佛定."
111 『묘법연화경』(대정장 9, p.3상) "又見菩薩, 安禪合掌, 以千萬偈, 讚諸法王."
112 『속고승전』「습선」편, 석지희 조(대정장 50, p.582상) "智者抗志台山, 安禪佛隴."
113 『속고승전』「의해」편, 석청연 조(대정장 50, p.511중) "安禪緣諸止觀."
114 『속고승전』「잡과」편(대정장 50, p.702중) "深安禪寂."

5) 선(禪) 경계(境界) 및 수선(禪修) 공덕에 대한 용어 분석

선정이 이루어지는 상태에서 그 경계(境界)를 표현한 용어들이 사용됨으로써 선정의 경계에 대한 내용들을 살펴볼 수 있다. 『고승전』에는 '경계'라는 표현이 보인다. 선정과 관련하여 경계는 여러 가지 의미로 사용된다. 선정의 경지(境地)를 나타내거나 깨달은 이의 마음 상태를 가리킨다. 또한 대상이나 감각 혹은 인식이 미치는 범위를 가리키는 등 광의의 의미와 쓰임새를 가진다. 「역경」편, 구나발마의 유언장에는 '경계' 용어가 세 번 등장한다. 해당 용어들은 모두 선정 중에 나타나는 경계를 가리킨다.

이 밤 오로지 정진하여 바르게 관할 것을 늘 잊지 않아 경계가
늘 앞에 있음이 맑은 거울을 대함과 같으니 저와 같이, 나 역시
그러하여 이로써 마음 고요하고 편안하다.[115]

여기에 사용된 경계는 선자의 상태다. '맑은 거울'은 선적인 사유대상이 아니라 비유다. 따라서 해당 선자의 경지는 맑은 거울과 같은 상태로서 선정 중에 있음을 의미한다. 또 다른 문구에서 사용된 쓰임새역시 선의 경지를 나타내고 있다. "경계의 진정한 요의는 번뇌를 없애고 청량함을 얻음이어라, 삼매의 과보 성취하면 번뇌 떠난 청량한 연이어서…"[116]에 나타나듯이 구나발마는 '청량'이라는 용어를 사용하여경계라는 상태를 표현했다.

---

115 「역경」편, 구나발마 조(대정장 50, p.341하) "是夜專精進, 正觀常不忘, 境界恒在前, 猶如對明鏡, 如彼我亦然, 由是心寂靖."
116 「역경」편, 구나발마 조(대정장 50, p.342상) "境界眞諦義, 除惱獲淸涼. 成就三昧果, 離垢淸涼緣."

구나발마의 유언장에는 또 다른 의미의 쓰임새인 '경계' 용어가 사용된다. "진실로 바른 방편으로 경계는 점차 사라지고 적멸의 낙이 늘어나니"[117]의 문구에서 보듯이 선자의 경지를 나타낸 것이 아니라 제거해야 할 대상으로 사용했다는 점이다.

선경(禪境)은 '경계' 용어보다 구체적으로 선의 경지를 나타낸다. 비록 '경계' 용어가 여러 가지 의미를 포함하고 있으며, 또한 다양하게 사용되고 있지만 '선경'은 선의 경지임을 직접적으로 가리킨다. 「습선」편 석보항 조에서 단 한 번 검색된다.

> 신심은 동쪽나라에 생각을 비워서 성인을 만나 서쪽나라에 그
> 림자 꾸미노라. 미묘한 다다름은 삼계를 맑게 하고 정신은 사선
> (四禪)의 경지를 전하였다.[118]

왕현재(王玄載)가 보항의 자취를 찬탄하는 글에서 위의 문장이 등장한다. 『고승전』에서 보항은 화광삼매에 들었다고 기록한다. 화광삼매 중에 여러 가지로 나타나는 색상들을 보았고, 전생을 알 수 있다고 설명한다. 보항이 '사선경'의 경지에 들었다고 표현함으로써 삼매, 즉 그의 경계를 나타내려 했다.

혜교는 『고승전』에 혜원과 구마라집의 서간문을 수록하고 있다. 혜원의 서신에 구마라집이 혜원에게 답신하는 글 가운데 게송 부분에서 '선지혜'의 용어가 보인다. '필경공(畢竟空)의 모습 가운데 그 마음 즐거워할 곳 없어라. 만약 선의 지혜 즐긴다면 이는 법성이라서 비출 곳조차 없으려니'[119]에서 보듯이 '열선지혜(悅禪智慧)'가 나온다.

---

117 「역경」편, 구나발마 조(대정장 50, p.342상) "眞實正方便, 漸漸略境界, 寂滅樂增長."
118 「습선」편, 석보항 조(대정장 50, p.399하) "信心虛東想, 遇聖藻西影, 妙趣澄三界, 傳神四禪境."

석승선 조에는 '선혜(禪慧)'로 표기하고 있다. "석씨(石氏)의 난을 피해 비룡산에 숨어살았다. 생각은 바위와 골짜기에 노닐고, 뜻은 선정과 지혜를 얻는 데 두었다."[120]라고 했다. 「의해」편 석승략 조에는 '선혜를 동시에 닦는다[선혜겸수(禪慧兼修)]'는 표현이 나온다. "승천법사는 선정과 지혜를 아울러 닦아서 곧 대중들을 기쁘게 하였다."[121]

「습선」편 석현고 조에는 선혜를 통한 공덕이 크다는 것이 강조되어 있다.

> 이때 현고의 제자들 3백 명이 산속의 집에 가서 살았다. 마음이 태연자약하고 선정과 지혜가 더욱 새로워졌다. 충정과 정성이 눈에 보이지 않는 가운데 감응하여 신령한 이적이 많았다. 경쇠는 치지 않아도 울리며, 향기도 저절로 풍겨났다. 또한 아라한과 신선들도 이따금 찾아와 노닐었다. 맹수도 길들인 듯 복종하며, 벌레와 독물의 피해도 없었다.[122]

'선혜가 새로워졌다'는 내용에서부터 신령한 이적들이 다양하게 발생했다는 공덕의 내용들을 열거하고 있다. 현고(402~444)는 장안에서 활동하였고 서쪽 양(涼)과의 접경지대가 있어, 안으로 혼란이 있었으며, 이때 현고 또한 쫓겨나 현고의 제자 3백명이 산속으로 들어가 선을 닦았음을 기록하고 있다. 여기서 집단적으로 선을 닦았다는 부분이

---

119 「의해」편, 석혜원 조(대정장 50, p.359하) "畢竟空相中, 其心無所樂, 若悅禪智慧, 是法性無照."
120 「의해」편, 석승선 조(대정장 50, p.355상) "石氏之亂, 隱於飛龍山. 遊想巖壑, 得志禪慧."
121 「의해」편, 석승략 조(대정장 50, p.363중) "僧遷法師, 禪慧兼修, 即爲悅衆."
122 「습선」편, 석현고 조(대정장 50, p.397중) "高徒衆三百, 往居山舍. 神情自若, 禪慧彌新. 忠誠冥感, 多有靈異. 磬旣不擊而鳴, 香亦自然有氣. 應眞仙士, 往往來遊. 猛獸馴伏, 蝗毒除害."

나타나며, 더불어 선을 통한 신통술이 자재했다는 기록을 동시에 수록하고 있다.

현고의 제자인 석승은은 "서량주(西涼州)에서 현고법사가 선과 지혜를 아울러 드높인다는 말을 들었다. 곧 책보따리를 지고 그를 따랐다."[123]고 하였다. 그리고 승은도 선혜의 바람을 일으켰다고 기록한다. "은은 도를 갈고 추구한 지 얼마 되지 않아 두루 경과 율을 궁구하였다. 선과 지혜의 바람으로 형(荊)과 초(楚) 지방을 덮었다. 고을의 장군인 산양왕 유휴우와 장사(長史) 장대(張岱)도 나란히 계법을 묻고 받았다."[124]의 문장에서 선혜로 표기하고 있다. 혜교는 '선혜' 혹은 '선지혜'로 표현하면서 선정을 통한 공덕을 알리려고 하였다.

그러나 『혜교』가 공덕이라는 의미에서 선혜를 표기했지만, 선정과 지혜라는 '정혜'의 의미로도 사용하고 있음을 볼 수 있다. 「의해」편 석승근 조와 석혜기 조에서 확인할 수 있다.

> 승근은 돈을 감추지 않는 성품이었다. 모두를 복 짓는 일에 채워 영근사와 영기사 두 절을 세워, 선정과 지혜를 닦는 이들이 머무는 곳으로 삼았다.[125]
>
> "이에 그는 조용히 강의하고 이끌면서 선정과 지혜를 가르쳐 힘쓰게 하였다. 그러니 사방 먼 곳에서도 그의 도풍을 따랐다."[126]

---

123 「명률」편, 석승은 조(대정장 50, p.401중) "聞西涼州, 有玄高法師, 禪慧兼擧, 乃負笈從之."

124 「명률」편, 석승은 조(대정장 50, p.401중) "隱研訪少時, 備窮經律. 禪慧之風, 被於荊楚. 州將山陽王劉休祐, 及長史張岱."

125 「의해」편, 석승근 조(대정장 50, p.373하) "瑾性不蓄金, 皆充福業, 起靈根靈基二寺, 以爲禪慧栖止."

126 「의해」편, 석혜기 조(대정장 50, p.379중) "於是, 從容講道, 訓厲禪慧, 四遠從風,

선정과 지혜 곧 정혜는 지관과 같은 의미다. 지관은 지(止)인 사마타 (śamatha)와 관(觀)인 비파사나(vipaśyanā)를 합친 것이다. 지는 마음을 단련하여 일체의 외경이나 어지러운 생각에 움직이지 않고, 특정 대상에 마음을 쏟는 것이며, 관은 그것에 의해 바른 지혜를 이끌어내어 대상을 관찰하는 것이다.

혜교는 『고승전』을 편찬하면서 '선정' 및 '입정'이라는 용어를 자주 사용했지만, '지관'이라는 용어는 사용하지 않았다. 특히, 「육묘문(六妙門)」의 내용 가운데 '수(數)·수(隨)·지(止)·관(觀)·환(還)·정(淨)'을 열거했지만 이는 '지(止)'와 '관(觀)'의 병렬일뿐 '지관'을 하나의 용어로 사용하지 않았다. 『안반수의경』의 지·관, 그리고 『좌선삼매경』에는 지관이라는 용어가 많이 등장하고 있으며, 여타 선경류에도 지관이 빈번하게 등장한다. 그러나 『고승전』에는 지관 용어가 등장하지 않고 있다. 또, 선정이라는 용어가 사용되었지만 당시 지관 용어는 활용되지 않았음을 추정할 수 있다.

혜교는 『고승전』에서 '정혜' 용어를 세 번 사용하였다. 석승필 조에서 한 번, 그리고 「명률」편의 혜교 「논(論)」에서 두 번 나타난다. "승필이 말하길 지극한 도를 널리 펴지 않으면 순박한 기풍이 날로 멀어집니다. 스스로 선정과 지혜를 아울러 구족한 사람이 아니라면 아름다운 도풍을 세워서 다스릴 수 없습니다."[127]에서 정과 혜의 겸수[겸족(兼足)]를 말하고 있다. 여러 사찰에서 승필에게 요구하여 머물러주기를 요청했지만 그는 인연을 따라 이익이 있어야 함을 강조하였다. 이때 정혜가 갖는 공덕을 강조하였다.

五衆歸伏."
127 「의해」편, 석승필 조(대정장 50, p.369상) "弼曰, 至道不弘, 淳風日緬. 自非定慧兼足, 無以鎭立風猷."

「명률」편에서 혜교는 삼학인 계·정·혜를 동시에 강조하는 부분이 보이고 있다. "무릇 지혜는 선정에 힘입고, 선정은 지계에 힘입는다. 그런 까닭에 계·정·혜는 불교의 교리를 크게 분류한 것이자 차례이기도 하다."[128] 그리고 지계를 강조한 다음 "그 다음에야 선정과 지혜의 법문을 순서에 따라 수학하게 하였다."[129]고 하여 혜와 정은 모두 계율을 기반으로 해야 한다는 부분에서 정혜가 등장한다. 혜교 자신이 율(律)을 전공한 인물이므로 「명률」편의 논평은 많은 분량이면서도 상세한 설명과 논리를 부여하고 있다. 따라서 정혜의 공덕이 있더라도 그것은 어디까지나 계율을 전제로 한다는 것을 강조한다.

선정의 공덕을 강조한 부분은 그의 「서록」부터 시작된다. 『고승전』 10과를 나누고 편집하게 된 동기보다 공덕을 강조한 측면이 크다.

> 가령 지혜와 이해력으로 정신을 열면 도가 만억 사람을 아우른다. 감응에 통하여 교화로 나아가면 강폭한 사람을 복되게 한다. 생각을 편안하게 하여 선정에 안주하면, 공덕이 무성하다.[130]

『고승전』에는 선정의 공덕이 이름에도 붙여진다. 계빈국(罽賓國) 출신의 불야다라는 공덕화(功德華)로, 구나발마는 공덕개(功德鎧)이며, 구나발타라는 공덕현(功德賢)으로 번역하는 등 공덕이 유난히 강조된다. 그 공덕은 후에 선종이 발생하면서 보리달마와 양무제의 문답 중에 공덕을 주제로 한 내용이 발견된다. 『경덕전등록』에는 양무제의 사원 건축 등 불사(佛事) 공덕과 보리달마의 선정 공덕이 엇갈리면서 그 문

---

128 「명률」편, 혜교 「論」(대정장 50, p.403중) "夫慧資於定, 定資於戒. 故戒定慧, 品義次第."
129 「명률」편, 혜교 「論」(대정장 50, p.403하) "然後, 定慧法門, 以次修學."
130 「서록」(대정장 50, p.419상) "至若慧解開神, 則道兼萬億. 通感適化, 則彊暴以綏. 靖念安禪, 則功德森茂."

답 내용이 공안으로 수록되어 있다.¹³¹ 그러한 측면에서 「의해」편 승조 조의 공덕론은 선종의 공덕론에 대한 논의에서 주목할 만하다.

혜교는 또 선정의 경계와 함께 '선미(禪味)' 용어를 사용하였다. 고요한 상태에서 내적 사유로 인한 기쁨을 말하며, 담마밀다 조에서 볼 수 있다. "회계 태수이며 평창 사람인 맹의(孟顗)는 깊이 불법을 믿어 삼보를 섬기는 것을 자신의 소임으로 삼았다. 평소부터 선의 묘미를 좋아하여 공경하는 마음이 매우 두터웠다."¹³²에서 보듯이 선미(禪味)는 선에 의해 체득하는 높은 경지(境地)이며, 이는 선의 경계로 분류할 수 있다.

---

131 『경덕전등록』(대정장 51, p.219상) "造寺, 寫經, 度僧, 不可勝紀, 有何功德 師曰, 並無功德. 帝曰, 何以無功德"의 내용은 보리달마와 양무제의 대화이지만, 이는 다음의 승조 조에서 보이는 바와 같이 공덕론의 모티브로서 흡사하다. "5음이 영원히 멸하면, 모든 번뇌를 다 버린다. 모든 번뇌를 다 버리기 때문에 도와 함께 상통한다. 맑고 고요하게 하나를 품기 때문에 신비하면서도 功德이 없다. 신비하면서도 功德이 없기 때문에 지극한 功德이 항상 존재한다. 도와 함께 상통하기 때문에 텅 비면서도 바뀌지 않는다. 텅 비면서도 바뀌지 않는 것을 '有'라 할 수 없다. 지극한 功德이 항상 존재하는 것을 '無'라 할 수 없다(「의해」편, 석승조 조, 대정장 50, p.365 하, "五陰永滅, 則萬累都捐, 萬累都捐, 故與道通同. 抱一湛然, 故神而無功. 神而無功, 故至功常在. 與道通同, 故沖而不改. 沖而不改, 不可爲有. 至功常在, 不可爲無.")

132 「역경」편, 담마밀다 조(대정장 50, p.343상) "會稽太守平昌孟顗, 深信正法, 以三寶爲己任, 素好禪味, 敬心殷重."

2. 초기 중국불교에서 '선(禪)'과 '정(定)'의 차이

혜교는 습선인으로 활동하거나 선학에 매진한 인물은 아니지만 고승들의 선 실수에는 주목했다. 이것은 다양한 삼매와 함께 다양한 공덕과 공능들을 세밀하게 기록한 것에서 확인할 수 있다. 따라서『고승전』에는 '삼매'로 연결되는 '정(定)'의 용어들이 빈번히 등장하고 있다. 이하에서는 '정(定)'의 선어들을 통해 이 용어의 다양한 의미와 그 체계들을 분석하고자 한다.

1) '입정(入定)' 용어의 활용과 분석

'정(定)'의 상태를 표현하는 용어는 매우 다양하다.『고승전』에는 '정'의 의미를 담고 있는 많은 용어들이 출현한다. 사용 용례를 분석하기 이전에 '정'과 관련된 용어들의 사용 횟수를 알아본다.

〈표 11〉 '정(定)' 관련된 용어의 분과별 통계

구 분	역경	의해	신이	습선	명률	망신	송경	흥복	경사	창도
선정(禪定)				5			2			
입정(入定)	2	2		4			1			1
정중(定中)	1			3						
좌정(坐定)			1							
습정(習定)					1		1			
적연(寂然)	1									
명적(冥寂)		1	1							
유적(幽寂)		2								

함묵(緘默)		2							1
연적(淵寂)		1							
적요(寂寥)		2							
적관(寂觀)				1					
선묵(禪默)			1						
묵연(黙然)		1	1						
징적(澄寂)	1								
담연(湛然)	2	2		1					
식심(息心)	1	3							
심적(心寂)	1								
정심(靜心)			1						
수정(守靜)	1	1							
무요(無擾)		1		1		2			
허정(虛靖)	3	1	1						

〈표 11〉을 참조할 때 「의해」편이 『고승전』에서 차지하는 분량이 전체 글자 수에서 43.1%를 차지하여 가장 많지만[133] 교의, 즉 의해 분야를 탐구하는 승려들 또한 선 수행에 깊은 관심을 가졌고, 실제로 매진했다는 사실을 알려준다.

선정에서 사유는 고요한 '정(定)'의 상태가 전제되어야 한다. 즉, '적정(寂靜)'으로서 고요하면서도 맑은 상태일 때 효과적인 사유가 이루어

---

[133] 『고승전』의 전체 글자수가 132,637자다. 이 가운데 「역경」편의 글자 수는 31,698자로서 전체의 23.89%이다. 「의해」편 글자 수는 「역경」편보다 많으며 모두 57,195자로서 43.12%이다. 그리고 「신이」편과 「습선」편, 「명률」편 등 나머지 분과의 분량이 43,744글자이며, 이는 32.98%에 불과하다.

지는 것을 사전적으로 표현하면 응주(凝住)로서 안정되고 심일경성으로서 산란하지 않음을 뜻한다.

이와 같은 의미는 후대에 선종의 전적에도 잘 나타난다. 『고승전』 보다 후대에 성립한 선어록인 『분양무덕선사어록』에는 '안선정려'의 용어가 보이고 있다. "마음이 근본에 도달해 있음을 알고 모든 연(緣) 과 계합되어 있는 상태이며, 오성(悟性)으로 무생(無生)이며 이사(理事) 를 초월한 상태라고 정의하고 있다."[134] '삼매' 또한 '정(定)'과 같은 의미로 사용하고 있으며, 선종의 입장에서 '삼매'라는 용어를 자주 응용하고 있다.

『대혜어록』에서 말하기를 "삼매란 오로지 한마음으로 오랫동안 수습하여 성취하는 것이며, 심상(心想)이라는 잡념이 생기지 않아야 정의 상태가 될 수 있다고 하였다. 이러한 삼매의 상태는 곧 부처님이나 조사의 수용처(受用處)와 같다."[135]고 하였다.

『고승전』은 정의 의미를 나타내는 다양한 용어들을 구사한다. 먼저 '입정'에 대해 분석한다. 모두 10회에 걸쳐 등장하며 사용된 용어 모두가 '선정에 들었다'는 의미를 나타내고 있다. 『고승전』의 '입정' 용어의 활용을 살펴보면 다음과 같다.

『고승전』에는 '입정' 용어가 모두 9번에 걸쳐 출현하고 있다. 「습선」편의 고승은 물론 「역경」과 「의해」, 「송경」과 「창도」편에도 고르게 나타난다. 앞 장에서 '선'의 용어들을 다양하게 사용했듯이 혜교는 정(定)을 중심으로 선어들을 다양하게 사용한다. 오히려 이전의 선관련 선어보다 더 많은 양이며, 그 종류 또한 매우 많다.

---

134 『분양무덕선사어록』(대정장 47, p.620상) "那得安禪靜慮, 識心達本, 冥契諸緣, 悟性無生, 頓超事理."의 부분 참조.
135 『대혜어록』(대정장 47, p.939상) "初學不思議三昧, 繫心一緣. 若久習成就, 更無心想, 常與定俱, 佛與祖師, 所受用處, 無二無別."

「의해」편 강법랑 조에는 그가 여러 날 지나도록 좌선에서 일어나지 않았다고 한다. 법랑이 활동하던 때는 손작(孫綽)이 통치하던 시기로서 삼국시대 후기로 보인다. 법랑의 제자인 영소(令韶)가 손작과 교유했다는 기록에서 알 수 있다.

당시 중국에 선법이 소개되기 시작하던 초기이므로 좌선 행위가 매우 낯설었을 것으로 보인다. 강법랑은 "선 수행에 뛰어나서 입정할 때마다 며칠씩 일어나지 않았다. 그 후 유천산으로 거처를 옮겨 동굴을 뚫고 좌선하였다. 법랑이 세상을 마친 후에는 나무로 법랑의 상을 조각하여 아침 저녁으로 예배하며 섬겼다."[136]는 부분이 있다. 법랑이 여러 날 앉아서 좌선하는 모습과 함께 동굴을 뚫고 좌선 환경을 만드는 장면을 그리고 있으며, 또한 법랑의 상을 조각하여 모시고 예배했다는 부분에서 선자가 매우 존경받았음을 나타내고 있다.

승광은 '입정'과 관련하여 법랑과 비슷한 내용을 보이고 있다. "승광은 선정에 들 때마다[입정(入定)], 곧 7일을 자리에서 일어나지 않았다. 산에서 거처하길 53년, 나이 110세가 된 진의 태원 연간(376~396) 말기에 옷으로 머리를 덮고 편안히 앉아서 세상을 마쳤다."[137]고 한다. 그런데 제자들은 승광이 '입정'에 들어 7일이 지난 후에도 깨어나지 않자 그때서야 비로소 입적했음을 알았다고 기록하고 있다.

노장사상에는 불교의 선정개념과 유사한 '좌망(坐忘)'이 있다. 『장자』 제6 「대종사편」에서 '좌망'에 대한 내용이 나온다. 안회와 공자(孔子) 사이에 오고간 문답에서도 '좌망' 사상을 엿볼 수 있다. 안회는 자신의 진보를 설명하면서 인의와 예락을 잊고 비로소 '좌망'을 할 수 있

---

136 「의해」 강법랑 조(대정장 50, p.347중) "特善禪數, 每入定, 或數日不起. 後移柳泉山, 鑿穴宴坐. 朗終後, 刻木爲像, 朝夕禮事."
137 「습선」 백승광 조(대정장 50, p.395하) "光每入定, 輒七日不起. 處山五十三載, 春秋一百一十歲, 晉太元之末, 以衣蒙頭, 安坐而卒."

게 되었다고 공자에게 말하고 있다. 공자는 좌망에 대하여 물었다.

'좌망'은 첫째, 몸이 탈락하고, 둘째, 이목의 활동을 물리치며, 셋째, 육체와 지혜를 떠나고 지혜까지 버려서 대도와 하나가 되는 것이 라고 말하고 있다. 진인(眞人)의 호흡법을 통한 좌망이란 "먹는데 맛에 끌리지 않고, 호흡은 깊고 고요해야 한다. 진인은 발뒤꿈치로부터 나오는 듯, 깊이 숨을 내 쉰다."라고 되어 있다.

또 「잡편」에 "몸은 고목의 가지와 같아서 무엇에도 움직이지 않으며, 마음은 식은 재와 같아서 무심한 채로 있다. 이런 상태라면 화도 복도 찾아오지 않을 것이다."[138]라고 되어 있다. 이러한 노장사상과 어우러져 출발한 선은 큰 마찰 없이 수용과 변용의 틈바구니에서 고유한 선사상으로 발전하였다. 그렇게 되기에는 무엇보다도 중국인의 체질에 선이 크게 부합되었고, 번쇄한 철학을 기피하는 경향의 중국인에게 선은 아주 간단한 방법으로 접근하게 되었다.

'입정' 주기가 7일로 기록된 곳은 승광 조 뿐만 아니라 강량야사와 석도립 조에서도 나타난다. "강량야사는 선문에 전력을 기울였다 한번 선정의 관문[유관(遊觀)]에 들 때마다 간혹 7일 동안 일어나지 않았다."[139]와 함께 「의해」편 도립은 "늘 깊은 사유에 잠겨 입선하면 7일 동안을 일어나지 않았다. 이같은 일이 자주 있었다."[140]에서 보듯이 7일의 기한이 나타난다.

이 7일은 9차제정의 마지막 단계인 상수멸정(想受滅定)에 들었다는 것을 의미한다. 상수멸정에 들 때는 보통 7일이나 15일을 기한으로 정한다고 한다.

---

138 『莊子』「雜篇」 "身若枯木之枝, 而心若死灰. 若是者, 禍亦不至, 福亦不來. 禍福無有, 惡有人災也?"
139 「역경」편, 강량야사 조(대정장 50, p.343하) "以禪門專業, 每一遊觀, 或七日不起."
140 「의해」편, 석도립 조(대정장 50, p.356중) "每潛思入禪, 輒七日不起."

'입정' 이후 긴 시간이 흐른 이유를 들어 당시의 기록에는 신이(神異)가 동시에 등장하기도 한다. 지엄 조와 혜람 조 등에는 입정 중에 도솔천을 방문한 내용을 수록하고 있다. 지엄은 원가 4년(427) 보운과 함께 『보요경』 등을 번역한 인물이다. 지엄 조에는 지엄 자신이 출가 전에 범한 5계 때문에 항상 자신이 계를 받지 못했다고 의심하였다. 때문에 나한 비구가 '지엄을 위해 입정하여 도솔에 올라 미륵불에게 질문한다. 미륵불이 나한 비구에게 답하기를 지엄이 계(戒)를 받았다'고 확인해 주어 지엄 또한 기뻐하는 대목이 있다.[141]

지엄 조의 내용과 비슷한 문장이 혜람 조에서도 보인다.

> 혜람은 일찍이 서역에 노닐었다. 부처님의 발우를 머리 위에 받들었다. 이어 계빈국에서 달마(達摩) 비구로부터 선(禪)의 요체를 물어 전수받았다. 달마는 일찍이 선정에 들었다가[입정(入定)], 도솔천에 가서 미륵불로부터 보살계를 받은 일이 있었다. 후에 그 계법을 혜람에게 전수하였다.[142]

혜람 조에서 나타난 입정은 위에서 살펴본 지엄 조의 내용과 비슷하다. 도솔천궁의 미륵불로부터 계를 받는 모티프는 같다. '입정'과 신이를 연계하고, 이를 통해 선을 보급하려는 당시 선사들의 노력이 돋보인다. 여기서 언급한 달마(達摩) 비구는 시대적으로, 또 지역적으로 보리달마(菩提達摩)와 관련이 없는 것으로 보인다.[143]

---

141 「역경」편, 석지엄 조(대정장 50, p.339하) "乃爲嚴入定, 往兜率宮, 諮彌勒. 彌勒答云, 得戒. 嚴大喜."
142 「습선」편, 석혜람 조(대정장 50, p.399상) "覽曾遊西域, 頂戴佛鉢. 仍在罽賓, 從達摩比丘, 諮受禪要. 達摩曾入定, 往兜率天, 從彌勒受菩薩戒. 後以戒法授覽."
143 달마비구와 보리달마의 '達摩'의 글자는 같다. 달마비구는 계빈국이며, 보리달마는 香至國 출신이다. 달마 비구가 464년 입적했다면 보리달마는 520년 양무제를 만났다고 기록한다. 연도가 다르기 때문에 두 인물은 같은 사람이 아니다.

'입정' 중에 미륵불을 보는 경우는 「습선」편 석도법 조에도 나타난다. 그는 걸식하여 얻은 음식의 몫을 줄이고 벌레와 새들에게 보시하였으며, 저녁마다 알몸으로 앉아서 모기의 먹이가 되었다고 한다. 자연에 대한 보시행이 여러 해 동안 이어졌으며, 어느 날 입정 상태에서 도법은 미륵불을 보게 된다.

후에 선정에 들었다. 미륵불이 재(齋)모임 가운데서 방광하여 삼도(三途)의 과보를 비추어주는 것을 보았다. 이에 깊이 자신을 도탑게 힘써서 항상 앉아있고 눕지 않았다. 원휘 2년에 입정 상태에서 세상을 마쳤다. 새끼로 맨 걸상[승상(繩床)]에 편안하게 앉아, 기뻐하는 모습이 평소보다 더하였다.[144]

지엄, 혜람, 도법에 이르기까지 '입정' 상태에서 도솔천 혹은 미륵불과 관련되었다는 점이 특이하며, 당시 미륵신앙의 확산과 함께 습선과 관련되어 있었다는 점이 주목된다.

구나발마 조에서 그가 입적한 직후를 입정의 신이로 묘사하고 있다.

입적한 뒤 곧바로 승상에 붙들어 앉혔다. 얼굴 모습이 입정에 든 것과 다르지 않았다. 달려 온 도인과 속인이 수천 명에 이르렀다. 모두 향기가 강렬하게 감돌아 풍겨 나오는 것을 맡았다. 뱀이나 용처럼 생긴 한 필쯤 되는 길이의 물체 하나가 시신 옆에서 일어나 곧바로 하늘 위로 솟아오르는 것을 보았다. 그것을 무어라 이름지을 수 없었다.[145]

---

144 「습선」편, 석도법 조(대정장 50, p.399중) "後入定, 見彌勒放齊中光, 照三途果報. 於是, 深加篤勵, 常坐不臥. 元徽二年, 於定中滅度. 平坐繩床, 貌悅恒日."
145 「역경」편, 구나발마 조(대정장 50, p.341중) "旣終之後, 卽扶坐繩床. 顏貌不異, 似若入定. 道俗赴者, 千有餘人, 並聞香氣芬烈, 咸見一物, 狀若龍蛇, 可長一匹許."

구나발마는 원가 8년(431) 입적했다고 기록한다. 그는 삼장법사라 불렸던 바와 같이 9부에 능통했으며, 특히 『보살선계경』을 번역하는 등 율전에 관심이 많았다. 그러나 구나발마 조에는 그가 오히려 선(禪)에 밝았음을 강조한다. 시홍의 호시산(虎市山) 이름을 영취산으로 바꾸고 별도로 좌선실을 만들어 입정에 들자 신비한 현상들이 나타났던 것이다. 이는 이후 구나발마가 입적했을 때도 신이의 모습이 나타났으며, 당시 선정 자체가 매우 특별한 문화로 다가왔던 점을 시사하고 있다.

'입정'과 관련된 신이는 또한 석홍명 조에서도 나타난다. 홍명이 영홍의 석모암(石姥巖)이라는 곳에서 '입정'했는데, 그 곳 산의 정령(精靈)이 찾아와 홍명을 괴롭혔다. 홍명은 그 산 정령을 붙잡아 허리에 찬 새끼줄에 붙들어 매었다. 그러자 귀신은 사정하면서 풀어주기를 간청하였다.[146] 이 또한 신이와 연계한 '입정' 내용이다. 홍명은 북제 영명 4년(486) 백림사에서 세상을 떠났다.

'입정'과 신이와 관련된 내용은 「창도」편 석법원 조에도 거듭 나타난다.

> 그 후 사흘 동안 식사도 거르면서 입정하다가 문득 제자들에게 말하였다. '너희들이 밥 소쿠리를 잃는구나' 하고는 갑자기 병으로 누웠다. 이때 절 가까이에서 화재가 났다. 절은 바람이 부는 방향에 있기 때문에 연기와 화염이 미칠 수밖에 없었다. 제자들이 법원을 가마에 태워 절 밖으로 나가고자 하였다. 법원이 말하였다. '부처님께서 불타게 된다면 내가 어찌 살 수 있겠느냐?' 곧 간절한 마음으로 귀의하였다. 이에 삼면이 모두 불탔으나, 오직

---

146 「송경」편, 석홍명 조(대정장 50, p.408상) "永興石姥巖入定, 又有山精來惱明. 明捉得, 以腰繩繫之. 鬼遜謝求脫云, 後不敢復來."의 부분 내용 참조.

법원이 있던 절은 잿더미가 되지 않았다.[147]

이와 같이 법원이 '입정'해 있던 절 주위에서 큰 화재가 발생했으나 선정으로 인해 사찰의 화재를 모면했다는 내용을 기록하고 있다. 법원은 북제의 영원 2년(500)에 87세로 세상을 마쳤다. 이 시기에도 중국에는 선법이 보편적으로 보급되지 못했으며, 신이에 의지하는 모습을 보이고 있다. 이와 달리 「의해」편 축도생은 '입정'한 채로 세상을 마치는 평화로운 모습을 보이고 있다.

> 법석이 곧 끝나려 할 즈음에 불자(拂子)가 어지럽게 흔들리면서 땅에 떨어졌다. 얼굴을 바로 세우고 단정히 앉아 책상에 기대어 돌아가셨다. 얼굴빛은 달라지지 않은 채 마치 선정에 들어간 듯하였다. 이에 도인과 속인들이 놀라고 감탄하였다. 멀리 있거나 가까이 있는 사람들이 슬피 울었다.[148]

『고승전』에서 검색되는 '입정' 용어를 중심으로 살펴볼 때 크게 신이적 요소와 함께 죽음과 관련된다. 당시 선정 수행이 일반화되지 않았을 때 습선 행위 자체가 호기심의 대상이었음을 말해주며, 또한 좌선행이 초자연적 힘을 발휘한다고 믿었음을 시사하고 있다. 이에 따라 선정 중에 '좌탈입망'했던 선사들의 모습이 널리 알려졌으며, 선에 대한 관심을 높여준 것으로 보인다.

---

147 「창도」편, 석법원 조(대정장 50, p.417중) "後入定三日不食, 忽語弟子云, 汝等失飯籮矣. 俄而寢疾, 時寺側遭燒, 寺在下風, 煙焰必及. 弟子欲興願出寺, 願曰, 佛若被燒, 我何用活? 卽苦心歸命, 於是, 三面皆焚, 唯寺不燼."

148 「의해」편, 축도생 조(대정장 50, p.367상) "法席將畢, 忽見麈尾紛然而墜. 端坐正容, 隱几而卒. 顏色不異, 似若入定. 道俗嗟駭, 遠近悲泣."

2) '정(定)' 상태의 선어(禪語) 분석

'입정'과 유사한 용어로 '정중(定中)', '좌정(坐定)', '습정(習定)'과 같은 선어들이 나타난다. 특히 혜교의 「습선」편의 「논평」에서 "4평등심과 6신통은 선을 말미암아 일어나며, 8제와 10입은 '정(定)'에 기초하여 이루어진다."[149]고 하여 선과 정의 공덕을 구분하고 있다.

이와 함께 '적(寂)' 또한 정과 같은 의미로 사용되고 있음을 볼 수 있다. 고요하다는 의미와 함께 맑고 깨어있는 상태의 두 가지를 표현하고 있다. 따라서 '정'을 의미하는 문구나 설명들이 풍부함을 볼 수 있다.

「역경」편의 강승회 조에는 '적연(寂然)'이란 용어가 보인다. 비록 기도에 대한 무응답을 '적연'이라고 했지만, 단순히 고요하다는 의미가 아니라 정으로써 고요함을 나타낸 것이다.[150] 「역경」편의 석보운 조에는 선정을 위한 장소로서 고요의 의미를 부여하고 있다. 보운의 성품이 고요한 곳에 머물기 좋아하여 늘 한적(閑寂)을 유지했음을 말하고 있다.[151] 이와 같은 의미로서 당시 번역된 『해룡왕경』에 '적연'은 35번 출현하며, 『범천소문경』은 34번을 헤아리고, 여타 선경류에도 많이 발견된다. 따라서 '적연'은 보편적인 선 용어임을 보여준다.

「신이」편의 석보지(釋保誌) 조에는 '명적(冥寂)'이라는 표현이 보인다. 적정의 상태를 넘어 고승으로서 추앙하는 의미로 사용되고 있다.

---

149 「습선」편, 혜교의 논평(대정장 50, p.400중) "是以, 四等六通, 由禪而起. 八除十入, 藉定方成."
150 「역경」편, 강승회 조(대정장 50, p.325중) "七日期畢, 寂然無應."
151 「역경」편, 석보운 조(대정장 50, p.340상) "雲性好幽居, 以保閑寂."

스님의 자취는 비록 티끌 세상의 더러움에 구속받으나 그 정신은 '그윽하고 고요한'[명적(冥寂)] 세계에서 노닌다. 물과 불도 태우거나 적실 수 없고, 뱀과 호랑이도 덮쳐 두렵게 할 수 없다.[152]

'명(冥)'의 글자적 의미는 '어둡다'와 함께 '그윽하다'거나 '생각에 잠겨있다'는 표현으로 '적(寂)'과 함께 용어가 생성된 것으로 보인다. 보지화상이 '정'의 경계에 있음을 칭송한 것이다. 이와 함께 혜교 또한 '명적(冥寂)'을 사용하고 있다. "어둡고 고요함을 체득하여 신과 소통한다."[153]는 내용이다. 여기서 '명적'은 고요함을 넘어서 공능적 요소를 지니고 있음을 볼 수 있다. 물로 적실 수도 태울 수도 없을뿐더러 뱀이나 호랑이를 물리치며, 신과의 소통이 가능하다는 표현을 보이고 있다. 곧 삼매의 결과로 얻어지는 공능으로서의 내용을 포함하고 있다. 그러나 명적은 『고승전』에서만 보일뿐 다른 선경류에서는 발견되지 않는다.

혜교는 또 「의해」편 논평에서 '유적(幽寂)', '함묵(緘黙)', '연적(淵寂)'의 어휘를 동시에 사용하고, 이 용어들을 통해 '선정이 깊고도 그윽하며 고요하다'는 의미를 나타내고 있다. 이와 더불어 그는 '심행처멸'·'언어도단' 용어를 사용함으로써 선정이 이루어지는 상태를 여실히 표현하고 있다.

---

152 「신이」편, 釋保誌 조(대정장 50, p.394중) "誌公跡拘塵垢, 神遊冥寂. 水火不能燋濡, 蛇虎不能侵懼."
153 「의해」편, 혜교의 논평(대정장 50, p.382하) "聖人, 資靈妙以應物, 體冥寂以通神."의 내용 참조.

무릇 지극한 이치란 말이 없고 그윽한 귀결점이란 아득하고 고요하다. 아득하고 고요한 까닭에 마음이 움직이는 곳이 끊어지고 말이 없는 까닭에 말하는 길이 끊어진다. 말하는 길이 끊어질 때 말을 하면 그 참뜻을 다치고, 마음이 움직이는 곳이 끊어질 때 생각을 일으키면 그 참됨을 잃는다. 그런 까닭에 유마거사는 방장실에서 입을 다물고, 석가모니는 쌍수에서 침묵하셨다. 바야흐로 이치의 깊고 고요함을 아는 까닭에 성인들은 말씀을 하지 않으신 것이다.[154]

위에서 보는 바와 같이 정(定)이라는 의미로서 혜교는 유마힐의 '두구(杜口)'와 석가의 '함묵(緘黙)'을 예로 들었다. 이때 혜교가 사용한 '언어로절' 및 '심행처단'이란 표현은 당시에 번역된 경전에서도 찾을 수 있다. 이를 『좌선삼매경』에서 찾아볼 수 있는데, '언설실멸' 및 '심행처단'의 문구가 보인다.[155] 더불어 구마라집 역 『유마힐소설경』에는 '언어도단'[156]과 함께 문자와 언어를 떠난 '묵연(黙然)'[157]을 발견할 수 있다. 혜교는 이러한 문구들을 논평에서 사용하고 있다. 『고승전』 배도 조에서는 침묵의 의미로 사용되었으며,[158] 석혜원 조에서도 같은 의미인 '묵연'이 발견된다.[159]

---

154 「의해」편, 혜교의 논평(대정장 50, p.382하) "論曰, 夫至理無言, 玄致幽寂. 幽寂故, 心行處斷. 無言故, 言語路絶. 言語路絶, 則有言傷其旨. 心行處斷, 則作意失其眞. 所以淨名杜口於方丈, 釋迦緘黙於雙樹. 將知理致淵寂, 故聖爲無言."

155 『좌선삼매경』(대정장 15, p.285중) "非有非無, 不受不著. 言說悉滅, 心行處斷. 如涅槃性, 是法實相. 於此法中, 信心淸淨, 無滯無礙."의 부분 참조.

156 『유마힐소설경』(대정장 14, p.555상) "一切言語道斷."

157 『유마힐소설경』(대정장 14, p.551하) "何等是菩薩入不二法門? 時維摩詰黙然無言. 文殊師利歎曰, 善哉善哉! 乃至無有文字語言, 是眞入不二法門."

158 「신이」편, 배도 조(대정장 50, p.390하) "佛法黙然."

159 「의해」편, 석혜원 조(대정장 50, p.359상) "竊留席隅, 黙然而去."

유마힐의 '묵연'은 특히 중국에서 태동한 선종과 깊은 관계를 가진
다. 여러 다른 보살들과 달리 유마힐이 '묵연'으로써 대답하지 않은 것
은 문자와 언어를 넘어 진실한 불이법문(不二法門)을 한 것이라고 한다.
이는『고승전』에 이어『역대법보기』[160]에서도 인용되며, 또한『전등
록』[161]의 공안으로 사용되었다. 곧 선종의 불립문자의 격외성(格外性)
을 강조한 내용으로 발전하였다. 이는 혜교가 표현했다는 점에서『고
승전』은 중국선의 태동과 분리될 수 없는 관계를 갖는다.

3) '적(寂)' 및 '묵(黙)'과 관련된 용어 분석

『고승전』에 드러난 '정(定)'의 용어인 '적(寂)'을 중심으로 '적요(寂寥)',
'징(澄)'을 중심으로 '징적(澄寂)', 그리고 '담연(湛然)'을 중심으로 그 의미
들을 분석한다. 한편, '심(心)'을 중심으로 '심적(心寂)'을 고찰하고 '적
(寂)'과 '묵(黙)'의 선어를 통해 '정(定)'의 상태를 규명하고자 한다.

(1) '적요(寂寥)'를 통해 본 '정(定)'의 의미

고요의 의미로서「의해」편의 지둔 조와 석도항 조에서 보인다. 지
둔 조에서는 "고요하게 맑은 거동으로 참선의 연못에서 번뇌를 씻어내
라"고 하여 연못에 비유하였다.[162] 석도항 조에서는 열반의 의미로 사
용하고 있다. "열반의 도라는 것은 고요하고 텅 비어서 형체나 표현으
로 얻을 수 없다."고 하여 고요하면서도 비어있는 상태로서 공(空)의

160『역대법보기』(대정장 51, p.192하) "文殊師利菩薩, 讚維摩詰, 無有言說. 是眞入不
二法門."
161『경덕전등록』(대정장 51, p.396하) "問, 維摩寂是說不是說. 師曰, 暗裏石牛兒, 超
然不出戶."
162「의해」편, 지둔 조(대정장 50, p.348하) "寂寥淸擧, 濯累禪池." 내용 참조.

의미로 표현하였다.[163]

(2) 적관(寂觀) 용어의 의미

'적관(寂觀)'은「습선」편 혜람 조에 등장한다. 그가 젊었을 때 현고와 더불어 뛰어난 적관으로써 칭송받았다고 한다.[164] '적관' 용어는 혜람 조에 한 번 표기되어 있을 뿐 다른 인물이나 분과에서는 찾을 수 없다. 『고승전』에는 혜람이 달마 비구로부터 선의 요체[선요(禪要)]를 전수받았다고 기록하고 있다.

'적관' 용어는 축법호 번역에서 자주 보인다. 축법호가 번역한 『마역경』에서 한 번, 『해룡왕경』에는 세 번 검출되며, 『수행도지경』에서 여러 번 나타나고 있다. 특히, 『수행도지경』에는 '적'과 '관'이 설명된 문구가 보인다. "항상 '적연'을 행하여 '정(定)'을 얻으며 … 모든 진리 미묘하게 보아 대덕들의 가르침 꿰뚫으니, 이 경에서 널리 가르치니 '적관'이라 한다."[165] 이처럼 『수행도지경』에는 정(定)과 연계하여 적관 용어가 설명되어 있음을 볼 수 있다. 『고승전』에서 사용한 '적관'이 축법호의 번역을 따랐는지 알 수 없으나 개연성은 충분히 있을 것이다.

(3) 묵(默) 용어의 의미

'묵(默)'은 소리가 없는 '묵묵하다'는 뜻으로 고요한 상태다. 『고승전』에는 '묵어(默語)' 혹은 '어묵동정(語默動靜)'을 비롯하여 '선묵(禪默)', '묵연(默然)', '함묵(緘默)'의 용어들이 검색된다.

163「의해」편, 석승조 조(대정장 50, p.365하) "涅槃之爲道也, 寂寥虛曠, 不可以形名得."

164 석혜람「습선」(대정장 50, p.399상) "少與玄高, 俱以寂觀, 見稱."

165『수행도지경』(대정장 15, p.182하) "常得寂然行於定. … 徹睹衆玄微妙事, 觀採大德所說教, 此經洪訓, 名寂觀."

'묵어'는 지둔이 황제에게 올리는 하직인사에서 사용한 용어이지만, "모두가 물러가고 나아감에 알맞은 때가 있었으니, 묵묵히 말하지 않더라도 임금과 신하 간에 서로 뜻이 어울렸습니다."[166]라는 부분에서 보듯이 여기서 '묵어'는 '선정'과는 직접적인 관계가 아니다. 또한 혜교가 「의해」편 논평에서 사용한 '어묵동정' 역시 선어와 직접적인 관계라고 보기 어렵다. 혜원과 도안을 비교하면서 혜원이 호계 밖을 나가지 않은 점과 도안이 왕과 함께 가마에 올라탔다는 점을 예로 들며, 도안의 행위인 '어묵동정'이 시대에 따라 마땅함이 있다고 하는 내용에서 나타나고 있다.[167]

'선묵'은 「신이」편 기역 조에서 사용되었다. 기역은 대중들이 모인 자리에서 설법해주기를 요청받았다. 그는 상당하여 다음과 같이 설법했다.

> 말을 지키고 몸과 생각을 거두며, 삼가 여러 악한 일을 범하지 말라. 그리고 모든 선한 일을 닦고 행하라. 이와 같이 하면 세상에서 득도하느니라. 말을 마치자 곧 선묵에 들어갔다.[168]

〈칠불통계게〉의 내용으로서 쉬운 내용이어서 회좌를 열었던 축법행은 좀 더 심오한 설법을 요청했다. 기역은 "여덟 살 동자라도 외울 수 있으나, 백 살이 되어도 행하지 않는다면 무슨 소용이 있겠는가?"라고 대답하였는데 여기서 '선묵'이 사용되고 있다. 혜교는 기역이 설법 중에 조용히 정(定)에 들었다는 것을 가리켜 '선묵'으로 표현했다.

---

166 「의해」편, 지둔 조(대정장 50, p.349중) "皆出處有時, 黙語適會."
167 「의해」편, 혜교「論」(대정장 50, p.383상) "遠公旣限以虎溪, 安師乃更同轝輿. 夫高尙之道, 如有惑焉. 然而語黙動靜, 所適唯時."의 내용 참조.
168 「신이」편, 기역 조(대정장 50, p.388중) "守口攝身意, 愼莫犯衆惡. 修行一切善, 如是得度世. 言訖便禪黙."

'묵연'이라는 용어는 혜원 조에서 발견된다. 어떤 사문이 혜원에게 '여의(如意)'라는 물건을 올리려 왔다가, 혜원의 엄숙한 풍모 때문에 말을 붙이지 못하고 조용히 자리를 떠났다는 대목에서, '묵연'이라는 용어가 사용되었다.[169] 여기에서 '묵연'은 '정(定)'과 직접적인 관련이 없어 보인다. 또 하나 검색되는 '묵연'은 배도 조에서 사용되었지만 "불법에서 묵연히 말이 없는 것은 이미 허락한 것입니다."라는 문구의 내용으로 보아 선정을 가리키는 의미로서 '묵연'이라고 해석하기 어렵다.[170]

그런 까닭에 석가모니는 마갈성에서 방문을 닫았고, 유마거사는 비야리성에서 입을 다물었다. 수보리는 무(無)의 설을 제창함으로써 도를 밝혔고 제석과 대범천은 들음을 끊음으로써 꽃이 비처럼 쏟아져 내렸다. 이러한 모든 진리는 신(神)이 거느리기 때문이다. 그런 까닭에 입은 이를 위하여 '다물고[함묵(緘默)]' 말할 수 없다. 그러나 어찌 이것을 말할 수 없다고 하겠는가? 말로는 말할 수 없다는 것이다.[171]

이 인용문은 승조의 『열반무명론』의 내용을 소개한 것인데 승조는 '함묵'의 '묵(默)'을 '열반', '무위'의 뜻으로 사용하고 있다. 혜교는 「의해」편 논평에서 승조의 『열반무명론』을 인용하면서 '석가함묵(釋迦緘默)'[172]과 함께 '유적', '두구(杜口)'의 용어들을 사용하였으며, '심행처단

---

169 「의해」편, 석혜원 조(대정장 50, p.359상) "曾有沙門, 持竹如意, 欲以奉獻, 入山信宿, 竟不敢陳, 竊留席隅, 黙然而去." 부분 참조.
170 「신이」편, 배도 조(대정장 50, p.391상) "文殊喜曰, 佛法黙然, 已爲許矣. 後東遊入吳郡."의 부분 내용 참조.
171 「의해」편, 석승조 조(대정장 50, p.365하) "所以釋迦掩室於摩竭, 淨名杜口於毘耶. 須菩提唱無說以顯道, 釋梵乃絶聽而雨花. 斯皆理爲神御, 故口爲之緘默. 豈曰無辯? 辯所不能言也."

(心行處斷)', '언어로절(言語路切)'이란 용어를 사용하고 있다. 이는 중국에서 선종이 발생한 이후 '언어도단(言語道斷)', '심행처멸(心行處滅)', '불립문자(不立文字)' 등을 선지(禪旨)로 내세웠던 것과 그 궤를 같이 하고 있어 달마선 이전의 중국선의 연원으로서 깊이 연구할만한 과제이다.

4) '징(澄)'으로서 정(定)

(1) '징적(澄寂)'과 '담연(湛然)' 용어의 표현

「역경」편의 축담마라찰 조에는 "축담마라찰님의 '맑고 고요함[징적(澄寂)]'이여, 도덕이 깊고도 아름다워라"[173]라는 표현이 있다. 이와 같은 징적의 표현은 유송의 공덕직이 번역한 『보살염불삼매경』에 나오는데, "행주좌와로 부지런히 비파사나를 수습하되 정념(正念)으로써 관찰한다. 그 마음은 '맑고 고요하며[징적(澄寂)]' 어지러움이 없다."[174]고 하였다. 이 삼매경전은 혜교가 『고승전』「의해」편에서 소개하고 있다. 따라서 혜교는 여기서 '징적'의 표현을 그대로 가져왔을 가능성이 높다.

담마밀다 조에는 '신명징정(神明澄正)'이라고 하여 "정신이 깨끗하고 올곧았다."[175]는 표현이 나오는데, 여기서 '징(澄)'은 단순히 '맑다'는 뜻이다. 이와 함께 혜정 조에서 '징심(澄審)'이 발견되지만 이 또한 "조용하며 지극하게 성품이 허통하고 맑으며"[176]라는 뜻이다. 또한 도온 조

---

172 「의해」편, 혜교 「論」(대정장 50, p.382하) "釋迦緘默於雙樹."
173 「역경」편, 축담마라 조(대정장 50, p.326하) "護公澄寂, 道德淵美."
174 『보살염불삼매경』(대정장 13, p.800하) "常勤修習毗婆舍那, 行住坐臥, 正念觀察, 其心澄寂, 曾無動亂."
175 「역경」편, 담마밀다 조(대정장 50, p.342하) "神明澄正."
176 「의해」편, 석혜정 조(대정장 50, p.369중) "靜至性虛通澄審."

의 '징심(澄心)'[177]이나 혜외 조의 '징결(澄潔)',[178] 석승경 조의 '징정(澄淨)'[179]이란 용어는 모두 '맑다'는 것을 의미하여, 고요하다는 의미로서 '정(定)'과의 관련성이 적다. 「신이」편 축불조 조에는 '진정(眞淨)'이란 용어가 나오는데 "만약 삼독[삼구(三垢)]을 버리고 오로지 마음을 기울여 맑게 한다면[진정(眞淨)], 형체의 작용은 비록 어긋나더라도 반드시 진리와 들어맞을 것이다."[180]하여 '정(淨)'에 '정(定)'의 의미를 담아내고 있다.

(2) 담연(湛然)의 활용

'담(湛)'은 '침(沈)'으로서 고요하게 가라앉는다는 것과 함께 '맑다'는 것을 의미한다. 「역경」편의 석지엄 조에서 '담연'을 선사와 함께 표현하고 있다. "3인의 승려가 승상에 앉아 '고요히[담연(湛然)]' 선사(禪思)에 든 것을 보았다."[181]고 하여 담연이 선적 사유가 이루어지는 '定(정)'의 상태임을 말하고 있다. 담연은 또 구나발마 조에 수록된 그의 유언장에서 발견된다. "맑고 지혜롭기 밝은 달이요, 고요히[담연(湛然)] 안주하니, 순일한 적멸의 상이라"[182]고 하여 담연의 의미를 알 수 있다.

「의해」편의 석도항 조에는 "맑고 고요한 하나[도(道)]를 품는다. 오음(五陰)이 영원히 멸하면 모든 번뇌를 버린다. 번뇌를 다 버리기 때문에 도와 함께 상통한다."[183]고 하여 도(道)를 '담연'에 적용하고 있다. 「습

---

177 「의해」편, 석도온 조(대정장 50, p.372하) "澄心所殉, 發石開泉."
178 「습선」편, 석혜외 조(대정장 50, p.396중) "戒行澄潔."
179 「망신」편, 석승경 조(대정장 50, p.405하) "開明天色澄淨."
180 「신이」편, 축불조 조(대정장 50, p.388상) "除三垢, 專心眞淨, 形數雖乖, 而必同."
181 「역경」편, 석지엄 조(대정장 50, p.339중) "見其同止三僧, 各坐繩床, 禪思湛然."
182 「역경」편, 구나발마 조(대정장 50, p.342상) "淨慧如明月, 湛然正安住, 純一寂滅相."
183 「의해」편, 석도항 조(대정장 50, p.365하) "抱一湛然, 五陰永滅, 則萬累都捐. 萬累

선」편 혜숭 조에는 '불법[대법(大法)]의 교화는 인연을 따라 성하거나 쇠한다. 성쇠는 자취가 남으나 진리는 깊고도 고요하다[담연(湛然)].'[184]

담연은 『관불삼매해경』에서 "단정히 앉아 정수에 드니 그 마음이 마치 바다와 같아서 고요하고 흔들림 없어라"[185]라고 하여 '정수삼매(正受三昧)'의 의미를 나타낸다. 『해룡왕경』[186] 및 『사익범천소문경』[187]에도 '정(定)'의 의미로서 담연을 표현하고 있다.

5) '심적(心寂)'과 '정(定)'

(1) 구나발마 조에 나타난 '심적(心寂)'에 대한 분석

구나발마 조에 다음과 같은 그의 유언이 있다.

　　경계가 항상 앞에 있으니 마치 맑은 거울 대함이네. 저와 나
또한 그러하니 이 마음 '고요[심적정(心寂靖)]'한 까닭이라, 몸은 가
볍고 지극히 맑으리니 청량한 마음은 즐거움이네. 큰 환희심을
키워 집착 없는 마음을 내리라.[188]

위의 문장에서 '심적'이 핵심 단어이다. 여기서 '적(寂)'은 '정(定)'의 의미를 극명하게 나타내주고 있다. 대상을 사유하되 '심적'의 상태가 수반되고, 또한 그 결과가 무집착으로 이어지고 있다. '심적' 용어를

都捐, 故與道通同."
184 「습선」편, 혜숭 조(대정장 50, p.398상) "大法應化, 隨緣盛衰. 盛衰在跡, 理恒湛然."
185 『관불삼매해경』(대정장 15, p.655상) "端坐正受, 其心如海, 湛然不動."
186 『해룡왕경』(대정장 15, p.152하) "湛然心平等, 願以自歸命."
187 『사익범천소문경』(대정장 15, p.57하) "法湛然, 不增不減."
188 「역경」편, 구나발마 조(대정장 50, p.341하) "境界恒在前, 猶如對明鏡. 如彼我亦然, 由是心寂靖. 輕身極明淨, 清涼心是樂. 增長大歡喜, 則生無著心."

선경류에서 살펴보면 매우 중요하게 사용되고 있음을 볼 수 있다.

『긴나라왕소문경』에서는 '심적'이 곧 '정(定)'[189]임을 단언하는 부분이 보인다. 『해룡왕경』은 '일심적정(一心寂定)'이라 하여 '정(定)'의 의미로서 좀 더 구체적인 표현으로 이어진다.[190]

『음지입경』에서는 '심적연(心寂然)'[191]으로, 『월등삼매경』에서는 '심적멸(心寂滅)'[192], 『불설마역경』에는 '심적막(心寂寞)'[193]으로서 '적(寂)'이 '정(定)'임을 나타내고 있다. 특히 『고승전』에서 나타난 '심적'과 같이 '신(身)과 심(心)의 적연'을 강조하고 있는 경전으로서 『범천소문경』을 들 수 있다.[194] 이 경은 앞에서 인용한 구나발마의 유언과 비슷한 내용을 담고 있다. 이 밖에도 『선비요법경』[195], 『긴나라왕소문경』[196]에서도 '신심적연(身心寂然)'의 의미를 나타낸 문구를 볼 수 있다. 특히 『수진천자경』에서는 '심적삼매(心寂三昧)'[197]라 하여 '심적'이 그대로 삼매상태로 이어짐을 표현하고 있다.

(2) '식심(息心)'으로서 '정(定)'과의 관련성

'식심(息心)'은 본래 사문(沙門, śramaṇa)에 대한 옛 번역이다. 「역경」편 담마밀다 조에는 그를 흠모하여 "사문(息心)의 무리들이 만 리 먼 곳으로부터 몰려들었다."[198]라는 구절에서 보듯이 선어로서 '정(定)'과

---

189 『긴나라왕소문경』(대정장 15, p.379상) "心寂名爲定."
190 『해룡왕경』(대정장 15, p.140중) "諸天人民聞樂音者. 則逮一心寂定安隱."
191 『음지입경』(대정장 15, p.176상) "不志心寂然, 一一向念是."
192 『월등삼매경』(대정장 15, p.606상) "諸根調柔, 心寂滅. 我爲愛欲, 故殺彼."
193 『불설마역경』(대정장 15, p.113하) "常處閑靜, 其心寂寞."
194 『범천소문경』(대정장 15, p.31하) "身心寂淨, 樂于慈哀, 樂於法樂, 建立誠諦."
195 『선비요법경』(대정장 15, p.262하) "身心寂爾, 安住無礙."
196 『긴나라왕소문경』(대정장 15, p.377상) "諸精進從寂靜生, 身心寂靜住."
197 『수진천자경』(대정장 15, p.110상) "常調心寂三昧."
198 「역경」편(대정장 50, p.343상) "息心之衆, 萬里來集."

는 관련이 없다. '사문'은 음역으로서 '사문나(沙聞那)', '사문(娑門)', '쌍문(桑門)', '상문(喪門)' 등으로 번역하지만, '식심(息心)' 혹은 '식악(息惡)', '식지(息止)', '근식(勤息)', '수도(修道)', '핍도(乏道)', 혹은 '빈도(貧道)'로도 의역한다.

혜교는 『고승전』에서 사문이란 음역 대신 '식심(息心)'이란 의역을 쓰고 있다. 석혜원 조에서 "부지런히 계율을 지키는 사문[식심지사(息心之士)]과, 티끌 세상을 끊고 맑은 믿음을 지닌 손님들이 모두 기약 없이 찾아왔다."[199], "마침내 목숨을 이으려는 동지와 사문[식심정신지사息心貞信之士] 123명과 여산(廬山)의 북쪽 반야대정사 아미타불 불상 앞에 모였다."[200]에서 보듯이, 사문의 명칭 대신 '식심(息心)' 본래 의미로 표현하고 있다.

그러나 혜원 조의 다른 곳에는 '사문'에 대한 의미가 아니라, '정(定)'의 의미와 연계가 가능한 부분도 있다. "혜원은 이에 제자 수십 명과 함께 남쪽 형주로 가서 상명사에 머물렀다. 그 후 나부산(羅浮山)으로 가고자 심양(潯陽)에 이르렀다. 여산의 봉우리가 맑고 고요해 마음을 '쉴 만하다[식심(息心)]' 싶어서 비로소 용천정사에 머물렀다."[201]에서 보듯이 '식심'은 '사문'의 뜻이 아니라, '마음을 쉬는' 곧 '정(定)'의 의미로 쓴 것이다.

'식심'에 대한 혜교 이전의 사용에 대해 살펴본다. 『잡아함경』이나 『중아함경』에도 '식심'이 나타나며, 여기서는 '사문'의 뜻으로 사용되

---

199 「의해」편, 석혜원 조(대정장 50, p.358하) "旣而, 謹律息心之士, 絶塵淸信之賓, 並不期而至, 望風遙集."
200 「의해」편, 석혜원 조(대정장 50, p.358하) "乃延命同志, 息心貞信之士, 百有二十三人, 集於廬山之陰, 般若臺精舍, 阿彌陀像前."
201 「의해」편, 석혜원 조(대정장 50, p.358상) "南適荊州, 住上明寺. 後欲往羅浮山, 及屆潯陽. 見廬峰淸靜, 足以息心, 始住龍泉精舍."

지 않았다. 선경류에도 '사문'이라는 용어가 많이 나타나지만 '식심'의
뜻으로 사용된 용례는 찾기 어렵다. 축법호 역 『수행도지경』에는 '수
식관(數息觀)'으로 설명되고 있다. "마음이 어지러운 자는 다시 헤아려
야 한다. 이것이 '수식(數息)'이다.

행자는 이와 같이 낮과 밤으로 헤아리되, 1달 혹은 1년 동안 수습하
여 10까지 헤아린다. '식심'으로서 어지러움이 사라진다."[202] 이와 같
이 1~10까지 숫자를 헤아려 '식심'에 이르는 방법이 설명되어 있다.
『좌선삼매경』에서는 '식심'이 '정(定)'과 연계됨을 보여주고 있다. "만일
'정'으로써 스스로 마음을 고르게 하면, 이와 같이 움직여 '식심'을 해
서 '정'을 얻는다."[203]

그러나 '식심(息心)'이라는 용어가 『고승전』에서는 '사문(沙門)'의 의
미로 사용된 것처럼 '식심'이 『속고승전』에서도 그대로 계승된다. 『고
승전』의 '식심지사'가 『속고승전』에는 '식심지사(息心之士)', '식심지중
(息心之衆)' 등으로 사용된다. 「습선」편 승조 조에는 "사문들이 도를 묻
고 경행하도록 하였다."[204]는 부분과 함께 석승만 조에는 "사문들이 헤
아릴 수 없이 모여들었으며, 수선과 참회 그리고 지관을 닦았다."[205]

그리고 석승철 조에는 "위 아래에 정림사를 건립하자 사문들이 모
여들었다."[206]의 문구들이 보인다. 「습선」편 석도융 조에는 '식심지중
(息心之衆)'[207]이라는 용례가 발견되며, 「의해」편 석원광 조에도 「명률」

---

202 『수행도지경』(대정장 15, p.216중) "設心亂者, 當復更數, 是謂數息. 行者如是, 晝
夜習數, 息一月一年, 至得十, 息心不中亂."
203 『좌선삼매경』(대정장 15, p.285하) "若能以定自調心, 如是動, 息心得定."
204 『속고승전』「습선」편, 釋僧達 조(대정장 50, p.555상) "令息心之士, 問道經行."
205 『속고승전』「습선」편, 釋智滿 조(대정장 50, p.583상) "息心之士, 又結如林, 禪懺
兼修, 止觀齊捨."
206 『속고승전』「습선」편, 釋僧徹 조(대정장 50, p.596상) "上下雙建定林, 使夫息心之侶,
栖閑綜業."
207 『속고승전』「습선」편, 釋法融 조(대정장 50, p.603하) "息心之衆, 百有餘人."

편 석정애 조에도 '식심지중'의 용례가 검출된다.[208]

'사문'의 번역인 '식심'과 달리 『속고승전』에서 '정(定)'의 의미로 사용된 사례는 「의해」편 석홍언(釋洪偃) 조에 보인다. '식심연좌(息心宴坐)'라 하여, '식심'을 '정'으로, '연좌'를 '좌선'의 의미로 사용한 것을 볼 수 있다.[209]

6) '정(定)'으로서 '정심(靜心)' 및 '수정(守靜)', '무요(無擾)'의 활용

'정(定)'과 관련한 표현으로 '정(靜)'이 있다. 그런데 '정(靜)'은 습선자의 품성을 표현하는 것으로 사용하기도 했다. 「습선」편 승종 조에서 그의 "성품이 텅 비어 고요하였다."[210]고 하여 '허정(虛靜)'으로 표기한 것은 구체적인 정의 표시라기보다 승종의 습선 생활에서 비치는 품격의 표현으로 볼 수 있다.

(1) 정심(靜心)의 활용

'정심(靜心)'은 「신이」편 보지(保誌) 조에서 보인다. 황제가 자신의 번뇌, 어지러운 마음을 풀고자 보지에게 질문했고 보지는 12인연을 닦으라고 가르친다. 또한 황제는 정심의 방법을 묻고 보지는 질문에 대답한다.

---

208 『속고승전』「의해」편, 釋圓光 조(대정장 50, p.523하) "息心之衆, 雲結林泉.";
　　『속고승전』「명률」편, 釋靜藹 조(대정장 50, p.626상) "息心之衆."
209 『속고승전』「의해」편, 釋洪偃 조(대정장 50, p.603하) "每因講隙遊鍾山之開善定林. 息心宴坐."
210 「습선」편, 석승종 조(대정장 50, p.398하) "稟性虛靜."

'제자는 어느 때면 고요한 마음으로 닦고 익힐 수 있겠습니까
[정심수습(靜心修習)]?' 대답하였다. '안락금(安樂禁)입니다.' 알 만한
이들이 '금(禁)'이란 것은 멈춘다[지(止)]는 뜻이니, 안락정토에 이
르면 마침내 멈추게 된다는 것으로 생각하였다.[211]

혜교는 보지가 황제에게 말한 '정심'의 방법은 그친다[지(止)]는 것이
며, 그것은 '안락정토'에 이르러 비로소 가능하다는 것으로 해석하고
있다. 따라서 여기서 가리키는 '정(靜)'과 '지(止)'는 곧 '심(心)'과 '정(定)'
과 직접적으로 관련지을 수 있다.

'정심' 용어가 발견된 선경류는 『긴나라왕소문경』이다. "석왕(釋王)
씨를 따라 출생하여 모든 욕망의 뿌리가 항상 조용하니 마음 또한 고
요해라. 삼계(三界)의 인도자로서 항상 적멸(寂滅)이니, 정심(靜心)의 고
요한 이여 내가 찬탄하고 예배하리니"[212]에서 보듯이 '적(寂)'과 '정심
(靜心)'을 합하여 적멸과 고요한 마음의 '정(定)'을 표현한다. 이와 함께
『월등삼매경』에도 같은 의미의 문구가 발견된다. "정심(靜心)의 고요
함으로 항상 정(定)을 닦는다면"[213]이라고 하여 '정(定)'과 연계되었음을
볼 수 있다.

(2) 수정(守靜)의 활용

'수정(守靜)'이라는 용어는 불타발타라 조에 있다. 후진(後秦)의 왕인
요흥이 3,000명의 승려들에게 공양하고 성대하게 인간관계를 맺었지

---

211 「신이」편, 석보지 조(대정장 50, p.394하) "弟子何時, 得靜心修習? 答云, 安樂禁.
識者以爲禁者止也, 至安樂時, 乃止耳."
212 『긴나라왕소문경』(대정장 15권 p.380중) "從釋王種中出生, 諸根常寂, 心亦寂. 三
有導師, 常寂滅, 寂靜心者, 我讚禮."
213 『월등삼매경』(대정장 15권 569하) "以寂靜心, 常修定."

만, "오로지 불타발타라는 고요함을 지켰으며, 대중들과 함께 하지 않았다."[214]는 내용에서 '수정(守靜)'이 사용되었다. 이는 선정 중의 '수정(守定)'이 아니라, 외부 환경에 동요되지 않는 상태를 표현한 것이다.

그러나 「의해」편 법원 조에 사용된 '수정(守靜)'은 명확하게 '정(定)'의 상태로 사용되고 있다. "후에 여산에 들어 '고요함을 지켜 선(禪)을 맛보았으며[수정미선(守靜味禪)]', 오문(五門)을 맑게 사유하고 삼관(三觀)에 마음을 머물게 했다."[215]에서 '수정미선(守靜味禪)'은 그대로 '정(定)'의 의미이다.

선경류에서 '수정(守靜)'은 구마라집 역 『좌선삼매경』에 등장한다. '자삼매(慈三昧)'를 얻기 위한 행자(行者)의 실천에 관한 문답 부분에서 한거정처에서 불방일(不放逸)할 것을 답하는 과정에서 '수정'의 용례가 나타난다. "초저녁과 새벽에 사유하되 멈추지 않는다. 번잡스런 말들을 살피되, 묵연하여 '고요함을 지킨다[守靜]'"[216]에서 한 번 나타난다. 다른 선경류에는 이 용어가 보이지 않는다.

'수정(守靜)'은 『고승전』이후의 『속고승전』에 3번 검색된다. 「감통」편 석지현 조에는 그가 좌선에 힘쓴다는 '전무좌선(專務坐禪)'의 용례가 보인다.[217] 그의 동학에 대한 기록에서 수정이 나타난다. 그의 "동학이 기산(箕山)에서 수정(守靜)을 닦고 있었다."[218]에서 '정'과 그 의미가 상통한다. 또한 감통 조의 석혜림 조에서도 건명사에서 선정을 닦았다는

---

214 「역경」편, 불타발타라 조(대정장 50, p.335상) "供養三千餘僧, 並往來宮闕, 盛修人事, 唯賢守靜, 不與衆同."

215 「의해」편, 석법원 조(대정장 50, p.376하) "後入廬山, 守靜味禪, 澄思五門, 遊心三觀."

216 『좌선삼매경』(대정장 15, p.282중) "初夜後夜, 思惟不廢. 省煩言語, 默然守靜. 坐臥行住, 知時消息."

217 『속고승전』「감통」편, 석지현 조(대정장 50, p.664중) "專務坐禪"

218 『속고승전』「감통」편, 석지현 조(대정장 50, p.664중) "有同學, 在箕山守靜."

의미로 '청허(淸虛)'와 '수정'[219]의 용어를 사용하였다.

(3) 무요(無擾)의 활용

특수하게 '무요(無擾)'가 『고승전』에서 사용되고 있는데, '정' 중의 상태를 표현한다. 석법통의 부견인인 성진(聖進) 조에서 발견된다.

> 어느 날 두타행을 하다가 동산(東山)에 이르러 나무 밑에서 자려고 하였다. 호랑이가 와서 그의 머리를 쓰다듬었다. 성진이 단정하게 앉아 흔들리지 않는 것을 보고 그에게 무릎을 꿇었다가 떠나갔다.[220]

여기서 무요의 '요'는 동요의 '요'와 같이 '어지럽다'는 의미이며, '무요'는 어지럽지 않아 선정에 들었다는 것을 가리킨다. 혜외 조에서는 여인의 유혹에 어지러워지지 않음을 표현하였다. "욕망을 자극하는 말로 꾀어내 권유하여 그의 뜻을 흔들었다. 그러나 혜외의 지조는 곧고 확고하여, 하나도 마음에 흔들림이 없었다."[221]에서 보듯이 '일심무요'에서 '무요'의 의미는 '정(定)'의 상태와 서로 통하고 있음을 알 수 있다.

「송경」편의 석법상 조에는 '담연무요(淡然無擾)'라는 용례가 보이는데, "정신과 기운이 맑고 평정하며 깨끗하면서도 어지러움이 없어"[222]라고 하였다. 그러나 여기서는 법상의 성품을 나타냈을 뿐, '선정'의

---

219 『속고승전』 감통 석혜림 조(대정장 50, p.662하) "隋初隱於建明寺, 淸虛守靜."의 부분 참고.

220 「의해」편, 성진 조(대정장 50, p.382중) "嘗頭陀, 至東山, 宿于樹下, 有虎來摩其頭, 見進端坐無擾, 跪之而去."

221 「습선」편, 석혜외 조(대정장 50, p.396중) "談說欲言, 勸動其意. 嵬執志貞, 確一心無擾."

222 「송경」편, 석법상 조(대정장 50, p.406하) "神氣淸夷, 淡然無擾."

의미로 쓰지 않았다.

'무요'의 용례는 선경류 가운데 나련제야사(那連提耶舍)가 번역한 『월등삼매경』10권에서 한 번 발견된다. "여러 외도의 갖가지 견해가 있으나 보살의 저 마음은 흔들림 없다[무요(無擾)]"[223]는 부분인데, 역시 '定(정)'의 상태라기보다 성품이 어지럽지 않음을 표현하는 용례다.

3. 『고승전』의 돈오론(頓悟論)

'깨달음'에 대해 한자는 여러 가지로 표기될 수 있으나 크게 '각(覺)' 과 '오(悟)'가 보편적으로 사용된다. 『고승전』에는 '각(覺)'이라는 글자 보다 '오(悟)'라는 용어가 더 많이 나타난다. 여기서 오(悟)의 또 다른 표현으로써 '돈오'와 '점오'의 용어를 분석하고자 한다.

1) '돈오(頓悟)' 및 '점오(漸悟)' 용어의 태동

'돈점(頓漸)'은 선종에서 중요하게 사용되는 용어로서, 혜교 이전에 번역된 선경류에는 물론 여타 경전에도 '돈오'나 '점오'라는 용어가 나타나지 않는다는 점에서, 『고승전』의 돈점과 관련된 단어는 선학에서 매우 주목할 만하다. 『고승전』에서는 '돈오'라는 용어가 모두 9번 검색되며, '점오'라는 용어는 2번 검색된다.

「의해」편 석혜관 조에는 『논돈오점오의(論頓悟漸悟義)』라는 저술명이 보인다. 혜관은 원가 연간(424~452)에 세상을 떠났다고 기록하고 있

---

[223] 『월등삼매경』(대정장 15, p.556상) "種種外道諸異見, 菩薩於彼心無擾."

는데, 당시 『논돈오점오의』를 비롯하여 『변종론(辯宗論)』, 『십유서찬(十喩序贊)』 등 여러 저술의 서문을 썼다. 그렇다면 혜관이 활동할 시기에 이미 돈점에 대한 관심이 컸다는 것을 알 수 있다.

더 나아가 『고승전』에는 돈점의 명확한 의미를 알기 위한 논의가 활발했던 것으로 보인다. '돈오'나 '점오' 용어는 『고승전』 10분과 전체 중 「의해」편에서만 발견된다.

위에서 언급한 혜관은 도생의 제자로 기록된다. 도생 조에는 3번에 걸쳐서 '돈오'라는 용어가 등장한다. 도생이 활동했던 시기의 기록은 "송 원가 11년 여산에서 법좌에 올랐다."[224]는 내용이 있다. 또한 그는 혜예와 혜엄 등과 함께 구마라집을 따라서 수업했다고 한다. 도생이 돈오설을 건립했다는 부분은 다음과 같다.

이에 진제와 속제를 교열하고 인과를 연구하고 사유하였다. 비로소 선(善)은 응보를 받지 않고 돈오성불한다는 설을 건립하였다.[225]

당시 사람들은 도생이 추리한 '천제도 부처가 될 수 있다'는 말에 대하여 근거가 있다고 여겼으며, '돈오하면 과보를 받지 않는다'는 등의 주장도 역시 법의 문장으로 삼았다.[226]

"송 태조가 도생의 돈오성불을 말했고 승필 등 사문들이 거세게 비난했다."[227]

---

224 「의해」편, 축도생 조(대정장 50, p.367상) "宋元嘉十一年冬十一月庚子, 於廬山精舍, 昇于法座."

225 「의해」편, 축도생 조(대정장 50, p.366하) "於是, 校閱眞俗, 硏思因果. 酒立善不受報, 頓悟成佛."

226 「의해」편, 축도생 조(대정장 50, p.367상) "時人, 以生推闡提得佛, 此語有據. 頓悟不受報等, 時亦爲憲章."

227 「의해」편, 축도생 조(대정장 50, p.367상) "宋太祖, 嘗述生頓悟義. 沙門僧弼等, 皆設巨難."

위의 인용문에서 보듯이 도생은 '돈오성불론(頓悟成佛論)', '일천제성불론(一闡提成佛論)', '돈오불과보론(頓悟佛果報論)' 등을 당시 불교계에 논란 속에서 건립했음을 알 수 있다.

석도유 조에도 '돈오'를 중시했던 내용이 나타난다. 유송의 문제(文帝)가 돈오에 관심이 깊었고 그 문제를 혜관(慧觀)에게 질문하였다. 혜관은 도생의 제자인 도유를 추천하였고, 문제는 도유를 서울로 오도록 조칙을 내렸다. 도유가 서울에 다다르자 문제는 궁중에서 돈오를 주제로 토론회를 개최했다. 도유는 모인 사람들이 던진 날카로운 질문에 모두 답하고 오히려 그 논리를 꺾었다고 기록하고 있다.

> 의해승들이 크게 집회를 열고 도유에게 돈오에 관해서 진술하여 펼치게 하였다. 당시 말재주를 다투는 무리들은 이(돈오)에 관련된 질문을 바꾸어가며 시도하였다. 도유는 이미 사유를 쌓아 현오의 경지에 들어가 있었다. 또한 가르침의 근원에 바탕을 두었다. 그러므로 기회를 타서 날카로움을 꺾고 답변하여 반드시 상대방의 칼날을 꺾었다.[228]

이 때 황제는 통쾌하다고 도유를 칭찬하는 기록이 있다. 이것으로 보아 도유가 활동할 당시인 유송시대에 '돈오성불'에 대한 논의가 많았고, 또한 관심이 깊었음을 알 수 있다.

법진은 『열반경』, 『법화경』, 『승만경』 등 의소(義疏)를 지은 인물이며, 황제의 조칙에 의해 대명 6년 서울로 올라왔다. "도유와 함께 신안사에 머물렀다. 그리하여 '돈오'와 '점오'의 두 깨달음 내용에 관하여 각기 종사로 모셨다. 이르자마자 곧 강석에 나아갔다."[229]

---

228 「의해」편, 석도유 조(대정장 50, p.374하) "大集義僧, 令猷申述頓悟. 時, 競辯之徒, 關責互起. 猷旣積思參玄, 又宗源有本, 乘機挫銳往, 必摧鋒."

이 부분을 살펴볼 때 당시 돈오와 점오에 대한 관심이 매우 높았음을 알 수 있다. 석담빈(釋曇斌) 조에서도 '돈오'와 '점오'의 문구가 등장한다. 담빈 또한 도유와 법진이 머물렀던 신안사에 머물면서 『소품경』과 『십지론』을 강의했다. 당시 담빈이 돈오와 점오에 대한 논지를 펼쳤음을 기록하고 있다.[230] 담빈의 법석에서도 논쟁이 가열되었고 담빈의 언사가 이론과 이치에 맞아 아무도 그를 굴복시키지 못했다는 내용을 덧붙이고 있다.

담빈이 효건 연간(454~456)의 초기에 조칙을 받아 서울에 나와 신안사에 머물렀다는 기록을 볼 때, 도생으로부터 이어지는 '돈오' 및 '점오'의 논리를 일군 일파였음을 알 수 있다. 특히 유송의 문제가 도생이후 돈오의 논리를 진술할 수 있는 사람을 찾아 법석을 개최하였다는 사실과 함께, "돈오의 취지가 유송(劉宋)대에 거듭 밝혀졌다."고 기록한 내용에서 당시 '돈오'에 대한 논의가 매우 깊게 전개되었음을 알 수 있다.[231]

당시 수행에 의해서 깨달음이 일어난다고 할 때 깨침이 돈(頓)인가 점(漸)인가 그 성격을 규정하는 것을 중요하게 여겼던 것으로 보이지만, 『고승전』에서는 돈점에 대한 논쟁이 소개되지 않았다.

'점(漸)' 용어와 관련되는 단어들은 모두 「역경」편에서 발견된다. 지루가참 조에 부견인으로 등록된 안현 조에는 '점해한언(漸解漢言)'이라는 문구가 발견된다. "점차 중국말을 알자 경전을 펴내는 일에 뜻을 두었다."[232]에서 보듯이 깨침과는 상관없는 '점차' 알게 된다는 의미로

---

229 「의해」편, 석법진 조(대정장 50, p.374하) "與道猷, 同止新安寺. 使頓漸二悟義, 各有宗. 至便就講."

230 「의해」편, 석담빈 조(대정장 50, p.373상) "初止新安寺, 講小品十地, 并申頓悟漸悟之旨." 부분 참조.

231 「의해」편, 석법원 조(대정장 50, p.376하) "後, 文帝訪覓述生公頓悟義者, 廼勅下都, 使頓悟之旨, 重申宋代."의 내용 참조.

사용되었다. 「역경」편 구나발마 조에 사용한 점의 용례를 살펴보자.

진실로 바른 방편으로 점점 경계를 다스려 적멸의 낙이 늘어나
고, 세제일법 얻으면 한 생각 진제를 반연하여 차제로 법인(法忍)
이 생하나니.[233]

이 문구는 점오와 관계된 내용으로 여기서 점이 그 내용을 전개하
는 데 사용되었지만 직접 점오의 표현으로 사용되지는 않았다.

「역경」편 석지엄 조에도 선법과 관련하여 '점(漸)'이라는 말을 사용
하고 있지만 점오는 등장하지 않는다. "불타선 비구에게 선법을 묻고
배웠다. 점차로 깊이를 더하여[점심(漸深)] 3년이 지나자 그 공은 10년
세월을 넘어섰다."[234]

2) '오(悟)'와 '각(覺)', '현(玄)'의 분석

불교에서 '깨달음' 혹은 '깨침'은 가장 중요한 목표다. 『고승전』에
나타난 '깨침'과 관련된 용어들을 살펴보면 당시의 고승들이 지향했던
불교관이나 다양한 행법들을 분석할 수 있을 것이라고 생각해 보았다.
하지만 혜교는 고승들의 행장을 소개하면서 '좌선', '예참(禮懺)', '지계'
등의 용어를 사용하지만 그것이 어떤 행법인지 상세하게 설명하지 않
고 있다. 다만, 선경류와 삼매경류를 많이 소개하고 있다. 따라서 해
당 고승들의 생애사에서 사용한 '깨침'의 용어가 어떻게 사용되었는지

---

232 「역경」편, 안현 조(대정장 50, p.324중) "漸解漢言, 志宣經典."
233 「역경」편, 구나발마 조(대정장 50, p.342상) "眞實正方便, 漸漸略境界, 寂滅樂增
長, 得世第一法, 一念緣眞諦, 次第法忍生."
234 「역경」편, 석지엄 조(대정장 50, p.339중) "從佛馱先比丘, 諮受禪法. 漸深三年, 功踰
十載."

에 대해 집중하여 살펴보고자 한다.

혜교가 사용한 깨침 용어로는 '오(悟)', '각(覺)', '현(玄)' 등이 보인다. 이러한 용어들이 고승에 따라, 혹은 선법이나 행법에 따라 다르게 사용되고 있다. 깨침에 대한 용어들을 네 가지로 살펴보고자 한다. 스스로 혹은 어려서부터 깨쳤다는 것, 깨쳤다는 상태(경지)의 표현, 깨치고 나서 심오해졌다는 내용, 그리고 선정이나 송경 및 기도를 통해 깨친 내용이다.

(1) 오(悟)의 분석

석도보는 "어린 나이에 불법을 믿고 깨달았으며 세상을 피해서 영화를 마다하였다."[235]에서 혜교는 '신오(信悟)'라는 표현을 쓰고 있다. 신과 오를 함께 붙여 써 믿음과 깨달음이 하나로 연결됨을 보여준다.

석담제 조에는 "10세에 출가하였고 스승을 따라 배우지 않았으나 깨달음이 천연적으로 일어났다."[236]고 하였다. '오(悟)'가 스승없이 스스로 깨달았을 때에 쓰이고 있다. 같은 일이 석혜릉 조에서도 나타난다. 그는 "어려서 가난하게 살아 배움에 스승과 벗이 없었지만 탁월하여 스스로 깨달았다. 나이 23살에 비로소 출가하여 10여 년 동안 마음을 불법에 집중시켜 수많은 경전을 뛰어나게 꿰뚫었다."[237]

그런데 「신이」편 석법궤 조에는 '오(悟)'를 단지 알아차리는 뜻으로 사용했다. 법궤가 세상을 떠나자 대중들이 운집하였고, 그는 두 손가락을 굽혔다. 이때 '대중들은 그가 제2과를 터득했음을 알아차렸다'[238]

---

235 「의해」편, 석도보 조(대정장 50, p.350하) "弱年信悟, 避世辭榮."
236 「의해」 석담제(釋曇諦) 조(대정장 50, p.371상) "至年十歲出家, 學不從師, 悟自天發."
237 「의해」편, 석혜릉 조(대정장 50, p.379하) "少而居貧, 學無師友, 卓然自悟. 年二十三, 方出家, 十餘年中, 凝心佛法, 貫通衆典."

의 표현에서 볼 때, 법궤는 제2과인 사다함과를 터득했다고 하는 '득(得)'을 사용하고 있으며, 대중들이 '알아차렸다'는 점을 '오(悟)'로 표현한 것이다.

'오'를 대신해 다양한 표현도 사용되었다. 「의해」편의 축법잠은 유원진을 스승으로 섬겼다. 당시 손작이 유원진을 칭송하기를 그의 "이야기는 아로새길만하고 비춤은 어리석은 이를 깨우칠만하며, 가슴 속은 활짝 트여 매양 밝도다."[239]라고 읊었다. 이때 깨침을 표현하는 용어는 '개(開)'와 '활(豁)'이다. 여기서 '개'는 어둡다거나 어리석음[몽(矇)]에서 '열어준다'는 표현으로 곧 깨우쳐준다는 것으로 사용한 것이며, '활'은 '활짝'으로서 내면이 깨달음으로 활짝 열려 있음을 나타낸다.

「의해」편 석담빈 조에는 '오해(悟解)'의 표현이 나타난다. "때마침 승업의 『십송률』 강의를 음미하여 들었다. 얼마 되지 않아 깨우친 이해[오해(悟解)]가 깊은 경지로 들어갔다."[240]는 대목이 보인다. 그 강의를 통해 깨우쳤다는 의미로 그 경지가 더욱 심화된다는 것을 말하고 있다.

「습선」편 석현고(釋玄高) 조에는 '심오(深悟)'라는 용어가 나온다

> 현고가 찾아가서 스승으로 섬긴 지 열흘 사이에 선법에 미묘하게 뛰어났다. 부타발타가 감탄하였다. "훌륭하구나 불자여. 너의 깊은 깨달음이 이와 같구나.[241]

---

238 「신이」 석법궤 조(대정장 50, p.393중) "衆咸悟其得二果."
239 「의해」편, 축법잠 조(대정장 50, p.347하) "談能彫飾, 照足開矇, 懷抱之內, 豁爾每融."
240 「의해」편, 석담빈 조(대정장 50, p.373상) "值僧業講十誦, 餐聽少時, 悟解深入."
241 「습선」편, 현고 조(대정장 50, p.397상) "高往師之, 旬日之中, 妙通禪法. 跋陀歎曰, 善哉, 佛子! 乃能深悟如此."

현고 조의 심오(深悟)는 후대에 발달한 선종에서 가리키는 돈오[활연대오(豁然大悟)]보다 오히려 점오에 가깝다.

「창도」편의 석담광(釋曇光) 조에는 '식오(識悟)'라는 표현이 나타난다. "곧 예전에 일삼은 것과는 담을 쌓고 여러 경론의 강의를 들었다. 식견과 총명함[식오(識悟)]이 보통사람을 넘어서서 한 번 들으면 곧 통달하였다."[242] 여기서 '오'는 해오(解悟), 즉 앎의 측면으로 표현되었다. 위의 용례들에서 보면 '오'는 깨침[증오(證悟)]과 앎[해오(解悟)]의 두 가지로 혼용되어 쓰이고 있음을 알 수 있다. 다시 말해서 완벽한 깨달음이란 의미에서 '오'를 쓰지 않았다고 볼 수 있다. 그렇게 때문에 점오(漸悟)와 돈오(頓悟)라는 대립적 용어가 생길 수 있었다고 생각한다.

(2) 현(玄)과 각(覺)의 분석

혜교는 축법온을 찬양한 문구에서 다음과 같이 쓰고 있다.

> 축법온은 깨달음과 총명한 이해력으로 그윽한 경지에 들어간 사람이다.[243]

인용과 같이 '오해(悟解)를 통해 현(玄)에 들었다'는 것으로서 오해는 현에 들기 위한 전 단계로서 '그윽하다'고 묘사한 '현(玄)'이 깨달음의 경지로 표현되고 있다.

지둔 조에는 '현(玄)'과 함께 '각(覺)'이라는 용어가 보이고 있다. 지둔은 제자들을 훈계하는 좌우명을 지었는데, 그 말미에 다음과 같은 내

---

242 「창도」편, 석담광 조(대정장 50, p.416중) "乃屏舊業, 聽諸經論, 識悟過人, 一聞便達."
243 「의해」편, 축법온 조(대정장 50, p.348중) "竺法蘊, 悟解入玄."

용이 있다.

> 미묘한 깨달음을 이미 베풀었으니 더욱 더 그 앎을 그윽하게
> 하라. 변화에 따라 그대로 맡겨 남과 더불어 옮겨가라. 앞으로는
> 생각하지도 말고 따지지도 말아라. 이를 도탑게 한 이가 깨달음
> 의 어버이니 갓난아기처럼 되도록 뜻을 두어라.[244]

미묘한 경지의 '깨달음[묘각(妙覺)]'이라는 표현과 '그윽하다[현(玄)]'는 용어를 함께 사용하여 깨침이 더욱 깊어지는 것을 나타냈다.

'그윽하다'는 '현(玄)'의 표현은 「의해」편 혜원(慧遠)과 구마라집 게송에도 나타난다. "때마다 깨달은 종사가 없다면 누가 장차 그윽한 계합을 잡을 수 있으랴. 찾아가 묻는 것 아직도 아득하오니 남은 생을 서로 더불어 하길 기약했으면"[245]의 부분이다. '현계(玄契)'의 계는 곧 '합치된다'는 의미로서 계합이다. 계합이 선이 추구하는 궁극적 상태라고 보면 '오(悟)'나 '각(覺)'보다 '현(玄)'을 더 깊은 경지로 표현했음을 알 수 있다.

3) 선수행(禪修行)에 사용된 용어

앞에서 『고승전』에서 발견되는 깨침과 관련된 용어 중 '오(悟)'와 '각(覺)', '현(玄)'을 검색하여 분석 고찰해 보았다. 여기서는 선수행이나 행법에 나타난 깨침 용어를 검색해 고찰해 보겠다.

---

244 「의해」편, 지둔 조(대정장 50, p.348하) "妙覺旣陳, 又玄其知. 婉轉平任, 與物推移. 過此以往, 勿思勿議. 敦之覺父, 志在嬰兒."
245 「의해」편, 석혜원 조(대정장 50, p.360상) "時無悟宗匠, 誰將握玄契? 來問尙悠悠, 相與期暮歲."

(1) 팔선(八禪)과 칠각(七覺)

담마야사 조에는 '팔선(八禪)'과 '칠각(七覺)', 그리고 경률의 표현과 함께 '悟(오)'가 나타난다. 담마야사는 계빈국 출신으로 진 융안(397~401) 연간에 중국에 입국하였으며, 의희 연간(405~418)에 활동하다가 송 원가 연간(424~452)에 다시 서역으로 돌아간 역경승이다. 그가 계빈국에 있을 때 이미 "경전과 율장을 두루 보아 환하게 깨달은 것이 무리에서 뛰어났다. 8선을 도야하고 7각에 마음을 두었다."[246]는 문구가 있다. 이때 환하게 깨달았다[명오(明悟)]고 하는 것은 해오(解悟)를 말한 것이다.

이 같은 내용을 살펴볼 때 담마야사는 경장과 율장은 물론 팔선[팔정(八定)]과 칠각[칠각지(七覺支) 혹은 칠각분(七覺分)]을 닦았다는 것에서 당시 선 수행의 내용이 팔정과 칠각이었음을 알 수 있다.

(2) 활연변각(豁然便覺)

구나발타라 조에는 기도에 의한 깨침이 나타나 있다. 더불어 '활연변각'이라는 용어 또한 주목을 끈다.

> 드디어 꿈속에 흰 옷을 입고 손에 칼을 든 사람이 나타났다. 한 사람의 머리를 받쳐 들고 그의 앞에 이르러 물었다. '무엇 때문에 걱정을 하는가?' 구나발타라가 갖추어 사실대로 아뢰었다. 그가 대답하였다. '크게 걱정할 것 없다.' 곧바로 칼을 가지고 머리를 바꾸어 새 머리로 안치했다. 그리고는 머리를 돌려보라고 하였다. '아프지 않은가?' 구나발타라가 대답하였다. '아프지 않습

---

246 「역경」편, 담마야사 조(대정장 50, p.329중) "該覽經律, 明悟出群. 陶思八禪, 遊心七覺."

니다.' 갑자기 환히 트이면서 깨달아[활연변각(豁然便覺)] 마음과 정
신이 희열에 젖었다. 새벽에 일어나니 도의 의미를 송나라의 말
로 갖추어 이해할 수 있으므로 그제야 강의를 하였다.[247]

구나발타라가 기도하는 중 꿈에서 나타난 사람이 머리를 바꾸어 주
었다는 내용에서 "활연히 깨달았다."는 용어가 보인다. 이는 기도를
통해 불교의 진리를 깨달을 수도 있다는 것과 구나발타라가 중국어에
능통하게 되었다는 점을 극적으로 표현한 것이다. 여기서 사용한 '활
연(豁然)'이라는 용어는 이후 선종에서 자주 사용된 용어라는 점에서
혜교의 '활연' 표기는 매우 의미 있다고 하겠다.

(3) 미오(微奧)

담마밀다는 경전 연구와 수선을 통해 미오의 경지에 도달했다고 한
다. 계빈국은 많은 성인과 통달한 이를 배출했다는 배경을 통해 '담마
밀다는 자주 훌륭한 스승을 만나 많은 경을 널리 꿰뚫었다. 특히, 선
법(禪法)에서 깊이가 있었다. 그가 터득한 경지는 지극히 정미[미(微)]하
고 몹시 심오[오(奧)]하였다.[248]
경전을 꿰뚫고 있었다는 부분과 선법에 깊이가 있었다는 표현 뒤에
'미오(微奧)'라고 하여 깨달음과 선정이 깊음을 표현했다.

---

247 「역경」편, 구나발타라 조(대정장 50, p.344중) "遂夢有人白服持劍, 擎一人首, 來
至其前曰, 何故憂耶? 跋陀具以事對. 答曰, 無所多憂. 卽以劍易首, 更安新頭, 語
令迴轉曰, 得無痛耶? 答曰, 不痛. 豁然便覺, 心神悅懌. 旦起, 道義皆備領宋言,
於是就講."
248 「역경」편, 담마밀다 조(대정장 50, p.342하) "罽賓多出聖達, 屢値明師, 博貫群經,
特深禪法. 所得門戶, 極甚微奧."

(4) 성품(性品)

「의해」편 석혜원 조에는 불법을 떠올리고 지속적으로 간직한다면 마침내 터득할 것이라는 표현이 나타난다. 그는 진(晉) 의희(義熙) 12년 (416) 83세로 입적하기까지 많은 불교적 업적을 남겼다.

> 시주께서 순리를 밟아 본성[성(性)]에 노닐거나 부처의 이법[(불 리(佛理)]을 타고 마음을 부려서 이와 같이 하기를 밀고 간다면 … 애오라지 이러한 이치를 생각하기를 오래 하노라면 어느새 깨달 음을 터득할 것입니다.[249]

이 인용문의 표현은 후대 조사선이라 일컫는 선종의 선법과 흡사하 다는 것을 알 수 있다. 더 나가 공안을 항상 염두에 두는 방법으로서 '참구(參究)'라는 의미의 배경적 표현으로 볼 수 있다. 특히, '성(性)'에 노닐다'라는 문구는 선종의 핵심어인 성품 곧, 본래면목이라는 의미로 쓰였을 것이라고 유추할 수 있다.

4) 철오(徹悟)의 등장

「의해」편에서 혜원이 언급한 깨달음에 대한 문구는 계속 이어진다. 이는 위에서 살펴본 석담광 조의 '식오(識悟)'와 관련된다.

혜원이 서방정토에 태어나기를 서원하는 글에 '오(悟)'가 포함되어 있다. "그러나 다시 미묘하게 부처님의 자태를 관하여 마음을 열어 곧 게 비출 수 있습니다. 그렇다면 알음알이로써 깨달음이 새로워지 고"[250]라고 했는데 이때 '마음을 열어 비춘다[계심정조(啓心貞照)]'는 것을

---

249 「의해」편, 석혜원 조(대정장 50, p.359중) "檀越旣履順而遊性, 乘佛理以御心, 因 此而推復, … 聊想斯理, 久已得之."

'식(識)'으로 표현했으며, 다시 '알음알이로써 깨달음이 새로워지고'에서 깨달음이 계속 심화되는 것이라고 하여 '오신(悟新)'의 '오'가 '해오'라고 해석된다.

그러나 '오'를 깨침의 의미로 사용한 예는 다시 「의해」편 석도조 조에도 나타나고 있다. 여기에는 '쉽게 깨닫는다', 혹 '깨달음이 날로 새로워진다'는 문구가 보인다.

혜원은 늘 말하였다. '도조 등은 쉽게 깨닫는다[이오(易悟)]. 모두가 이들 같다면 다시는 윤회하여 뒷날 다시 태어날 것을 근심하지 않으리라.' 승천과 도류는 모두 나이 28살에 세상을 떠났다. 이에 혜원이 한탄하였다. '이들은 모두 재주와 의리가 빼어나게 무성하여 맑은 깨달음[청오(淸悟)]이 날로 새로웠다. 이러한 재능을 품고서도 길이 저 세상으로 갔으니, 하나같이 어쩌면 이다지도 가슴 아프단 말인가?'[251]

인용된 문구 가운데 '이오(易悟)'와 '청오(淸悟)'에서 '오(悟)'는 육도 윤회를 벗어났다는 해탈을 의미하고 있다.

한편, 「의해」편 축도생 조에는 '철오(徹悟)' 용어가 나타나고 있다.

도생은 이미 사유에 잠긴 지 오래되어 언어 밖의 진리를 철저히 깨달았다[철오언외(徹悟言外)]. 마침내 한숨을 쉬고 탄식하였다. '무릇 형상으로써 생각을 다하지만 참뜻을 얻으면 형상은 잊는 것이다. 말로써 이치를 추구하지만 진리에 들어가면 말은 쉬는

---

250 「의해」편, 석혜원 조(대정장 50, p.359상) "復妙觀大儀, 啓心貞照, 識以悟新, 形由化革."

251 「의해」편, 석도조 조(대정장 50, p.363상) "遠公, 每謂祖等易悟, 盡如此輩, 不復憂後生矣. 遷流等並年二十八而卒. 遠歎曰, 此子並才義英茂, 淸悟日新, 懷此長往, 一何痛哉?"

것이다.'[252]

　도생은 유송의 태조와 문제로부터 존경을 받았다. 그들은 도생을
위해 법회를 주선했다는 기록과 함께 도생의 면모를 표현하고 있다.
특히 위에서 인용한 부분과 같이 '사유에 잠긴 지 오래되어 언어 밖[언
외(言外)]의 진리를 철저히 깨달았다'는 문구에서 선종 성립 이후 간화
선에서 자주 회자되는 '언외(言外)'라는 용어가 사용되고 있다. 이는 '격
외(格外)' 혹은 '불립문자'와 같은 의미이다.[253] 특히 '철오'라는 용어가
보이는데, 이 또한 선종에서 자주 등장하는 '확철대오(廓徹大悟)'의 준말
로서 '철오'를 표기했다는 점에서, 언어를 통해 선종의 연원과 배경을
살펴보는 데 중요한 근거가 된다.
　즉, 중국에서 선종의 설립이 평지돌출(平地突出)이 아니었고 그 이전
에 풍부한 선의 경험과 선어(禪語)가 마련되어 있었던 것이다.

---

252 「의해」편, 축도생 조(대정장 50, p.366하) "生旣潛思, 日久, 徹悟言外, 迺喟然歎
　　曰, 夫象以盡意, 得意則象忘. 言以詮理, 入理則言息."
253 이법산, 「禪思想의 자력과 타력 문제」(『정토학연구』 2005, p.53)에 의하면 『楞伽
　　經』에 이미 '不立文字' 정신이 나타나 있음을 언급하고 있다. 元魏의 보리류지
　　가 번역한 『入楞伽經』이 유포된 이후이다. 따라서 '言外' 혹은 '格外'의 요소가
　　이미 회자되었음을 유추할 수 있다.

4. 『고승전』의 삼매론(三昧論)

1) '삼매(三昧)'에 대한 용어 분석

『고승전』에는 '삼매'라는 용어가 많이 보인다. 전역의 초기인 후한 시기에 안세고가 번역한 삼매경류에는 신이적 요소가 다분했다. 그러나 이후 송·제·양·진으로 이어지는 남조시대에는 여러 행법들이 추가된 내용의 경전들이 번역되었다. 다양한 선경류의 유행은 선 체험의 축적과 더불어 중국 사회에 선종이 출현하게 된 배경으로 여겨진다. 여기에서는 신이적 요소와 별개로 '삼매'의 내용을 중심으로 살펴본다.

『고승전』에서 경전의 제목으로 기록된 삼매경류는 축법호, 구마라집, 지겸, 지루가참 등 역경가들에 의해 소개된 것들이다.

비록 『고승전』에 소개되지 않았지만 안세고가 번역한 『불인삼매경』(1권)에는 삼매에 든 부처님이 사라지는 신이를 나타내고 있으며,[254] 『자서삼매경』(1권)에서는 땅 속에서 연화좌가 솟아오르는 신정화증(神靜化證)삼매[255]를 설하고 있다. 혜교는 안세고를 『안반수의경』 등 많은 선경류를 번역한 인물로 그의 행적을 기록하면서, 선(禪)을 통한 신이와 교화의 공덕에 대한 내용을 함께 소개함으로써, 선사의 신이로 당시 중국인들이 삼매에 대한 지대한 관심을 갖게 되었음을 알리고자 하였다.

축법호 또한 많은 수의 삼매경류를 번역하고 있는데, 『여환삼매경』

---

[254] 『불인삼매경』(대정장 15, p.343상) "時, 佛坐三昧, 佛身神外衣中衣, 佛坐光照, 悉不現."(그 때 부처님께서는 삼매에 드셨는데 부처님의 몸, 겉옷과 속옷 그리고 부처님 자리의 광명이 모두 보이지 않았다) 부분 참조.

[255] 『자서삼매경』(대정장 15, p.344상) "如來便人神靜化證三昧, 普感恒沙諸佛世界, 於佛座前, 忽有蓮華座, 自然踊從地出."

(2권), 『무극보삼매경』(2권)이 대표적이다. 다양한 삼매의 소개와 함께 구체적인 실천 방법, 그리고 그 공덕을 설하고 있으며 분량 또한 상당히 많다.

전산 입력된 『고승전』의 원문 내용을 검색했을 때 나타난 '삼매' 용어는 모두 10번 이상이며 삼매경류는 아래와 같이 발견된다.

<표 12> 『고승전』에 나타난 삼매경 수

삼매경	10과 분류	역경승
『관불삼매해경』	「역경」편	불타발타라 역
『반주삼매경』	「역경」편	지루가참 · 축불삭 역
『좌선삼매경』	「역경」편	구마라집 역
『혜인삼매경』	「의해」편	지겸 역지둔 조[256]
『염불삼매경』	「의해」편	공덕직 역
공덕직의 『염불삼매경』 교정	「의해」편	석현창

축불삭이 『반주삼매경』을 번역했지만 1권과 2권 중 어느 경의 번역에 참여했는지는 알 수 없다. 다만 축불삭이 번역에 참여했던 때가 광화 2년(179)이므로, 상당히 이른 시기에 번역되었음을 알 수 있다.[257]

또한 구마라집이 번역한 『좌선삼매경』과 동진의 불타발타라(359~

---

256 「의해」편의 지둔(支遁) 조에서 '慧印之經'으로 소개하고 있다. 이는 오(吳)의 지겸(支謙)이 번역한 『佛說慧印三昧經』1卷을 가리킨 것으로 볼 수 있다.

257 「역경」편, 축불삭 조(대정장 50, p.324 중) "經意, 朔又以光和二年, 於雒陽, 出般舟三昧, 讖爲傳言." 부분 참조.

429) 번역의 『관불삼매해경』[258] 두 경전이 번역된 연도를 명확히 알수 없으나 구마라집의 입적 연도[259]와 불타발타라의 생애에 비추어 추측할 수 있다. 『좌선삼매경』에는 오정심관의 방법을 소개하고 있으며, 『관불삼매해경』에는 많은 숫자의 삼매 종류들이 보인다. 두 경전에는 '삼매'의 실천법이 소개되어 있으며, 신이적 내용과는 다른 양태를 보이고 있다. 특히 지둔(366년 입적)이 공부했다고 소개한 지겸역 『혜인삼매경』(1권)에는 부처님께서 혜인삼매에서 일어나 혜인삼매에 드는 방법과 그 공덕을 설하고 있다.

이들 삼매경류보다 늦게 번역된 『염불삼매경』(5권)은 「의해」편의 석현창 조에 보인다. 현창은 공덕직이 번역한 『염불삼매경』 번역을 교정했음을 소개하고 있다. 이 경전의 내용은 보살의 염불삼매가 수승한 과보를 가져온다는 확신을 주는 내용이다. 『염불삼매경』은 모두 16품으로 구성되어 있으며, 이 가운데 제3 「신통품」과 제4 「미륵신통품」, 제7 「여래신력증정설품」은 신이적 내용을 소개하고 있다. 제10 「정관품(正觀品)」과 제15 「정념품(正念品)」에는 구체적인 방법을 제시하고 있다.

'삼매(三昧)'의 정의는 '심일경성(心一境性)', '등지(等持)', '정정(正定)'으로 일경의 지속적 상태를 말한다. 먼저 『고승전』에 나오는 삼매에 대한 정의 부분을 찾아보자. 유송의 구나발타라가 번역한 『잡아함경(雜阿含經)』 「광설팔성도경(廣設八聖道經)」에서 살펴볼 수 있다.

---

258 『고승전』에는 6권으로 소개하고 있으나, 『대정신수대장경』제15권 p.645의 『관불삼매해경』은 10권본으로 남아있다.

259 구마라집이 입적한 연도는 홍시 7년, 9년, 11년(409)의 3가지 설이 있지만, 혜교는 이를 확인하기 어렵다고 언급하였다. 동국역경원 간행 『고승전』 p.56; (대정장 50, p.333상) "然什死年月, 諸記不同. 或云弘始七年, 或云八年, 或云十一年, 尋七與十一字, 或訛誤." 내용 참조.

만일 마음이 산란하거나 동요되지 않음에 머물되 고요함 섭수하여 삼매로 한 마음이 되면 이것을 세속의 바른 선정이라고 한다.[260]

한 마음의 지속을 알리는 내용이 보인다. 이와 더불어 『잡아함경』「계빈나경(罽賓那經)」에는 삼매의 성취 부분이 나타나고 있다.

만일 비구가 삼매를 닦아 익힐 때 몸과 마음이 편안하게 머물러서 기울게 하지도 않고 움직이지 않으며, 훌륭하고 묘한 선정에 머물면, 그 비구는 이 삼매를 얻어 애써 방편을 쓰지 않더라도 마음대로 곧 증득할 수 있을 것이니라.[261]

「습선」편의 현고 조에는 삼매정수를 부연하는 설명으로 "깊고도 묘하다."[262]는 표현을 쓰고 있다. 또한 혜교는 「습선」편을 논하면서 '선나(禪那)'와 더불어 '정수(正受)'를 좀 더 구체적으로 표현하고 있다.

선은 아득하고 고요하며 삼매의 못은 깊도다. 생각을 거두어야 그윽한 곳을 채우리라.[263]

삼매경류에는 신이(神異) 및 공덕을 통한 신앙적 측면도 있으며, 이를 통해 선이나 염불, 관상법 등 다양한 행법들을 제시하고 있다. 혜교의 입장에서 삼매를 분석한다면 「망신」, 「신이」, 「흥복」, 「경사」편

260 『잡아함경』(대정장 2, p.204상) "若心住不亂不動, 攝受寂止三昧一心, 是名正定世俗."
261 『잡아함경』(대정장 2, p.206하) "若比丘修習三昧, 身心安住, 不傾不動, 住勝妙住者, 此比丘得此三昧, 不勤方便, 隨欲卽得."
262 「습선」편, 석현고 조(대정장 50, p.397중) "領徒立衆, 訓以禪道. 然三昧正受, 旣深且妙."
263 「습선」편 혜교 「論」(대정장 50, p.400하) "禪那杳寂, 正受淵深. 假夫較慮, 方備幽尋."

등 공업(功業)을 통해 개물성무(開物成務)의 의도를 보이는 것 같지만[264] 오히려 그 가운데 습선이나 명률 등 불교의 본질적 실천을 강조한 것을 볼 수 있다. 당시 승려들이 행한 신이와 별개로 삼매의 실천법들은 중국불교의 밑거름이라는 점에서 『고승전』은 주요 자료들을 제시한다. 더불어 초기 중국 선종이 뿌리내리는 데 역할을 했을 것으로 보인다.

2) '삼매(三昧)'의 성취와 그 공덕

혜교는 삼매를 행하고 성취했던 다수의 승려들을 기록하고 있다. 아울러 삼매행의 종류와 내용, 그리고 신이의 모습과 그 공덕들도 상세하게 기록하고 있다. 〈표 13〉은 『고승전』에 나타난 삼매에 대한 기록이다.

〈표 13〉 『고승전』의 삼매와 내용

분 류	승 명	삼 매 명
「의해」편	석혜원 조	반주삼매행
「신이」편	석혜안 조	화광삼매
「습선」편	석보항 조	화광삼매
「망신」편	혜교의 논(論)	화광
「습선」편	석법기 조	사자분신삼매
「송경」편	석도경 조	항상 반주삼매행
「송경」편	석혜미 조	정수(精修) 삼매

---

264 東國譯經院 譯, 『高僧傳 外』, 1998, p.22.

『고승전』에는 삼매를 성취한 승려들의 행장을 비교적 세밀하게 수록하고 있다. 그것은 「신이」편에만 해당하는 것이 아니라 「역경」편이나 「습선」편, 「망신」편의 승려에게도 공통적으로 나타난다.

(1) '화광삼매(火光三昧)'

「신이」편의 석혜안(釋慧安, ?~?)[265] 조에 보이는 '화광삼매' 부분은 '삼매'의 결과로 나타나는 공능을 이야기하고 있다. 혜교는 혜제와 도반이었던 혜안을 소개하면서 네 가지의 신이를 기록하고 있다. 첫째는 혜안이 강릉의 비파사에서 사미로 있을 때 물이 마르지 않는 병에 대한 일화이며, 둘째는 구족계를 받은 혜안이 법당문이 아닌 벽 틈으로 출입한 내용을 수록하고 있다. 셋째는 혜제가 혜안과 헤어질 때 천인의 악기 연주 소리와 향기로운 꽃이 공중에 가득히 메운 것을 목격했다는 것이고, 넷째는 상천(相川)이라는 곳으로 이동하기 위해 장사꾼과 함께 배를 탔던 이야기를 기술한 것이다.

> '나의 명이 다 되었소. 다만 들어내서 강둑 가에 놓아두시오. 관이나 나무는 필요 없소. 숨이 끊어진 후에는 곧 벌레와 새들에게 보시할 터이니.' 장사꾼은 그의 말대로 들어내서 강둑 옆에 눕혀놓았다. 밤에 불꽃이 그의 몸에서 나오는 것을 보고 괴이하고 두렵기도 하였다. 가서 살펴보니 이미 숨이 끊어져 있었다.[266]

---

265 「신이」편, 석혜안 조(대정장 50, p.393중).
266 「신이」편, 석혜안 조(대정장 50, p.393중) "貧道命必應盡, 但出置岸邊, 不須器木. 氣絶之後, 卽施蟲鳥. 商人依其言, 出臥岸側. 夜見火炎從身而出, 商人怪懼, 就往觀之, 已氣絶矣."

그러나 상인들이 상동에 다다랐을 때 거기에는 죽었던 혜안이 살아
있었음을 목격했다는 것이다. 혜제는 이러한 내용을 척기사(陟屺寺)의
유규(劉虯)에게 이야기했고 유규는 혜안이 득도한 분이며 화광삼매에
들었음을 확인했다.

「습선」편의 보항(普恒, 402~479) 또한 화광삼매에 들었음을 소개하고
있다.

> 화광삼매에 들면 광명이 눈썹에서 곧바로 내려가 금강제(金剛
> 際)에 이른다. 화광 가운데 여러 가지 색상이 나타나는데 전생의
> 업보도 자못 밝게 알게 된다.[267]

보항은 습선으로 평생을 보낸 선자의 모습으로 묘사되고 있으며 좌
탈입망(坐脫入亡)에 대하여 세밀하게 열거하고 있다. 다비가 이어지는
동안 오색 연기와 함께 특이한 향기가 자욱하게 감돌았다고 하였다.

「망신」편 「논」에는 법우로부터 담홍에 이르기까지 몸을 불살랐다
는 것을 언급했으며, 그들은 자신이 사랑했던 모든 것들을 버린 사람
들로 묘사한다. 이어서 혜교는 화광삼매의 의미를 설명하고 있다.

그런데 번역된 『한글대장경』에는 화광삼매가 아닌 단순히 '불빛'으
로 묘사하고 있다. 즉, 화광삼매의 의미를 살리지 못하고 있는 것이
다.[268] 비록 석존이 죽은 나한의 시신을 불태우도록 허락을 했지만 그

---

267 「습선」편, 석보항 조(대정장 50, p.399중) "自說入火光三昧, 光從眉直下, 至金剛
際. 於光中, 見諸色像, 先身業報, 頗亦明了."
268 혜교가 「망신」편의 논평에서 "羅漢尚入火光, 夫復何怪? 有言入火光者, 先已捨
命, 用神智力後, 乃自燒."(대정장 50, p.406상)라고 언급하였다. 그런데 동국역경
원 『고승전 외』(1998, p.418)에는 "아라한조차 불빛[火光] 속으로 들어가는데 무
릇 다시 무엇을 이상하다 할 수 있겠느냐. 여기서 화광(火光)이라 말한 것은 먼
저 이미 몸을 버리고 신통한 지혜의 힘을 작용하여 그 후에 스스로 불태운 경
우에 생기는 화광을 말한 것이다."라고 번역하고 있다. 이때 '불빛[火光]'을 '화광
삼매'로 번역하는 것이 옳다.

이전에 나한은 스스로 화광삼매에 들어 자신을 불태운다고 하였다.

화광삼매는 몸에서 불을 발하는 선정, 즉 불빛에 감싸여 명상하고 있는 것을 가리킨다. 불타발타라가 번역한 『관불삼매해경』에는 "한 분 한 분 부처님들이 화광삼매에 들어 들과 늪지를 밝혔다."[269]는 부분과 함께 "모든 비구 등이 화광삼매에 들어 몸에서 금색 빛을 발했다."[270]는 내용을 보이고 있다. 이와 같이 화광삼매의 의미는 『고승전』에서도 그대로 수용되고 있다.

(2) 사자분신삼매(獅子奮迅三昧)

이 삼매는 부처님이 드는 삼매로서 대자비를 펼치고 중생 소질에 응하는 위력이며, 또한 외도나 이승(二乘)을 항복받는 모습이 마치 사자가 분신(奮迅)하는 것과 같다는 신속의 의미로 『화엄경』60권본[271]에 나타나며, 『대지도론』에도 구체적인 내용들을 수록하고 있다.[272]

『고승전』에는 「습선」편의 석법기 조에 사자분신삼매가 나타난다. 법기는 14살에 출가하여 지맹(智猛)으로부터 선을 배웠고 영기사(靈期寺) 법림(法林)과 함께 관법(觀法)을 익혔으며, 다시 현창(玄暢)을 모시고 공부했다고 기록한다.

> 그 후 현창을 만나 다시 그를 따라 공부해 나아갔다. 그러다가
> 현창이 강릉으로 내려가자 그도 따라갔다. 십주관문(十住觀門) 가

---

269 『관불삼매해경』(대정장 15, p.678하) "一一化佛, 入火光三昧."

270 『관불삼매해경』(대정장 15, p.680중) "諸比丘等, 入火光三昧, 身作金色."

271 『화엄경』(60권본)에는 사자분신삼매에 대한 10가지의 광설[諸菩薩十種廣說師子奮迅三昧](대정장 9, p.683중)을 열거하고 있다. 더불어 『화엄경』에는 '분신(奮迅)'에 대한 다양한 용례들이 보인다.

272 『대지도론』제81권(대정장 25, p.628상) "從非有想非無想處起, 乃至還入初禪. 是菩薩依師子奮迅三, 昧入超越三昧." 부분 참조.

운데 그가 터득한 것은 이미 9관문이었다. 그리고 오직 사자분신 삼매만을 아직 다 익히지 못하였다. 현창이 감탄하였다.[273]

법기는 그 후 "장사사에서 62세로 세상을 떠났는데 신비로운 광명 이 시신을 비추고 몸은 향기롭고 깨끗하였다[신광영시체갱향결(神光映屍體 更香潔)]"고 기록한다.

이후 사자분신삼매에 대한 내용은 천태지의의 『석선바라밀차제법 문』[274]과 『법계차제초문』[275]에서 이어지고 있다.

(3) 반주삼매(般舟三昧)

'반주삼매'는 석도경 조에서 신이로써 기록하고 있다. 그는 남간사 (南澗寺)에 머물면서 항상 반주삼매에 들었으며, 문이 닫혀있음에도 자 재하게 왕래했다고 한다.[276] 석혜미 조에서는 그가 정밀하게 삼매를 닦았으며 바위산길을 자재하게 왕래했다는 신이를 기록하고 있다.[277]

'삼매'에 대한 신비적 입장을 보였던 『고승전』과는 달리 도선의 『속고승전』은 신이적 능력보다 실제적인 행법으로 받아들이고 있다. 『속고승전』에는 「신이」편이 사라지고 공덕이나 공능을 크게 강조하 지 않는다. 또한 삼매 용어는 「습선」편에 집중되었을 뿐 여타 분과에

---

273 「습선」편, 석법기 조(대정장 50, p.399상), "後遇玄暢, 復從進業. 及暢下江陵, 期 亦隨從. 十住觀門, 所得已九. 有師子奮迅三昧, 唯此未盡."
274 『석선바라밀차제법문』권10(대정장 46, p.540하)에서 지의는 선을 분류하되 연선 (練禪), 훈선(薰禪), 수선(修禪)으로 나누고, 여기에 9차제정, 사자분신삼매, 초월 삼매를 배대시키고 있다.
275 『법계차제초문』(대정장 46, p.679중)에는 사자분신삼매에 들고 나옴을 설명하고 있다.
276 「송경」편, 석도경 조(대정장 50, p.407중)의 내용 참조.
277 「송경」편, 석혜미 조(대정장 50, p.408하) "長安終南山, 巖谷險絶, 軌跡莫至. 彌負 錫獨前, 猛虎肅兒無擾." 부분 참조.

서는 드물게 나타난다.[278]

『속고승전』「습선」편의 분량은 매우 많으며, 특히 혜사(慧思) 조와 천태지의(天台智顗) 조에서 '법화삼매(法華三昧)' 용어가 다수 나타난다. 지의는 법화삼매와 삼삼매(三三昧)를 닦았으며,[279] 삼매를 사종(四種)으로 분류하였다.[280] 이외에도 「습선」편 승부(僧副)는 혜인(慧印)삼매를 얻었으며,[281] 혜관(惠寬)은 화광삼매를 얻었다고 전한다.[282]

이상과 같이 『고승전』의 '삼매'를 중심으로 혜교 당시 번역된 선경류 및 혜교 이후 편찬된 『속고승전』의 '삼매'의 관계를 살펴보았다. 그 결과 삼매는 불교의 중국 유입 과정에서 홍법의 중요한 부분을 차지했음을 알 수 있다. 더불어 신앙적 성격이 두드러지게 나타난다. 선경류 및 『고승전』의 '삼매'는 그 방법론에 대한 내용보다 오히려 공덕이나 공능을 이야기하고 있다. 그리고 '삼매'는 습선승뿐만 아니라 역경승이나 의해승 등 『고승전』 10분과에 보편적으로 나타나고 있다. 이는 '삼매'가 『속고승전』에서는 「습선」편에 집중된 점과 대조를 이룬다. 또한 『속고승전』의 '삼매'는 신이나 신앙보다 구체적인 행법으로 기술하고 있다.

2장에서 살펴본 바와 같이 선종 발생 이전에 이미 돈오, 점오, 활연, 성품, 철오 등과 여러 삼매 등 다양한 선어들이 『고승전』에서 사용되

---

278 전산 입력된 『속고승전』의 원문을 검색했을 때 「습선」편 이외에 검색된 삼매는 「명률」편 통유 조, 「유신」편 승애 조, 「독송」편의 법성 조에서 나타날 뿐이다.
279 『속고승전』「습선」편, 지의 조(대정장 50, p.564중)에는 천태지의가 스승 혜사가 주석하던 대소산에서 법화삼매를 닦았으며, 또한 삼삼매[空三昧, 無相三昧, 無願三昧]에 대해 자문(諮審)을 구했다고 기록한다.
280 『속고승전』「습선」편, 지의 조(대정장 50, p.567중)의 '4종삼매'는 지의가 강설한 『마하지관』(대정장 46, p.11상)에 그 행법이 상세하게 수록되어 있다.
281 『속고승전』「습선」편, 석승부 조(대정장 50, p.550중)의 내용 참조.
282 『속고승전』「습선」편, 석혜관 조(대정장 50, p.600하)의 내용 참조.

고 있음을 보았다. 이를 통해 보리달마(菩提達摩)의 중국 입국 이전에 중국선(中國禪)이 본격적으로 발전하고 있었으며 선정 수행의 기반이 조성되어 있었음을 확인할 수 있었다. 따라서 선사상의 연원에 대한 논구가 가능하다는 점에서 본 연구의 의의가 있다고 하겠다.

뿐만 아니라 『고승전』에 나타난 선적인 내용은 단순히 동아시아 선(禪)의 연원적 의의를 넘어 역사적, 사상적, 문화적 자료들을 제공한다. 특히 사원문화로서 승려들의 행위에 대한 탐구의 중요성은 말할 나위가 없을 것이다.

다음 장에서는 선법의 내용과 행위에 대한 용례들을 추출하여 고찰하기로 한다.

제3장 선법(禪法)과 선문화(禪文化)

앞의 장에서는 『고승전』에 나타난 내적 사유로서 선정과 그 결과인 깨침과 삼매의 영역에 대하여 소개했으며, 본 장에서는 내적인 선 수행이 외부로 표출되는 선법과 선 행위의 영역에서 해당 용어들을 추출·분류하여 고찰해보기로 한다.

『고승전』에 나타난 대표적인 선법으로서 오문선[오정심관(五停心觀)]이 소개되고 있지만 이미 선법과 관련하여 다양한 선경류 및 삼매경류가 소개되었음을 볼 수 있다. 비록 『고승전』에는 사선과 팔정, 그리고 칠각지와 사념처 등 소수의 선법들을 발견할 수 있지만 보편적으로 좌선의 실천이 이루어졌음을 보여준다.

『고승전』에는 선법의 내용뿐만 아니라 여러 가지 좌법(坐法) 용어들도 보이고 있다. 이와 함께 합장이나 탄지, 경행, 두타행 등 승려들의 행위 용어들도 다수 발견된다. 그리고 선원 생활에서 사용된 다양한 호칭들과 선 수행 공간에 대한 용어들을 알아보고자 한다. 선원에서 행해진 여러 행의(行儀)들은 문화사적 의미를 지닌다. 이에 개인의 행위로부터 단체 행위에 이르기까지 구분하여 연구하고자 한다.

1. 선법(禪法)의 내용

많은 경전의 번역과 함께 선경류와 삼매경류 등이 함께 수입되었지만 선정에 대한 내용을 설한 선경류들이 전역되면서 각종 선법들이 소개되었다. 그러나 선법이 중국에 존재하지 않았다는 점에서 문화적 충격이 발생할 수밖에 없었다. 이러한 문화적 배경 때문에 승려들은 중국인들의 주목을 끌기 위한 방편이 필요했으며, 따라서 선수행은 신이적 현상은 물론 갖가지 공덕을 초래한다는 점을 강조했을 것이다.

『고승전』에는 오문선[오정심관(五停心觀)]이 소개되었음을 알 수 있으며, 4선과 8정의 선법은 물론 4념처와 7각지, 그리고 8정도 등의 실천법들이 소개되었다. 더불어 보살의 수행인 10주(十住)와 10지(十地) 행에 대한 용례들이 나타난다. 이에 『고승전』에 나타난 각종 선법들을 고찰하고자 한다.

1) 『고승전』에 나타난 다양한 '선법(禪法)'

'선법'은 활용도에 따라 여러 가지 의미를 지니는데 '선정'과 같은 의미로도 사용되지만, '선정 방법' 혹은 '선정 체계'를 뜻하기도 한다.

『속고승전』의 혜교 조에 의하면 그는 의해승으로서 "배움이 내전과 외전에 뛰어났으며 경(經)과 율(律)에 밝았다."[1]고 하였다. 그러나 '습선'에 밝았다는 내용은 보이지 않는다. 그리고 구체적인 선법 체계들을 소개하지는 않았지만 다양한 선어들과 함께 선법 체계와 관련된 용어들을 구사하고 있다.

---

1 『속고승전』 「의해」편(대정장 50, p.471중) "學通內外, 博訓經律."

혜교는 『고승전』「습선」편의 논평에서 아래와 같이 선(禪)에 대한 정의를 내리고 있다.

"선(禪)이란 만물을 미묘하게 하는 것을 말한다. 그런 까닭에 인연하지 않는 법이란 없고, 살피지 못하는 경계란 없다. 그러나 법에 인연하고 경계를 살리자면 오직 고요함으로써만 밝힐 수 있다. 그것은 마치 깊은 곳에 물결이 멎으면, 물고기와 돌을 투명하게 들여다 볼 수 있는 것과 같다. 그러니 마음의 물이 이미 맑아지면, 뚫어지게 비추어서 숨겨지는 것이란 없다.[2]

그리고 각종 선법이나 선어들을 사용하고 있으며, 그가 경율에 해박하지만 선법에도 뛰어난 안목을 지녔음을 보여준다. 『고승전』은 역경과 의해 부분에 집중하고 있으며, 목차에서도 「습선」편은 네 번째에 배치되어 있어 상대적으로 습선을 중요한 분과로 보지 않았다는 점을 알 수 있다. 하지만 당시로서는 습선이 도입되는 과정이었으므로 역경이나 의해보다 주목받지 못했고 혜교 당시까지는 각종 선법 체계들이 정착하지 않은 시기였으며, 혜교 또한 이에 대한 안목이 약했을 것으로 보인다.

혜교는 고승들의 활동을 기록하면서 그 고승들이 행한 행법 체계들을 상세하게 소개하지 않았다. 또한 갖가지 선법들을 소개하더라도 선경류나 여타 경전의 근거들을 직접적으로 인용하지 않았다. 이에 따라 본 연구에서는 선경류 등의 전역 시기와 해당 역경승의 행적, 그리고 의해승들의 활동 시기를 가늠하여 선법 체계를 찾아내고자 한다.

혜교가 명확한 선법체계를 설명하거나 체계를 서술하지 않았던 것

---

2 「습선」편, 혜교 「論」(대정장 50, p.400중) "禪也者, 妙萬物而爲言. 故能無法 不緣無境不察. 然緣法境唯寂迺明. 其猶淵池息浪則徹見魚石. 心水旣澄則凝照無隱."

은 『고승전』이 고승의 생애에 국한되었기 때문이며, 따라서 선법의 일부만 소개했다. 이러한 한계를 전제하고 『고승전』에 나타난 선법의 일부 및 해당 선어들을 통해 선법 체계를 고찰하고자 한다.

(1) 사선(四禪)과 팔정(八定)

'사선(四禪)'과 '팔정(八定)' 그리고 '9차제정(九次第定)'에 대한 용어와 문구를 통해 혜교시대 선법의 양태를 추정해 볼 수 있다. '4선'에 대한 선어는 먼저 「의해」편 지둔 조에서 볼 수 있다. 지둔은 비록 의해승이 지만 선법과 깊은 관련이 있음이 나타난다.

> 만년에는 석성산으로 거처를 옮겨 다시 서광사(棲光寺)를 세웠다. 산문에서 연좌하여 마음은 선의 뜻에서 노닐고 나무열매를 먹고 개울물을 마셨다. 뜻은 무생의 경지에서 물결쳤다. 이어 안반(安般)과 4선(四禪)에 관한 여러 경전과 … 등의 책에 주석을 달았다.[3]

여기서 지둔은 '안반과 사선에 관련된 여러 경전'과 함께 마명과 용수의 여러 전적들에 대해 주석을 달았다고 기록한다. 지둔이 주석했을 '안반'과 '사선'에 대한 경전은 주로 안세고의 『안반수의경』이나 그가 번역한 선경류들을 가리킨다고 볼 수 있다. '안반'과 '사선'에 대한 용어와 체계를 네 가지로 살펴보고자 한다.

첫째, 지둔이 활동하던 시대는 지둔 조에 서예가인 왕희지(王羲之, 307~365)의 이름이 보이고, 왕흡이나 손작 등의 기록을 살펴보면 오(吳)

---

3 「의해」편, 지둔 조(대정장 50, p.348하) "晚移石城山, 又立棲光寺. 宴坐山門, 遊心禪苑, 木喰澗飮, 浪志無生. 乃注安般四禪諸經及…."

의 시기다.[4]

둘째, '안반'은 ana-apāna, 즉 '안나반나'의 줄임말이다. 또 다른 음역으로 '아나아파나(阿那阿波那)', '아나파나(阿那波那)', '아나반나(阿那般那)'가 있다. 의역하면 출입식(出入息)이다. 보통 '안반(安般)'이라고 할 때 오정심관 가운데 하나인 수식관을 지칭한다. 안나는 내쉬는 숨이며, 반나는 들이쉬는 숨이다. 들숨과 날숨을 헤아리는 것이다. 『고승전』의 '안반'이라는 용어는 안세고의 『안반수의경』을 가리키기 위한 것으로 보인다.

『고승전』에서 혜교가 '안반'이라는 용어나 혹은 '출입식' 등의 용어를 사용하여 선법의 체계를 설명하거나 소개한 부분은 보이지 않는다. 비록 '식(息)'이라는 용어가 자주 검색되지만 '숨을 쉬다'는 뜻이 아니라 '휴식하다'는 의미로 사용했을 뿐이다. 「역경」편 불타야사 조에서 볼 수 있듯이 "불타야사는 또 주문을 외운 물로 발을 씻고는 머물러 쉬었다."[5]로 '식(息)'은 휴식의 의미로 사용되었다. 이와 달리 단순히 '숨 쉬다'를 의미하기도 한다. "멀리 수만 리를 건너온 것은 맹세코 영취산에 이르고자 함입니다. 목숨은 기약할 수 없습니다. 숨 쉬는 것조차 보전할 수 있는 것이 아닙니다."[6] 따라서 『고승전』에서는 선경류에 자주 등장하는 '출입식'이나 '아나파나'와 같은 용어들을 발견할 수 없음을

---

4 「의해」편, 지둔 조(대정장 50, p.348중) "'왕흡(王洽), 유회(劉恢), 은호(殷浩), 허순(許詢), 극초(郤超), 손작(孫綽), 환언표(桓彦表), 왕경인(王敬仁), 하차도(何次道), 왕문도(王文度), 사장하(謝長遐), 원언백(袁彦伯) 등은 당대의 이름난 사람들이다. 모두가 속세를 벗어난 허물없는 사귐을 나눈다고 알려졌다'고 당대의 많은 인물들을 지둔 조에 열거한다. 또한 '왕희지는 당시 회계 태수로 있었다. 평소 지둔의 명성을 들었다'고 하여 왕희지를 거론한다.
5 「역경」편, 불타야사 조(대정장 50, p.334상) "耶舍又與咒水, 洗足住息."
6 「역경」편, 석법현 조(대정장 50, p.337하) "遠涉數萬, 誓到靈鷲. 身命不期, 出息非保."

알 수 있다.

셋째, 『고승전』에는 '4선(四禪)'이라는 용어가 나타나지만 소승선으로 일컫는 '4선' 체계에 대한 설명은 없다. 지둔 조의 '안반과 4선'은 안세고의 『안반수의경』을 가리키는 것으로 보인다. 그것은 위에서 언급한 바와 같이 왕희지 등과 교유하였다는 사실을 미루어 보아 후대의 구마라집 등이 번역한 선경류를 참고할 수 없었다.

「습선」편 석보항은 유송 시대에 활동했으며, 진(晉) 시기에 활동한 지둔보다 후세에 활동한 인물이다. 석보항 조에서 보이는 '4선'은 보항 자신이 언급한 것이 아니라, 보항이 활동하던 지역 장군인 왕현재가 그를 존경하여 쓴 글에서 나타난다. 보항을 위한 찬탄의 글 중에는 이런 내용이 발견된다.

> 미묘함이 미쳐 삼계(三界)를 맑게 하며, 4선의 신비한 경계를 전합니다. [7]

보항은 승명 3년(479)에 세상을 떠났는데, 그가 활동했던 시기는 구마라집이나 불타발타라 등 역경가들의 활약으로 많은 선경류들이 번역되었으며, 또한 여러 선사들이 활동했다는 점에서 '4선'의 체계가 충분히 정립되었을 것이라고 본다.

그러나 구체적으로 초선(初禪), 제2선(第二禪), 제삼선(第三禪), 제사선(第四禪)의 4선과 관련된 용어를 발견할 수 없다. 또한 4선으로 얻어지는 '일심(一心)'이나 '락(樂)', '희(喜)', '관(觀)', '념(念)', '사(捨)' 등의 용어 또한 나타나지 않았다. 다만 '삼계' 용어는 여러 번 등장한다. 구나발마 조와 지둔 조에 다음과 같이 삼계 용어가 사용되고 있다.

---

7 「습선」편, 석보항 조(대정장 50, p.399하) "妙趣澄三界, 傳神四禪境."

"갈애 다하여 열반에 들어 두루 저 삼계를 굽어보니 죽음의 불꽃 활활 타오르네."[8]

"아득한 삼계에 오래도록 길이 시달려서 번뇌의 고달픔은 밖에서 모여들건만 어두운 마음은 안으로만 치달린다."[9]

위와 같이 혜교는 '삼계(三界)' 용어를 사용하지만 욕계(欲界), 색계(色界), 무색계(無色界)는 사용하지 않았다. 그 '삼계'는 인용한 바와 같이 『묘법연화경』「비유품」의 '삼계화택(三界火宅)'[10]에 대한 비유의 의미와 일치한다. 특히 석승도 조에서는 "삼계의 중생들은 불이 난 집을 청정한 불국토라고 생각합니다."[11]의 문구로 볼 때 『법화경』 내용과 연계되었음이 확실하다. 이와 함께 '4선'이 이루어지는 색계천(色界天), 즉 색구경천(色究竟天)에 이르기까지의 18천의 용어 또한 찾을 수 없다. 다만 '4선'이 이루어질 수 없는 육욕천(六欲天) 가운데 '도리천(忉利天)'[12]과 '도솔천(兜率天)'[13]이 등장하는데, 이는 욕계천이므로 사선정과 연계되지 않았다.

넷째, 색계 '4선'에 이어 무색계의 '8정(八定)'에 해당하는 용어는 「역경」편 담마야사 조에서 나타난다. '사유하되 8선(八禪)을 도야하였다'[14]라는 부분이다. 8선은 선법 체계에서 찾아보기 어려운 용어로서

8 「역경」편, 구나발마 조(대정장 50, p.342상) "愛盡般涅槃, 普見彼三界, 死焰所熾然."
9 「의해」편, 지둔 조(대정장 50, p.348하) "茫茫三界, 眇眇長羈, 煩勞外湊, 冥心內馳."
10 『묘법연화경』(대정장 9, p.13상) "而生三界, 朽故火宅, 爲度衆生, 生老病死, 憂悲苦惱, 愚癡闇蔽, 三毒之火."의 부분 참조.
11 「의해」편, 석승도 조(대정장 50, p.371중) "三界群生, 以火宅爲淨國."
12 「역경」편, 백원 조(대정장 50, p.327중) "處爲王講, 首楞嚴經云, 講竟應往忉利天."의 부분 참조.
13 「습선」편, 석혜람 조(대정장 50, p.399상) "達摩曾入定, 往兜率天, 從彌勒受菩薩戒."의 부분 참조.
14 「역경」편, 담마야사 조(대정장 50, p.329중) "陶思八禪."

혜교는 이를 사용하고 있다. 그렇다면 혜교가 색계 4선과 무색계의 4무색정을 합한 '8정'을 '8선'으로 표기한 것으로 보인다.

『고승전』에서는 사무색정(四無色定), 즉 '공무변처정(空無邊處定)', '식무변처정(識無邊處定)', '무소유처정(無所有處定)', '비상비비상처정(非想非非想處定)'과 관련된 선어들이 발견되지 않는다. 또한 소승선인 '9차제정(九次第定)'에는 사무색정(8정)에 이어 '멸진정(滅盡定)'이 부가되지만 이 또한 관련된 용어를 찾을 수 없다. 다만 구나발마 조의 유언장에는 "지금 이 몸 멸하여 없어짐은 고요히 등불이 꺼지는 것과 같다오"[15]에서 보듯이 '멸진'의 용어가 보인다. 그러나 그것이 명확하게 '9차제정'의 '멸진정'을 가리켰는지는 알 수 없다. 다만 등불이 꺼져 고요하다는 것은 열반의 의미다. 구나발마가 비록 역경승으로 활동했지만 습선에 매진한 선사였다는 점에서 중국에 9차제정의 선법, 즉 사선, 팔정, 멸진정의 체계를 소개했을 가능성이 높다.

지둔이 활동했을 당시 참고했을 것으로 보이는 안세고 번역의 『안반수의경』과 『음지입경』에는 4선과 사무색정, 그리고 멸진정에 대한 내용이 보이고 있다. 이들 경전에서 4선이 색계와 무색계에 배정되고 있음을 볼 수 있다. 따라서 지둔이 해당 내용을 공부하고 이를 제자들에게 가르쳤을 개연성이 높다.

---

15 「역경」편, 구나발마 조(대정장 50, p.342중) "今此身滅盡, 寂若燈火滅."

2) '관법(觀法)'

『고승전』에는 '사유수'를 지칭하는 선(禪)과 선사(禪思) 등의 용어가
여러 번 등장한다. 그러나 관(觀)이나 지관 등 관법에 대한 용어나 내
용은 드물다. 이는 당시까지 선나 혹은 선사 등 사유적 용어가 사용되
었으나, 관을 기반으로 한 행법들이 활발하게 소개되지 않았음을 가리
킨다. 관법은 혜교 이후에 활동한 천태대사 지의의 강술에서 본격적으
로 나타나고 있다. 지의는 천태지관을 세웠고 이는 천태종의 수행법으
로 계승되고 있다. '관'과 관련하여 『고승전』에 나타난 용어는 '정관(正
觀)', '관행(觀行)', '선관(禪觀)', '습관(習觀)', '관문(觀門)', '삼관(三觀)'이다.
이에 대한 용어를 살펴보고자 한다.

① 발견된 '정관(正觀)'은 '바르게 관찰하다'의 의미이다.

처음 죽은 시체를 보았네.
살찐 살벌레 잔뜩 들끓고,
악취에다 피고름 흘러내렸지.
마음 매어 그곳에 정신 모으니
이 몸의 본성도 이와 같아서
항상 이 몸의 모습을 보았네.
나방이 불을 두려워 아니함과 같음을
이같이 헤아릴 수 없는 방법으로
사시관(死尸觀)을 닦아 익혀서
밖으로 들으려는 생각 던져버리고
나무 수풀 사이에 의지해 머물렀다오.
이 밤 오로지 정진하여

'바르게 관찰함'을 늘 잊지 않아서

경계가 늘 앞에 있음이

맑은 거울을 대함과 같으니

　… 중략 …

골쇄상(骨鎖相)을 이룬다면

백골이 눈앞이라

썩고 무너져서 뼈마디도 흩어지고

백골마저 가루 되지만.[16]

구나발마 유언에 나타난 '정관'은 5정심관의 관법 가운데 부정관(不淨觀)으로서, 시신이 썩어 해골로 변화했다가 사라지는 단계를 아홉 가지로 나누어 관상하는 수행 방법이다. 구나발마는 9상관의 내용을 언급하면서 현전의 경계를 바르게 관할 것을 주문한다. 이 부분에서 '정관'이 발견되며 또한 유언장 마지막 부분에서 '진실관'이라는 용어를 사용하고 있다.

『대지도론』에는 '구상(九想)'을 '구상(九相)'으로 표기하고 있다. '구상'을 창상(脹相), 괴상(壞相), 혈도상(血塗相), 농란상(膿爛相), 청상(靑相), 담상(噉相), 산상(散相), 골상(骨相), 소상(燒相)의 9가지로 열거하고 있다. 『대지도론』에는 "먼저 구상을 수습하여 욕망을 제거한 후 여러 가지 선법을 행해야 한다."[17] 라고 하였다. 구나발마의 유언은 "사시관을 '바르게 관하여(정관)' 자신의 앞에 나타난 경계들을 마치 거울을 대함과 같이 하라"고 강조한 것이다.

---

16 「역경」편, 구나발마 조(대정장 50, p.341하) "初觀於死屍. 膖脹蟲爛壞, 臭穢膿血流. 繫心緣彼處, 此身性如是. 常見此身相, 貪蛾不畏火. 如是無量種, 修習死屍觀. 放捨餘聞思, 依止林樹間. 是夜專精進, 正觀常不忘. 境界恒在前, 猶如對明鏡. … 變成骨鎖相, 白骨現在前. 朽壞肢節離, 白骨悉磨滅."

17 『대지도론』(대정장 25, p.217상) "應當先習九相, 離欲然後, 得諸禪."

② 「습선」편 혜통 조에는 '법문관행(法門觀行)'이라는 용어가 한 번 나타난다. 불법에 대한 '관찰[관(觀)]'과 실천[행(行)]으로서 관행이며 습선이라는 뜻이다. 혜통은 당시 장안의 태후사에 머물렀으며 "푸성귀를 먹고 주문을 지녔으며 『증일아함경』을 외웠다. 처음 양주의 혜조 선사를 쫓아 선업을 전수받았다. 불법과 관행에 매우 예리하였다."[18]에서 보듯이 '관행'이 사용되었으며, '관심을 행하다'라는 의미로서 일반적인 습선의 의미다.

③ '선관(禪觀)' 용어는 석지엄 조에서 발견된다.

전에 지엄이 아직 출가하지 않았을 때 5계를 받았지만 계율을 범한 적이 있었다. 그 후 출가하여 구족계를 받았으나 항상 계를 받지 못했다고 의심하였다. 번번이 그 때문에 두려워하였다. 그래서 여러 해 동안 선관을 닦았으나 스스로 깨닫지 못했다.[19]

여기서 사용된 선관은 어떤 대상에 대해서 '관찰한다'라는 의미보다 일반적인 습선의 의미를 그대로 사용하고 있다. 석혜람 조에 보이는 '적관' 역시 습선의 의미다. 혜람은 계빈국의 달마 비구로부터 선의 요체를 전수받았는데, 그는 습선의 의미로서 '적관(寂觀)'을 사용하여 관 의미를 심화시키고 있다.

④ 「습선」편 석법기 조에는 '습관(習觀)'과 '관문(觀門)' 용어가 보인다. 『고승전』에서 이들 용어는 각각 한 번씩 검색된다.

---

18 「습선」편, 석혜통 조(대정장 50, p.398하) "蔬食持咒, 誦增一阿含經. 初從涼州禪師慧詔, 諮受禪業, 法門觀行, 多所遊刃."
19 「역경」편, 석지엄 조(대정장 50, p.339하) "嚴昔未出家時, 嘗受五戒, 有所虧犯. 後入道受具足, 常疑不得戒, 每以爲懼. 積年禪觀, 而不能自了."

14살 때 출가하여 지맹(智猛)에게서 선의 일을 물어 전수받았
다. 영기사의 법림과 함께 관을 익혔다[습관(習觀)].[20]

10주관문 가운데서 먼저 9가지를 터득하였다. 그리고 오직 사
자분신삼매만을 아직 다 익히지 못하였다.[21]

앞의 인용에서 관이 선이라는 용어와 다르게 사용된 점을 찾을 수
가 없다. 따라서 선과 같은 의미로 사용되었음을 추정할 수 있다.

⑤「의해」편 석법원 조에 '삼관(三觀)' 용어가 나타나고 있다. 오문선
을 언급하면서 삼관을 동시에 표현하기를 "징사오문(澄思五門) 유심삼
관(遊心三觀)"이다. 이것은 "맑게 '오문(五門)'을 사유하되 삼관에서 노닐
다."[22]로 번역할 수 있다. 오문은 곧 오정심관임을 알 수 있지만 '삼관'
에 대한 의미와 내용을 『고승전』에서는 찾기가 어렵다.

『고승전』과 관련하여 법원 조에 나타난 '삼관'의 출처를 확인할 수
있는 자료로는 『보살영락본업경』2권의 '삼관'과 함께 화엄종(華嚴宗)
초조인 두순(杜順, 557~640)의 '법계삼관(法界三觀)'[23]이다. 두순은 당조의
인물이므로 『고승전』을 엮은 혜교보다 후대에 활동했다. 따라서 석법
원 조에 나타난 삼관은 『보살영락본업경』의 '삼관'일 가능성을 유추할
수 있다.

---

20 「습선」편, 석법기 조(대정장 50, p.399상) "十四出家, 從智猛諮受禪業, 與靈期寺法
林, 同共習觀."
21 「습선」편, 석법기 조(대정장 50, p.399상) "十住觀門, 所得已九. 有師子奮迅三昧, 唯此
未盡."
22 「의해」편, 석법원 조(대정장 50, p.376하) "後入廬山, 守靜味禪, 澄思五門, 遊心三
觀."의 부분 참조.
23 杜順의 화엄법계 三觀은 理法界인 眞空觀, 현상계와 본체계의 不二로서 理事無
碍觀, 그리고 그 자체가 부사의하다고 하는 事事無碍觀을 가리킨다.

『보살영락본업경』은 요진의 축불념이 번역하였으며 '삼관'을 가리켜 이제관(二諦觀)과 평등관(平等觀), 그리고 중도제일의제관(中道第一義諦觀)으로 설정하고 있다.[24] 『보살영락본업경』의 삼관은 수(隋)의 천태대사가 채택하여 '원융삼제' 사상 및 일심삼관의 관문으로 설정하고 있다. 비록 법원 조의 삼관이 구체적인 선법이나 관법을 가리키고 있지는 않지만, 이미 혜교시대에 '삼관'이라는 용어를 사용했다는 점에서 '관'의 활용 가능성을 가늠할 수 있다.

'관'은 구역과 신역에서 약간 다르게 번역되고 있다. 구역에서 관의 의미는 '고요하게 진리를 관하는 것, 청정한 경지로 경계를 조망하는 것, 관념, 관상, 명상' 등의 의미로 해석된다. 그러나 신역에서는 구역보다 다른 의미를 추가하고 있다. '엿보다'라는 의미의 '사(伺)'를 가리키며, 자세한 생각, 미세한 사고, 상세한 분별심, 부정지법의 하나이며, '각(覺)' 혹은 '심(尋)'의 반대어로 사용되었다.

유송의 구나발타라가 번역한 『잡아함경』에는 '정관'이라는 용어의 숫자가 50여 회 정도로 비교적 많이 나타난다. 특히 '지관(止觀)' 용어 역시 10여 회 가량 나타난다. 그러나 여타 '선관'이나 '관행', '관문' 등의 용어는 나타나지 않는다. 동진의 승가제바가 번역한 『중아함경』에도 '정관'과 '지관'이 나타나며, '선관' 등 다른 용어들은 나타나지 않는다. 『잡아함경』 제1경에는 다음과 같이 '정관'이 사용되고 있다.

> 색(色)은 무상하다고 관찰하라. 이렇게 관찰하면 그것은 바른 관찰[정관(正觀)]이니라. 바르게 관찰하면 곧 싫어하여 떠날 마음이 생기고, 싫어하여 떠날 마음이 생기면 기뻐하고 탐하는 마음

---

24 『보살영락본업경』(대정장 24, p.1014중) "三觀者, 從假名入空二諦觀, 從空入假名平等觀. 是二觀方便道, 因是二空觀, 得入中道第一義諦觀." 부분 참조.

이 없어지며, 기뻐하고 탐하는 마음이 없어지면 이것을 심해탈
(心解脫)이라 하느니라.[25]

이처럼 바른 관찰을 가리키는 '정관'은 다수 사용되고 있다. '정관'은
또 선경류에서도 여러 번 검색된다. 동진의 불타발타라가 번역한『달
마다라선경』에 '정관'이 많이 사용되고 있다. "다섯 악을 뽑아내도 완
전히 멸하지 못하니, 이와 같이 '바르게 관찰할 때' 수행은 해탈을 향
해 나아간다."[26]처럼 '정관'을 볼 수 있다. 정관 이외에 '관문' 용어는
여러 번 나타나지만 '선관', '습관(習慣)', '삼관'은 찾아보기 어렵다.『선
비요법경』에 다음과 같은 '관문'의 용례가 보인다.

> 부처님께서 아난에게 이르되 이 경은 선법비요(禪法祕要)라 하
> 나니 또한 백골관문(白骨觀門)이요, 9상(九想)의 차례요, 잡상관법
> (雜想觀法)이며, 아나파나(阿那波那)의 방편이며, 또한 4과(四果)를
> 차례로 관상한다고 하며, 또한 경계를 분별한다고 이름하나니
> 라.[27]

3) 오문선(五門禪)

『고승전』에서 '오문' 용어는 모두 다섯 번 검출된다. 검출된 다섯
개의 용어는 모두 5정심관만을 가리키는 것은 아니다. 어떤 용어는
'오문선'으로 해석할 수 있을지도 의문이 든다. 이를 오정심관의 입장

---

25 『잡아함경』(대정장 2, p.1상) "當觀色無常, 如是觀者, 則爲正觀. 正觀者, 則生厭離.
   厭離者, 喜貪盡. 喜貪盡者, 說心解脫."
26 『달마다라선경』(대정장 15, p.313상) "拔刀五惡賊, 是亦未摧滅. 如是正觀時, 修行
   向解脫."
27 『선비요법경』(대정장 15, p.267하) "佛告阿難, 此經名禪法祕要, 亦名白骨觀門, 亦
   名次第九想, 亦名雜想觀法, 亦名阿那般那方便, 亦名次第四果想, 亦名分別境界."

에서 살펴보자.

'5문선'은 5도관문 혹은 5도문이라고도 한다. 다섯의 미혹한 장애를 정지하는 오관의 의미를 오념(五念)이라고도 한다. ① 부정관(不淨觀), ② 자비관(慈悲觀), ③ 연기관(緣起觀), ④ 계분별관(界分別觀), ⑤ 수식관(數息觀)으로서 여러 선경류 및 『구사론』 등에 나타난다. 『고승전』의 「습선」편 석승종 조에는 '오문을 정수(精修)했다'라는 용례가 보인다.

> 배움이 불교 안팎의 경전을 겸비하였으며, 오문을 정밀하게 닦았다. 오곡을 먹지 않고 오직 대추와 밤만을 먹었다. 나이가 거의 백 세가 되어서도 기력은 아름답고 강하여 예송(禮誦)을 그치지 않았다.[28]

여기서 '오문'으로 표기되어 명확하게 오문선이라고 확정하지는 않았지만, 승종은 오정심관을 수습한 것임을 알 수 있다. 이와 비슷한 문구는 「송경」편 석혜예 조에서도 나온다. "선업을 수습했으며 '오문'에 정밀하게 뛰어났다."[29]에서 보듯이 오문선을 가리키고 있음이 분명하다.

'오문'은 또 혜교의 「습선」편 「논(論)」에서도 나타난다. '오문기악 구차총림'[30]이 해당 문구로서 '선나'의 의미가 '사유수습'의 뜻과 함께 '기악', 혹은 '공덕총림'의 의미를 가진다고 할 때 오문 기악(五門+棄惡)과 구차총림(九次+叢林) 용어가 '오문선'과 '9차제정'을 가리켰음을 알 수 있다.

---

28 「습선」편, 석승종 조(대정장 50, p.398하) "學兼內外, 精修五門. 不服五穀, 唯餌棗栗. 年垂百歲, 而氣力休强, 禮誦無輟."
29 「송경」편, 석혜예 조(대정장 50, p.408상) "又習禪業, 精於五門."
30 「습선」편, 혜교 「論」(대정장 50, p.400하) "五門棄惡, 九次叢林."

「의해」편 석법원 조에도 '오문' 용어가 검출된다.

> 그 후 여산으로 들어갔다. 고요함을 지키고 선을 맛보면서 오
> 문을 맑게 사유[징사(澄思)]하였고, 마음은 삼관에서 노닐었다.[31]

여기서 '징사'는 사유 혹은 선으로 해석할 수 있다. 따라서 법원이 오문선을 닦았다고 할 수 있다. 그러나 보항의 '유심삼관(遊心三觀)'은 그 연원을 찾기 어렵다. '삼관'은 혜교 이후 천태대사에 의해 공관, 가관, 중관으로 설정되었지만 이전의 선경류나 구마라집의 『대지도론』 등에는 해당 용어가 나타지 않는다.

구나발마의 유언에서 사시관(死屍觀), 백골관(白骨觀)의 오문선의 내용이 나타나 있다. 오정심관 가운데 부정관으로 관자신부정이 있다. 이 관상은 먼저 내 몸이 부정한 것을 관찰한다. 곧 9상관으로 9가지 관법이다. ① 사상(死想)으로서 죽는 모습의 관상이다. ② 창상(脹想)으로서 시신이 부풀어 오르는 것을 관상한다. ③ 청어상(靑瘀想)으로서 몸이 부어서 멍들어 보이는 모습을 관상한다. ④ 농란상(膿爛想)으로서 피고름이 터져서 더러운 모습이다. ⑤ 괴상(壞想)으로서 살이 허물어지고 문들어지는 모습이다. ⑥ 혈도상(血塗想)으로서 피와 고름이 범벅된 모습이다. ⑦ 충담상(蟲啖想)으로서 구더기 벌레가 시신을 먹는 모습을 관상한다. ⑧ 골쇄상(骨碎想)으로서 뼈가 이리 저리 얼킨 모습이다. ⑨ 분산상(分散想) 혹은 소상(燒想)으로서 시신을 태우면 재만 남고 마는 것을 관상한다.

---

31 「의해」편, 석법원 조(대정장 50, p.376하) "後入廬山, 守靜味禪, 澄思五門, 遊心三觀."

4) 7각지(七覺支)와 사념처(四念處)

「역경」편 담마야사 조에 '7각'이라는 용어가 나타난다. "마음으로 '7 각'에서 노닐었다."[32]는 부분이다. '7각'은 『고승전』에서 '7각지' 혹은 '7각분'이라 하며 두 번 검색되고, 「망신」편의 논평에서 발견되는데 이는 대구를 이루는 게송으로 나타난다.

> 대저 삼독과 4전도는 생사의 뿌리요, 7각과 8성도는 열반의 지름길이다.[33]

그러나 '7각분(分)'이 설명되어 있는 『아비달마구사론』30권은 당의 현장(玄奘)이 번역한 것으로서 혜교시대 이후다. 구마라집이 번역한 『유마경』에 '7각분' 용어가 한 번 검색되고 『잡아함경』[34]과 『대지도론』[35]에 7각분이 상세하게 설명되어 있다. 따라서 혜교가 7각분에 대하여 참조한 자료는 『대지도론』일 가능성이 높다.

또한 4전도(四顚倒)가 보이고 있다. 4전도는 본래 무상, 무락, 무아, 무정임에도 중생들이 상·락·아·정임을 굳게 믿는 상전도, 낙전도, 아전도, 정전도인 것을 말한다. 여러 선경류에는 4전도, 혹은 4도라는 용어만 검출될 뿐 상세한 내용 설명은 없다. 그러나 구마라집 번역의 『대지도론』에서 4전도를 보다 자세하게 살펴볼 수 있다.[36]

---

32 「역경」편, 담마야사 조(대정장 50, p.329중) "遊心七覺."
33 「망신」편, 혜교 「論」(대정장 50, p.406중) "夫三毒四倒, 乃生死之根栽. 七覺八道, 實涅槃之要路."
34 『잡아함경』(대정장 2, p.47하) "如念覺分八經, 如是擇法覺分·精進覺分·喜覺分·除覺分·捨覺分·定覺分, 一一八經, 亦如上說."
35 『대지도론』(대정장 25, p.406중) "所謂七覺分, 何等七? 菩薩摩訶薩修念覺分, 依離依無染向涅槃, 擇法覺分·精進覺分·喜覺分·除覺分·定覺分·捨覺分."
36 『대지도론』(대정장 25, p.192중) "如佛但說四顚倒, 常顚倒·樂顚倒·我顚倒·淨顚倒."

'8도'는 팔정도(八正道)로서 『고승전』에서 두 번 검색되는데, 하나는 혜원이 구마라집에게 보내는 편지에서 발견된다.

만약에 법륜이 8정도에서 수레바퀴를 멈추지 않고, 삼보가 세상이 다하는 시기에도 소리를 멈추지 않는다면 만원[(滿願): 부루나존재]이 시대를 뛰어넘는 아름다움을 독차지 하지 못할 것입니다.[37]

팔정도는 또 「망신」편의 논평 부분에서도 발견된다. "무릇 삼독과 4전도는 생사윤회의 뿌리를 심는 것이다. 7각지와 8정도는 실로 열반의 요체로 가는 길이다."[38]

8도는 곧 8정도로서 사성제(四聖諦)인 고제, 집제, 멸제, 도제 가운데 마지막인 도제에 해당하는 실천법이다. '깨달음을 얻기 위해 취해야 할 8가지 바른 생활태도'를 말한다. 이때의 정(正)은 사(邪)를 버리므로 정이다. 또한 성자의 도이므로 성(聖)으로 표현한다. 바르게 보기의 정견, 바르게 생각하기의 정사유, 바르게 말하기 정어, 바르게 행동하기의 정업, 바르게 생명을 유지하기의 정명, 바르게 정진하기의 정정진, 바르게 기억하고 바르게 생각하기 정념, 바르게 삼매집중하기 정정(正定)의 여덟 가지다.

『잡아함경』에는 '팔도' 및 '팔성도', '팔정도' 용어가 모두 검출되는데, 제42경에 여덟 가지의 행법이 서술되어 있다.[39] 선경류 가운데

---

37 「의해」편, 석혜원 조(대정장 50, p.359하) "若令法輪, 不停軫於八正之路, 三寶, 不輟音於將盡之期, 則滿願, 不專美於絶代."
38 「망신」편, 혜교 「論」(대정장 50, p.406중) "夫三毒四倒, 乃生死之根栽. 七覺八道, 實涅槃之要路."
39 『잡아함경』(대정장 2, p.10상) "云何色滅道跡如實知? 謂八聖道, 正見·正志·正語·正業·正命·正方便·正念·正定, 是名色滅道跡."

『좌선삼매경』에는 팔정도의 실천과 함께 그 공덕을 서술하고 있다. 특히 팔정도 가운데 정정(正定)을 7각지에 연계시키고 있다. 여기서 팔정도-칠각지의 연계는 「망신」편 논평에 수록된 '7각8도'와 유사하다. 따라서 혜교가 가리킨 '8도'는 『좌선삼매경』에서 채택했을 가능성이 높다.

'4념처' 용어는 『고승전』에서도 한 번 검색된다. 구역에서는 '4념처'이며, 신역에서는 '4념주'이다. 혜교는 구역을 참조했으므로 '4념처'라는 용어를 접했을 것이다. 소승의 수행자는 3현위에서 오정심관 다음으로 사념처관을 닦게 된다. 4념처는 신념처, 수념처, 심념처, 법념처로서 이미 아함경류에서 나타난 행법이며, 『고승전』에서는 구나발마의 유언 부분에서 소개되고 있다.

> "내가 그 지혜 속에서 4념처(四念處)를 분명하게 보나니."[40]

4념처는 초기불교 수행법의 전형으로써 4념주, 4의지, 4지념, 4념이라 부르기도 한다. 깨달음을 얻고 지혜를 얻기 위한 37조도품 가운데 첫번째 수행 방법이다. 사념처는 중생을 깨끗하게 하여 괴로움과 나쁜 것을 없애고 바른 법의 이익을 얻게 하는 것이다. 신념처는 자신의 몸과 관련된 현상 즉 호흡·동작 등을 관찰하며, 수념처는 느낌의 세계에 대한 탐욕과 혐오를 극복하는 수행법이다. 심념처는 마음의 세계에 대한 탐욕과 혐오를 극복하는 수행법이다. 법념처란 정신적 대상에 대한 탐욕과 혐오를 극복하는 수행법이다.

『잡아함경』에는 다양한 행법들을 동시에 열거하고 있다. 여러 음(陰)을 설명하는 부분에서 사념처, 사정근(四正勤), 사여의족(四如意足)

---

40 「역경」편, 구나발마 조(대정장 50, p.342상) "我於爾焰中, 明見四念處."

등이 소개되고 있다.[41] 이는 37도품이지만 『잡아함경』에서는 37도품이라는 용어가 나타나지 않는다. 선경류 가운데 서진의 축법호가 번역한 『해룡왕경』[42]과 『광현삼매경』[43], 그리고 요진의 구마라집이 번역한 『선비요법경』[44]에서 삼십칠도품 용어가 보인다.

그런데 구나발마의 유언장에는 사념처를 기준으로 '사시관'과 '백골관(白骨觀)' 용어에 따라 '5정심관'이 소개되며 별상법과 '사념처'의 단어들이 열거되어 있다. 이는 삼현위(三賢位)와 관련이 깊은 부분이다. 3현위는 아비달마교학에서 오정심관 별상염주(別相念住), 총상염주(總相念住)의 지위에 있는 성인을 말한다. 따라서 구나발마의 유언장에는 다양한 선법의 소개와 함께 3현과 더불어 사념처를 동시에 소개한 것이다.

2. 좌(坐)의 문화

1) '좌(坐)' 용례

『고승전』은 역경승들의 행적뿐만 아니라 해당 역경승이 경전을 번역하면서 사용한 풍부한 선어들을 남기고 있다. '고승'이라는 단어는 이미 수행에 충실한 승려들의 기록임을 전제하는 것이므로, 고승들의 다양한 덕업 가운데 선(禪)이 차지하는 비중이 높을 수밖에 없으며,

---

41 『잡아함경』(대정장 2, p.14상) "我已說法言, 當善觀察諸陰. 所謂四念處, 四正勤·四如意足·五根·五力·七覺分·八聖道分, 我已說如是法, 觀察諸陰."
42 『해룡왕경』(대정장 15, p.134중) "定意正受空無相無願致三十七道品之法."
43 『광현삼매경』(대정장 15, p.499중) "不以三十七道品法, 起無起習."
44 『선비요법경』(대정장 15, p.254상) "或復演說三十七道品."

『고승전』 또한 선업을 충실히 기록하고 있다. 총 10과의 목차 중 「습선」편의 승려들뿐만 아니라, 여타 9과의 승려들 중에서도 선업에 충실한 경우가 많다. 그 선업 가운데 '좌(坐)'를 중심으로 '좌선'과 관련된 용어 분석을 시도한다.

'좌'는 개인의 선 행위 가운데 하나이며, 수많은 선어 가운데 '좌선'이라는 용어가 차지하는 비중이 매우 크다. 선정은 고요한 가운데 대상을 밝게 비추어 보는 내적 혜아림을 말하지만, 이에 못지않게 선을 위한 환경 조성과 신체적 준비는 물론, 하나하나의 동작 또한 선 행위에 포함된다. 행주좌와의 행위 가운데 '좌(坐)'가 가리키는 것은 좌선으로서 선정과 가장 밀접한 관계가 있다고 할 수 있다.

『고승전』에는 '행주좌와'의 용어가 모두 세 번 나타난다. 모두가 「습선」편이 아닌 「역경」 및 「의해」편에 집중되고 있다. 강승회 조에서는 단순히 '일상의 생활'[45]로 표현되고 있다. 그러나 승공 조[46]에는 계율을 지키되, 일상에서 삼가는 생활을 할 것을 당부하는 내용으로 사원생활과 관련시켜 사용되었다. 「의해」편 석승예 조에도 행주좌와는 일상을 의미하지만 안양에 태어나기를 희구하는 생활을 강조하는 부분에서 나타나고 있다.[47]

『고승전』에서는 '행주좌와'가 단순한 일상을 가리키는 것이 아니라 선업이나 염불, 계행 등 불교행과 관련된 행의로 자리잡기 시작했음을 보여준다. 그 연원을 찾아본다면 아함경류나 여러 선경류 그리고 『대지도론』에 잘 나타난다. 유송의 구나발타라 번역인 『잡아함경』에는 정지(正智)가 수반된 행위로서 비구의 '행주좌와'를 강조하고 있다.[48]

---

45 「역경」편, 강승회 조(대정장 50, p.326상) "行住坐臥, 皆願衆生."에서 '일상 생활에서 중생 구제의 願'의 의미로 사용되었다.
46 「의해」편, 승공 조(대정장 50, p.362상) "汝行住坐臥, 宜其謹哉."
47 「의해」편, 석승예 조(대정장 50, p.364중) "願生安養, 每行住坐臥, 不敢正背西方."

유송의 공덕직이 번역한 『보살염불삼매경』에는 "항상 부지런히 비 파사나를 수습하되 일상에서 바르게 관찰한다면 그 마음이 맑아 어지 러움이 없으리라"[49]에서 정념에 따른 '행주좌와'의 사용을 볼 수 있다. 후한 시기 번역된 『선요경』에는 '행래어묵'[50]이 보이며, 구마라집의 『좌선삼매경』에는 '언어묵연 좌와행주'의 용어가 있음을 볼 수 있다.[51] 선자가 사유할 때 행위의 고요함과 호흡이 가라앉을 수 있도록 살피 는 내용에서 검출된다. 특히 『대지도론』에는 이와 관련된 다양한 용 어들을 보여준다. 보살의 움직임은 일심이어야 함을 강조하며, '출입 (出入)', '거래(去來)', '행주', '좌와', '거족하족', '안은' 등을 나열하고 있 다.[52]

'어묵동정' 용어의 연원을 살펴보면 『잡아함경』에서 발견할 수 있 다. 유송 구나발타라 역 『잡아함경』에는 '동정' 대신 '면각어묵(眠覺語 黙)'으로 표기되어 있다.[53] 그리고 동진 승가제바 역 『중아함경』에서는 '면오어묵(眠寤語黙)'이다.[54] 이와 달리 '동정' 용어는 『고승전』「의해」편 혜교의 논에서만 보이고 있을 뿐 여타 선경류에서는 보이지 않는다.

'어묵' 용어 또한 매우 드물게 나타난다. 『속고승전』에는 '동정'이 9 번 나타나지만 오히려 '행주좌와' 용어는 단 한 번 나타난다. 다만 후

---

48 『잡아함경』(대정장 2, p.174상) "云何名比丘正智? 若比丘去來威儀, 常隨正智, 迴顧 視瞻, 屈伸俯仰, 執持衣鉢, 行住坐臥, 眠覺語黙, 皆隨正智住." 부분 참조.

49 『보살염불삼매경』(대정장 13, p.800하) "常勤修習毘婆舍那, 行住坐臥正念觀察, 其 心澄寂, 曾無動亂."

50 『선요경』(대정장 15, p.238상) "行來語黙."

51 『좌선삼매경』(대정장 15, p.282중) "思惟不廢, 省煩言語, 黙然守靜, 坐臥行住知時 消息."

52 『대지도론』권73(대정장 25, p.570하) "菩薩摩訶薩, …… 出入去來, 坐臥行住, 擧 足下足, 安隱庠序, 常念一心, 視地而行."

53 『잡아함경』권24(대정장 2, p.174상) "行住坐臥, 眠覺語黙, 皆隨正智住."

54 『중아함경』권19(대정장 1, p.553상) "行住坐臥, 眠寤語黙, 皆正知之."

대에 나타난 선종 문헌 『원오선사어록』이나 『대혜어록』 등에는 '어묵'과 '동정'이 활발하게 등장하고 있음을 보여준다.

선자의 '행주좌와' 가운데 '좌선'이 선 수행을 대표하고 있다. 좌선은 단순히 '앉아서 선을 행한다'는 행위를 넘어 선사상이나 선의 철학적 의미까지 포함한다. 좌선을 중심으로 선의 역사가 이어졌으며 선문화를 형성하였다. '좌'가 선정에서 차지하는 비중이 얼마나 큰 것인가를 새삼 언급할 필요가 없을 것이다. 내적 상태를 고요히 하는 '정'에 들거나, 밝게 비추어 보는 명상 등 선과 관련하여 '좌'의 행위가 따른다. 부다가야에서 석존의 깨달음은 좌선을 통해 이루어졌으며, 이후 입멸에 이르기까지 항상 좌선을 통한 삼매의 상태에 있던 경우가 많았다. 고승들의 다양한 덕업 가운데 좌선은 중요한 불교적 행위이며 『고승전』에도 잘 나타나고 있다.

단도개 조에 '상좌(常坐)' 용어가 보이며,[55] 석도법 조에도 '상좌불와'의 표현이 있다.[56] 그런데 『속고승전』은 모두 20회에 걸쳐 '가좌'라는 용어가 가 나타나는데 『고승전』에는 좌법, 즉 앉는 자세인 결가부좌(結跏趺坐) 혹은 반가부좌나 수인에 대하여 직접적으로 표현한 용어가 보이지 않는다. 다만 '좌선(坐禪)', '단좌(端坐)', '명좌(宴坐)', '평좌(平坐)', '안좌(安坐)' 등의 용어들을 추정해볼 때 자연스럽게 가부좌 혹은 반가부좌를 통한 선정이 이루어졌음을 추정할 수 있다.

'좌(坐)'는 곧 '앉다'와 '자리 · 좌석'을 의미하지만 '무릎을 꿇다', '머무르다'의 뜻을 동시에 포함한다. 구나발마 조에는 '좌승상(坐繩床)'이라하여 승상에 앉는다는 의미로 사용하였다.[57] 석지엄 조에도 "승상에 앉

---

55 「신이」편, 단도개 조(대정장 50, p.387중) "菅爲禪室, 如十斛籮大, 常坐其中."
56 「습선」편, 석도법 조(대정장 50, p.399중) "常坐不臥."
57 「역경」편, 구나발마 조(대정장 50, p.341중).

아 고요히 사유하다."[58]는 문구가 나타난다. 또 축불도징 조에는 '징좌 승상(澄坐繩床)' 혹은 '징한좌(澄閑坐)'[59]라고 하여 불도징이 승상(새끼를 꼬아 만든 의자)에 앉았다거나 한가하게 앉았다고 표현하고 있다. 배도 조에는 '재좌(齋坐)'[60]라 하여 '재식(齋式)이 있는 자리'로서 법좌의 의미 로 사용되었다.

2) '좌선(坐禪)' 용례

혜교는 『고승전』을 편집하면서 좌선과 관련된 선어들을 풍부하게 사용하고 있다. 그 선어들을 분석함으로써 다양한 의미 부여가 가능하 다. 그 선어들을 분석하고 이를 기반으로 선사상이 발전했음을 발견할 수 있고, 역경 시기의 다양한 선어들을 발견할 수 있어 시대별 지역별 검토가 가능하고, 선 수행의 용어 분석과 참회 및 송경 등의 행의와 선과의 연관성 연구가 가능하다.

검출된 좌선 용어의 통계를 통해 전체 목차인 10과의 분포 상황은 물론 해당 용어가 집중된 분과를 알 수 있다. 따라서 선의 역사와 선 종사의 역사 비교와 역경 초기 선사들의 상황을 추정할 수 있다. 다음 의 도표는 다양한 선어들 가운데 좌선과 직접 관련된 용어들이다.

---

58 「역경」편, 석지엄 조(대정장 50, p.339중).
59 「신이」편, 축불도징 조(대정장 50, p.384상) "澄坐繩床, 燒安息香.";「신이」편, 축 불도징 조(p.384상) "頃水大至, 隍壍皆滿, 澄閑坐."
60 「신이」편, 배도 조(대정장 50, p.392상) "請僧設齋, 齋坐有僧聽道人."

〈표 14〉『고승전』 10과에서 검출된 좌선 및 관련 용어

구 분	역경	의해	신이	습선	명률	망신	송경	흥복	경사	창도
좌선(坐禪)(15)	5	2	1	5			2			
연좌(宴坐)(5)	2	2		1						
단좌(端坐)(8)	2	2	2	1	1					
평좌(平坐)(7)		1	1	4		1				
안좌(安坐)(1)				1						
정좌(靜坐)(1)			1							

〈표 14〉에서 보듯이『고승전』에는 좌선과 관련된 '명좌', '단좌' 등 다양한 선어들이 있지만 여기서는 '좌선' 용어만을 중심으로 양대(梁代) 및 그 이전의 선법에 대한 상황 파악을 시도한다. 여타 좌선 용어는 다음 장에서 분석하고자 한다.

『고승전』을 통해 좌선 용어를 살펴보면 천축에서 입국한 역경승들에 의해 선경류 및 삼매경류들이 번역되었고 선법이 소개되었다. 이와 함께 자연스럽게 좌선법이 알려지고 실천으로 이어졌음을 추정할 수 있다.『고승전』에는 좌선 용어가 모두 15번에 검출되는데「역경」편 5번과「습선」편 5번에 집중되어 있다.

「역경」편의 담마야사와 불타발타라 조에서 나타난 좌선 용어를 살펴본다. 담마야사는 진 융안(397~401) 시기 중국에서 활동했다고 기록한다. "바깥 문을 닫고 좌선을 했다."[61]는 기록이 보인다. 불타발타라 역시 밀실에서 문을 닫고 좌선에 임했음을 기록하고 있다.[62] 이들의

---

61 「역경」편, 담마야사 조(대정장 50, p.329하) "外門閉戶坐禪."

좌선은 신이와 함께 소개되고 있다. 담마야사가 문을 닫았음에도 5명 혹은 6명의 사문들이 한꺼번에 좌선실을 출입했다거나, 어떤 사문은 나무 끝에서 날라다녔다고 기록한다. 불타발타라(각현) 역시 승가달다 가 좌선할 때 홀연히 나타났음을 소개하고 있다. 이처럼 좌선행위가 소개될 당시 좌선은 곧 신이를 동반했음을 말하고 있다. 더불어 혜교 는 "항상 신명과 교접하였다."[63]는 점을 강조한 것으로 보아 당시의 좌 선 행위에 대한 중국인들의 생각을 살펴볼 수 있다.

신이적 요소와 달리 승가달다 조에서는 선사유의 구체적인 내용을 볼 수 있다. 승가달다는 선학에 밝아 산중 좌선과 사유(思惟)의 예를 보여주고 있다. "원숭이가 꿀을 바치자 부처님께서도 받아 잡수셨다. 지금 날아가는 새가 내려준 음식이라고 해서 어찌 안 되겠는가'라고 하여 궁구의 내용이 나타난다."[64] 「역경」편의 아나마저는 와관사 선방 에 머물렀으며 "항상 사원의 나무 아래서 좌선에 임하였다."[65]는 내용 이 보이고 있다.

천축에서 도래한 승려들과 반대로 천축에서 유학하고 돌아와 역경 에 매진한 석지엄 조에도 선법을 소개하고 있다. 그는 계빈국에서 불 타선 선사로부터 선을 배웠으며 불타발타라로 하여금 중국을 방문해 줄 것을 요청한 사실을 기록하고 있다. 유송의 무제 당시 왕회(王恢)라 는 사람이 산동의 정사에 "세 사람이 각각 승상에서 고요히 좌선하는 모습을 목격하고 있다."[66] 혜교는 그 가운데 지엄이 있었음을 알리고

---

62 「역경」편, 불타발타라 조(대정장 50, p.334하) "密室閉戶坐禪." 부분 참조.
63 「역경」편, 담마야사 조(대정장 50, p.329하).
64 「역경」편, 승가달다 조(대정장 50, p.343하) "在山中坐禪, 日時將迫, 念欲虛齋. 乃 有群鳥銜果, 飛來授之, 達多思惟. 獼猴奉蜜, 佛亦受而食之." 부분 참조
65 「역경」 아나마저 조(대정장 50, p.345상) "止瓦官禪房, 恒於寺中樹下, 坐禪."
66 「역경」편, 석지엄 조(대정장 50, p.339중) "三僧各坐繩床, 禪思湛然."

그가 역경에 임하게 된 인연을 소개하고 있다. 그가 계빈국에 유학하여 언어를 배웠음과 동시에 선법을 익히고 돌아와 보급했음을 기록한 것이다.

「의해」편에는 석법안과 석법통 조에서 좌선을 소개하고 있다. 법안은 진 의희 연간(405~417) 신양현에 머물렀고, 그 곳에서 호랑이가 사람을 해치는 일이 발생하였다. 그러나 법안은 위험에도 불구하고 나무 아래서 '좌선'하였고, 호랑이를 제압한 후 계를 내려주었다고 기록한다.[67]

특히 혜교는 석법통 조에서 법통이 선사로서 입적했던 과정을 소상히 기록하고 있다. 법통은 『대품경』과 『법화경』 연구에 매진하였다. 7,000명의 제자를 배출했고 이후 30년간 종산에서 좌선에 임했으며 '좌선'과 '송념' 그리고 예참에 정성을 쏟았다[68]고 기록한다.

「신이」편의 가라갈(訶羅竭) 조에 '석실 좌선'이 발견되는데,[69] 그는 진 무제의 태강 9년(288)에 낙양에 들어왔다고 기록한다. 선인(禪人)으로서 비교적 일찍 활동한 것으로 보인다. 당시 두타행 자체가 이국적이었으며, 주문을 통해 전염병을 고친 이례를 보여준다. 석실좌선의 모습과 함께 샘물이 솟는 신이를 비롯하여 단좌 중에 입적한 모습, 다비 의식은 당시에 익숙하지 않은 모습이었을 것이다.

「습선」편에서 '좌선' 용어를 검색할 때 축담유, 석승주, 석정도, 석법오 조에서 발견된다. 축담유 조에서 '두타좌선' 및 '석실좌선'을 볼 수 있다.[70] 그는 돈황인으로서 어릴 때부터 고행하고 선정을 익혔다고

67 「의해」편, 석법안 조(대정장 50, p.362하) "安徑之樹下, 通夜坐禪. 向曉聞虎負人, 而至投之樹北. 見安如喜如驚, 跳伏安前, 安爲說法授戒." 내용 참조.
68 「의해」편, 석법통 조(대정장 50, p.382중) "晦跡鍾阜三十餘載, 坐禪誦念, 禮懺精苦."
69 「신이」편, 가라갈 조(대정장 50, p.389상) "石室中坐禪."
70 「습선」 축담유 조(대정장 50, p.395하) "石城山乞食坐禪."; 「습선」편, 축담유 조

한다. 담유가 "태원 연간(376~396) 말 산의 석실에서 세상을 마쳤다."고 기록한 것으로 보아 당시 또한 좌선 자체를 신비하게 여겼던 시기임을 추정할 수 있다. 담유 조에는 좌선과 신이가 관련된 내용이 대부분이다. 특히 석실 좌선이나 바위의 절벽에서 좌선[암연좌(巖宴坐)]이 특이했음을 알려준다.

석승주 조에도 '두타좌선'이 발견된다.[71] 숭고산에서 머물다가 북위의 침략으로 한산으로 피신하였다가 다시 불법을 일으키는 과정을 그리고 있다. 또한 왕의 부름에도 나아가지 않는 초연한 모습이 발견된다. 더불어 입적에 이르러 저절로 승주의 승상에 불이 붙고 '좌선'한 채로 소신하는 신이의 내용을 수록하고 있다.

석정도 및 석법오는 '좌선'을 중심으로 비슷한 내용을 보이고 있다. 정도 조의 '좌선습송'을 통해 볼 때 좌선과 동시에 경을 외웠음을 알 수 있다. 정도는 30여 만 글자를 외웠다고 기록하고 있는데, 『고승전』은 법오 역시 『대품경』, 『소품경』, 『법화경』을 외웠음을 밝히고 있다. 좌선 장소도 산과 연못가였음을 알 수 있으며,[72] 법오는 나무 아래에서 좌선을 행하되 하루가 지나도록 일어나지 않았다고 한다.[73]

「송경」편의 석도경과 석홍명 조에서도 '좌선'이 발견된다.[74] 두 사람은 『법화경』 송경과 선업을 닦았다고 기록한다. 또한 신이를 통한 선 전파가 동시에 보이고 있다. 도경이 항상 『반주삼매』에 들었다면, 홍명은 육시예참에 매진했으며, 선과 계율을 가르쳐 문하인들이 많았

(p.396상) "赤城山石室坐禪."

71 「습선」 석승주 조(대정장 50, p.398중) "常在嵩高山, 頭陀坐禪."

72 「습선」 석정도 조(대정장 50, p.398하) "獨處山澤, 坐禪習誦."

73 「습선」 석법오 조(대정장 50, p.399하) "在樹下坐禪, 或經日不起."

74 「송경」편, 석도경 조(대정장 50, p.407상) "見岡驚起, 曰坐禪人耳.";「송경」편, 석홍명 조(p.408상) "明嘗於雲門坐禪, 虎來入."

음을 기록하고 있다.

이상과 같이 『고승전』에 나타난 '좌선' 용례를 중심으로 분석하였다. '좌선'의 용례는 『고승전』 편찬 이전의 많은 선경류를 비롯하여 많은 경전에 나타난다. 당시까지 인도에서 번역된 경전과 논서를 중심으로 좌선, 선정, 사유 등 사전적 의미의 선이 정착한 단계였음을 보여준다.

그러나 경명에 좌선이 사용된 『좌선삼매경』에는 오히려 좌선 용어가 등장하지 않는다. 다만 '선정' 용어를 중심으로 '사유' 혹은 '사각' 용어들을 적극 사용하고 있고 '가부좌' 용례가 한 번 나타날 뿐이다.[75] 혜교와 비슷한 시기에 역출된 승가바라의 『해탈도론』에는 좌선인의 10종행[76]을 다루고 있어 기초적인 좌선법이 확립되어 있었음을 알 수 있다.

이제 '좌선' 용례를 중심으로 『고승전』 편찬 이전과 이후에 드러난 정의적 의미와 공간적 위치, 그리고 여타 행법과의 활용을 살펴본다.

① 좌선의 '사유'라는 정의적 의미로 사용된 예를 살펴본다.

『잡아함경』에 '좌선사유'[77] 혹은 '사각(思覺)' 용례가 발견되며, 『보살선계경』[78]에도 '사유'의 용례가 나타난다. 『안반수의경』에는 좌선수식(坐禪數息)[79] 혹은 "좌선을 통한 자각에서 정(定)의 상태를 얻는다."[80]는 문구를 발견할 수 있다. 이와 함께 축법호 번역인 『법관경』에는 좌선

---

75 『좌선삼매경』(대정장 15, p.270하) "閑靜修寂志, 結跏坐林間, 撿心不放逸."
76 『해탈도론』(대정장 32, p.414중) "一令觀處明淨, 二遍起觀諸根, 三曉了於相, 四制心令調, 五折伏懈怠, 六心無味著, 七心歡喜, 八心定成捨, 九離不學定人親近學定人, 十樂著安定."
77 『잡아함경』(대정장 2, p.207상) "如來二月以安那般那念坐禪思惟住."
78 『보살선계경』(대정장 30, p.996하) "坐禪思惟, 夜不眠寐."
79 『안반수의경』(대정장 15, p.169하) "坐禪數息, 卽時定意."
80 『안반수의경』(대정장 15, p.169하) "坐禪自覺, 得定意."

법으로서 곧 신정(身定)·구정(口定)·의정(意定)[81]이 되어야 한다는 부분을 발견할 수 있다. 『불인삼매경』에는 "일심으로 좌선하되 불신을 찬찬히 살펴본다."는 문구인데 일심과 함께 병용하였다.[82] 『치선병비요법』에는 좌선을 위해 "단정히 앉아 7일간의 적정을 유지할 것"을 주문한다.[83] 이와 함께 『수행도지경』에는 좌선을 '염도(念道)'와 함께 사용하였다.[84]

② 장소와 함께 나타난 좌선 용어는 여러 곳에 출현한다.

'독처좌선'[85] 용어가 발견되며 '입실좌선'[86] 용어도 여러 번 검출된다. 그리고 '안타림좌선'[87]이라 하여 기수급고독원 부근의 숲속에서 좌선을 행했다고 구체적인 장소가 나타난다. 보리류지의 『입능가경』에는 '독처좌' 및 '수하독좌'라 하여 좌선 장소를 가리킨다.[88] 『대지도론』에도 '한정처'가 나타나고 있으며,[89] 승가제바 번역의 『삼법도론』에도 고요한 곳에서 좌선이 이루어져야 함을 말하고 있다.[90]

---

81 『법관경』(대정장 15, p.240하) "佛言, 坐禪當三定. 何等爲三定 一者身定, 二者口定, 三者意定."
82 『불인삼매경』(대정장 15, p.343상) "一心坐禪, 推索佛身."
83 『치선병비요법』(대정장 15, p.342상) "若欲坐禪, 先當寂靜, 端坐七日."
84 『수행도지경』(대정장 15, p.224중) "夙夜專精, 坐禪念道."
85 『잡아함경』(대정장 2, p.315하) "若於獨處, 專精思惟."
86 『잡아함경』(대정장 2, p.280중) "入室坐禪."
87 『잡아함경』(대정장 2, p.283하) "乞食還 至安陀林坐禪, 入晝正受."
88 『입능가경』(대정장 16, p.543하) "空閑處, 獨坐思惟.";"塚間樹下, 獨坐思惟." (p.562중).
89 『대지도론』(대정장 25, p.173하) "獨在林中坐禪.";(p.78중) "聖人坐禪人樂閑靜處."
90 『삼법도론』(대정장 25, p.17중) "閑居坐禪."

③ 좌선이 행도(行道) 등 여타 행의와 함께 사용된 사례가 있다.

『보살선계경』에서는 '좌선독송'[91] 용어를 볼 수 있으며, 『대지도론』에서는 '좌선행도' 및 '좌선경행'의 용어들이 발견된다.[92]

혜교가 사용한 좌선 용례의 응용을 확인하기 위해 『속고승전』을 살펴본다. '정처좌선' 혹은 '송림좌선'과 같은 일반적인 용례가 보이지만[93] '유업좌선', 혹은 '전무좌선'과 같이 선에 힘쓴다는 용례들이 발견된다.[94] 또한 '교수좌선'이나 '상사좌선'·'중사송경'과 같은 용어가 등장한다.[95] 더불어 '행도좌선송경(行道坐禪誦經)' 혹은 '좌선독경(坐禪讀經)' 등 여타 행의와 함께 사용하고 있다.[96] 특히 『육조단경』에는 좌선에 대한 정의가 내려지고 있다. "밖으로 모든 선악경계에서 심념이 일어나지 않으면 좌라고 하며 안으로 자성이 움직이지 않을 때 선이라 한다."[97]에서 보듯이 혜교, 혹은 그 이전의 좌선 용례와는 달리 혜능 특유의 해석이 나타난다.

---

91 『보살선계경』(대정장 30, p.1017중) "應當持戒精進, 坐禪讀誦經典."
92 『대지도론』(대정장 25, p.69상) "難思惟諸法, 求盡殘漏, 其夜坐禪經行."; (p.122중) "使得安隱坐禪行道."
93 『속고승전』「습선」편, 혜관 조(대정장 50, p.600하) "於靜處坐禪."; 「의해」편, 혜조 조(p.539중) "在寺後松林坐禪."
94 『속고승전』「습선」편, 석법진 조(대정장 50, p.576상) "恭謹精誠謙恪爲務, 惟業坐禪, 寺後竹林."; 釋智顯 條(p.664중) "專務坐禪."
95 『속고승전』「습선」편, 석진혜 조(대정장 50, p.575상) "檢校敎授坐禪禮懺."; 「명률」편(p.630중) "上士坐禪, 中士誦經, 下士堪能塔寺經營."
96 『속고승전』「습선」편, 석지조 조(대정장 50, p.585하) "行道坐禪誦經坦然無懼."; 「잡과」편, 석진관 조(대정장 50, p.703상) "道人當坐禪讀經."
97 『육조단경』「덕이본」(대정장 48, p.353중) "外於一切善惡境界, 心念不起, 名爲坐. 內見自性不動, 名爲禪."

3) '연좌(宴坐, 燕坐)' 및 '단좌(端坐)' 용례 고찰

(1) '연좌(宴坐)' 용례

'연좌'는 좌선과 같은 의미로 사용되었지만, 단좌는 좌선이 이루어지되 단정히 않는다는 뉘앙스 차이를 지닌다. 연좌의 '연(宴)'은 사전적 의미로 '편안하다' 혹은 '편안하게 쉬다', 그리고 '안정된 상태'를 일컫는다. 또한 '연좌(燕坐)'로도 사용되며, '적정한 심신 상태의 좌선'을 말한다. 『고승전』에서 '연좌' 용어는 모두 5번 검출되며 「역경」편과 「의해」편에 집중되어 있다. 그리고 좌선과 동일한 의미로 사용되고 있음을 볼 수 있다. 좌선이 '석실좌선'이나 '폐호좌선(閉戶坐禪)'으로 사용되는 바와 같이 연좌 또한 '착혈(鑿穴)연좌'[98] 혹은 '제승암연좌(梯升巖宴坐)'[99]라 하여, 밀실이나 '고요한 곳[한거(閑居)]' 혹은 '홀로 거처하는 곳[독처(獨處)]'에서 이루어지며 신이적 일화를 동반하는 경우가 많다.

석지엄 조에 "납의만을 입고 연좌하며 오래도록 나물밥으로 살았다."[100]는 부분, 그리고 승가라다 조에는 "나무 밑에서 연좌하였다."[101]는 곳에서 좌선의 의미로 사용되었다. 지둔 조에도 "산문에서 연좌하고 선원에서 노닐었다."[102]는 표현이 보이고 있다.

'연좌' 용어의 연원은 지겸 및 구마라집이 번역한 『유마경』에서 볼 수 있으며 좌선 대신 사용된 것을 알 수 있다. 사리불이 숲속에서 좌선에 임했다가 유마거사와 대담하게 되었고, 이때 '연좌에 대한 설명'[103]을 들은 사리불은 대답하지 못했던 과거 자신을 고백하였다. 그

---

98 「습선」편, 축담유 조(대정장 50, p.396상) "作梯升巖宴坐."
99 「의해」편, 강법랑 조(대정장 50, p.347중) "後移柳泉山, 鑿穴宴坐."
100 「역경」편, 석지엄 조(대정장 50, p.339중) "納衣宴坐, 蔬食永歲."
101 「역경」편, 승가라다 조(대정장 50, p.344상) "乞食人間, 宴坐林下." 부분 참조.
102 「의해」편, 지둔 조(대정장 50, p.348하) "宴坐山門, 遊心禪苑."

이유를 들어 병문안 갈 수 없음을 고백하는 부분에서 '연좌'에 대한 설명이 나타난다. '연좌'는 또한 구마라집이 번역한 『묘법연화경』이나 반야경류에는 나타나지 않으며, 『좌선삼매경』 등 선경류에도 보이지 않는다.

구마라집이 번역하지 않은 다른 선경류에서도 '연좌' 용례를 발견하기 쉽지 않다. 다만 『달마다라선경』에서 한 번 발견되며,[104] 『월등삼매경』에는 여러 번 나타난다. '일심수연좌(一心修宴坐)', '연좌이제연(宴坐離諸緣)', '연좌지경계(宴坐之境界)' 등이 보이며,[105] 연좌의 10종 공덕[106]을 함께 소개하고 있다.

그리고 '연좌'와 같은 의미인 '연좌(燕坐)'도 쓰이는데, 『고승전』이나 여타 선경류에서도 거의 발견되지 않는다. 동진의 승가제바가 번역한 『중아함경』에 '연좌'가 여러 번 사용되고 있으며,[107] 서진 축법호 역 『해룡왕경』[108]에서도 '연좌' 용례를 볼 수 있다.

'연좌'는 중국에 입국한 역경승들에 의해 번역된 경전이나 논서에 드물게 나타나며 오히려 중국 승려들에 의한 찬술에서 많이 발견된다.

---

103 『유마힐소설경』(대정장 8, p.539하) "夫宴坐者, 不於三界現身意, 是爲宴坐. 不起滅定而現諸威儀, 是爲宴坐. 不捨道法而現凡夫事, 是爲宴坐. 心不住內亦不在外, 是爲宴坐. 於諸見不動而修行三十七品, 是爲宴坐. 不斷煩惱而入涅槃, 是爲宴坐." 부분 참조.

104 『달마다라선경』(대정장 15, p.314중) "宴坐思實義."

105 『월등삼매경』(대정장 15) "一心修宴坐, 受勝禪定樂."(p.582하); "宴坐離諸緣."(p.585상); "住不放逸行, 宴坐之境界."(p.586중).

106 『월등삼매경』(대정장 15, p.586중) "菩薩摩訶薩, 住於宴坐有十種利益, 何等爲十? 一者其心不濁, 二者住不放逸, 三者諸佛愛念, 四者信正覺行, 五者於佛智不疑, 六者知恩, 七者不謗正法, 八者善能防禁, 九者到調伏地, 十者證四無礙."

107 『중아함경』에는 燕坐와 宴坐 용어의 숫자가 많으며, 오히려 좌선 단어 숫자가 적다. 역자 표기에 東晉孝武及安帝世隆安元年十一 月至二年六月, 了於東亭寺闍賓三藏, 瞿曇僧伽提婆譯道祖筆受(대정장 1, p.421상)라 하여 筆受者 도조를 함께 병기하고 있다.

108 『해룡왕경』(대정장 15, p.133하) "習燕坐."

특히 승전류에 많이 나타나며, 『경덕전등록』에서 여러 번 검출된다. 『속고승전』「역경」편 사나굴다 조의 '전수연좌묘궁정업(專修宴坐妙窮定業)'[109]을 필두로 '식심연좌(息心宴坐)'[110], '경행연좌(經行宴坐)'[111] 등이 나타난다. 『송고승전』 석영일 조에 "연좌를 하려면 반드시 산의 숲속 나무 아래를 택해야 한다."[112]는 것이 강조되었다. 이와 더불어 '폐관연좌'[113]라 하여 빗장을 지르고 좌선에 임해야 한다는 부분이 발견된다.

(2) '단좌(端坐)'의 용례

'좌선'과 '연좌'가 본질적 접근이라면 '단좌(端坐)'나 '안좌(安坐)', '정좌(靜坐)' 등은 좌선에 대한 수식의 형태로 사용된다. 좌선과 같은 의미이지만 '단정한 자세' 혹은 '안정된 좌법'을 강조했음을 말해준다.

『고승전』에서 '단좌'는 모두 8번 사용되고 있으며, 처음으로 나타난 곳은 「역경」편 백시리밀다 조이다. 백시리밀다는 상서령 벼슬인 변망지(卞望之)를 맞이하면서 '단좌' 모습을 표현하고 있다.[114] 좌선이라기보다 매무새를 고쳐 앉아 선자의 위엄을 보여주는 모양이다. 그러나 불타야사 조에는 "단좌사의(端坐思義)라 하여 항상 단정히 앉아 사유한다."[115]고 하여 좌선 상태를 표현한다.

축도생 조에 보이는 단좌는 좌탈입망의 모습을 나타내고 있다. 그는 법석에 앉아 덕음(德音)으로 논의를 펼쳤으며 끝날 즈음 불자(拂子)

---

109 『속고승전』「역경」편(대정장 50, p.433중) "專修宴坐, 妙窮定業."
110 『속고승전』「의해」편(대정장 50, p.476하) "息心宴坐."
111 『속고승전』「의해」편(대정장 50, p.489하) "經行宴坐."
112 『송고승전』「명률」편, 석영일 조(대정장 50, p.799중) "宴坐必擇山椒樹下."
113 『송고승전』「습선」편, 석영묵 조(대정장 50, p.769상) "閉關宴坐."
114 「역경」편, 백시리밀다 조(대정장 50, p.327하) "須臾望之至, 密乃斂衿飾容, 端坐對之." 부분 참조.
115 「역경」편, 불타야사 조(대정장 50, p.334상) "每端坐思義."

를 떨어뜨리고는 세상을 떠났는데 마치 선정에 들어 있는 모습과 같았다고 기록하고 있다.[116] 「신이」편의 축불조 역시 단정히 앉아 세상을 떠났다고 기록하고 있으며,[117] 가라갈 조에도 비슷한 내용이 보인다.[118] 「습선」편 석승심은 담마밀다로부터 선을 배웠으며, '단좌'의 모습으로 도적을 교화했다는 내용을 수록하고 있다.[119] 「명률」편 석승업 조에서 단좌는 곧 좌선 상태를 표현하며, 향기가 방 안에 가득 차는 신이를 함께 나타내고 있다.[120] 이와 같이 '단좌'는 좌선의 뜻을 나타내지만 단정히 앉은 모습을 통해 고승들의 입멸이나 신이를 표현하는 사례를 보여준다.

'단좌'는 곧 '정신단좌(正身端坐)'의 줄임말이며 곧은 자세로 단정히 앉은 자세다. 그 연원을 살펴보면 유송 당시 구나발타라가 번역한 『잡아함경』에 '단좌'가 사용되고 있음을 볼 수 있다. 모두 8번 검출되는데, 제1086경에는 "경행 후 입실하여 정신단좌(正身端坐)하되 생각을 붙들어 매고 선사(禪思)하라"[121]는 가르침이 보이며 '단좌정념(端坐正念)'의 용례도 보인다. 제369경에는 "보리수 아래에 풀을 깔고 자리를 만들어 결가부좌(結跏趺坐)하되 '단좌'로서 바른 생각으로…"[122]가 나타난다. 이 외에도 '단좌사유(端坐思惟)', '단좌정수(端坐正受)', '단좌청법(端坐

---

116 「의해」편, 축도생 조(대정장 50, p.367상) "法席將畢, 忽見塵尾紛然而墜, 端坐正容, 隱几而卒. 顏色不異, 似若入定." 부분 참조.
117 「신이」편, 축불조 조(대정장 50, p.388하) "調酒還房端坐, 以衣蒙頭奄然而卒."
118 「신이」편, 가라갈 조(대정장 50, p.389하) "至元康八年, 端坐從化."
119 「습선」편, 석승심 조(대정장 50, p.399하) "時群劫入山, 審端坐不動, 賊乃脫衣以施之."
120 「명률」편, 석승업 조(대정장 50, p.401상) "屬意禪門, 每一端坐, 輒有異香, 充塞房內." 부분 참조.
121 『잡아함경』(대정장 2, p.285상) "夜起經行, 於後夜時, 洗足入室, 正身端坐, 繫念禪思."
122 『잡아함경』(대정장 2, p.101중) "詣菩提樹下, 敷草爲座, 結跏趺坐, 端坐正念."

聽法)'의 선어들을 발견할 수 있다. 그러나 동진의 승가제바가 번역한 『중아함경』에는 단좌 대신 '정신(正身)'을 중심으로 '정신정념(正身正念)' 이나 '정신정원(正身正願)'이 여러 번 나타난다.

선경류인 『선비요법경』에는 '정신단좌(正身端坐)'와 함께 좌선의 모습이 잘 표현되어 있으며,[123] 그와 비슷한 내용이 『관불삼매해경』에도 나타난다.[124] 그런데 선경류나 삼매경류에는 '정신단좌'를 축약하여 '단좌'로 표현하는 경우가 대부분이다. 혜교 이후의 『속고승전』에도 '단좌'가 여러 번 나타난다. 그러나 좌탈입망의 표현으로 '단좌'라는 용어를 사용한 경우가 많음을 볼 수 있다. 『속고승전』에는 '단좌' 용례가 50번 검색되는데, 석승조 조의 단정히 앉은 상태에서 세상을 떠나는 모습[125]이나 석법희 조의 좌탈(坐脫)의 모습 등으로 나타난다.[126]

또 「습선」편에는 석혜의[단좌이화(端坐而化)], 석지의[단좌여정이졸(端坐如定而卒)], 석지월[단좌정념이졸(端坐正念而卒)], 석법희[단좌이졸(端坐而卒)], 석담운[단좌종(端坐終)] 조 등에서 '단좌' 상태에서 입적한 상황을 기록하고 있다. 이로써 『고승전』이나 『속고승전』에서 이미 선사들의 좌탈(坐脫) 기록이 많았음을 볼 수 있다.

---

123 『선비요법경』(대정장 15, p.243중) "跏趺坐, 齊整衣服, 正身端坐, 偏袒右肩, 左手著右手上, 閉目以舌拄齶, 定心令住, 不使分散先當繫念著左脚大指上."
124 『관불삼매해경』(대정장15, p.691상) "行發願已, 正身端坐, 繫念在前."
125 『속고승전』「습선」편, 석승조 조(대정장 50, p.554하) "端坐卒於山寺."
126 『속고승전』「습선」편, 석법희 조(대정장 50, p.587하) "端坐而卒."

4) '안좌(安坐)', '정좌(靜坐)', '평좌(平坐)'의 용례

(1) '안좌(安坐)'의 용례

'안좌' 용어는 『고승전』「습선」편에 한 번 출현한다. 입망(入亡)하는 백승광의 모습을 그리고 있고[127] 좌선 상태로 맞은 죽음이지만 그 상태가 극도로 편안함을 나타내고 있다.

> 대중 승려들은 모두 보통 때와 같이 선정에 든 것이라 생각하였다. 7일이 지난 후에도 일어나지 않는 것을 괴이하게 생각하였다. 곧 모두 함께 가서 들여다 보았다. 얼굴빛은 어느 때와 같으나 오직 코의 숨기운만 없었다. 정신이 떠나간 지 이미 오래되었으나, 해골이 썩지 않았다.[128]

좌선 상태를 '안좌'로 표현하고 있다. 이미 세상을 떠났으나 마치 살아서 선정상태에 있는 듯한 표현이다.

'안좌'의 연원은 삼매경류나 선경류에도 나타난다. '안좌'는 후한의 지루가참 번역의 『반주삼매경』에 나타난다.[129] 대중들이 부처님 앞에서의 안좌를 기록하고 있으며, 또 후한의 축대력과 강맹상이 번역한 『수행본기경』에도 '안좌입정(安坐入定)'의 선정 상태를 표현하고 있다. '고락의 뜻을 버리고 근심과 기쁨의 생각을 버리며, 선(善)에 의지하지 않는 마음'[130]을 '안좌'로 표현하고 있다.

---

127 「습선」편, 백승광 조(대정장 50, p.395하) "以衣蒙頭, 安坐而卒."
128 「습선」편, 백승광(대정장 50, p.395하) "衆僧咸謂依常入定. 過七日後, 怪其不起, 乃共看之, 顏色如常, 唯鼻中無氣."
129 『반주삼매경』(3권) 조(대정장 50, p.915상) "見人衆皆安坐已前問佛."
130 『수행본기경』(대정장 50, p.470중) "安坐入定, 棄苦樂意, 無憂喜想, 心不依善." 부분 참조.

『속고승전』에 나타나는 '안좌'는 「습선」편 석지희 조 입적 광경에서
볼 수 있다. 좌선한 상태의 입적 모습이다. "단정하고 곧으면서 의젓
한 상태의 가부좌를 '안좌'라 했으며, 숨이 가늘게 이어지는 것이 마치
선정에 든 것과 흡사하다."는 표현이다.[131] 「습선」편 석지조 조에는
선상(禪床)에서 안좌한 모습을 나타내고 있으며,[132] 「습선」편 석지총
조에는 선실에서 안좌 상태로 입적하는 모습을 그리고 있다.[133]

'안좌'는 『송고승전』(988)에 이어 비슷한 시기에 편찬된 『경덕전등
록』(1004)에도 다수 발견된다. '안좌'의 표현은 역시 『고승전』의 표현
과 마찬가지로 고승들의 입적과 깊이 관련되어 있다.

『송고승전』 덕산선감 조에 보이는 '안좌이화(安坐而化)'와 같은 표현
은 석장이 조와 『속고승전』을 편찬한 도선 조에도 같은 문구가 보인
다. 나한계침 조에는 '안좌고종(安坐告終)'이 나타나며, 석변재 조에는
'안좌승상묵연귀멸(安坐繩床黙然歸滅)'을 볼 수 있다.[134] 『경덕전등록』에
는 안좌와 관련하여 다른 표현들이 나타나고 있다. 앞선 승전류들처럼
'안좌이화'와 같은 단어들이 나타나지만 '안좌귀적(安坐歸寂)', '안좌이서
(安坐而逝)', '안좌시멸(安坐示滅)', '안좌고적(安坐告寂)', '안좌이종(安坐而
終)'과 같이 '안좌'와 함께 응용한 용어들이 대거 등장하고 있다.[135]

'안좌'는 이미 후한 때 번역된 경전류에서 사용되었으며 이후 번역
된 선경류나 삼매경전류에서도 나타난다. 좌선 중의 편안한 상태의 의

---

131 『속고승전』「습선」편, 석지희 조(대정장 50, p.583상) "結跏安坐, 端直儼然, 氣息
綿微, 如入禪定." 부분 참조.
132 『속고승전』「습선」편, 석지조 조(대정장 50, p.585중) "還就禪床, 始欲安坐."
133 『속고승전』「습선」편, 釋智聰 조(대정장 50, p.595중) "還歸本房, 安坐而卒."
134 『송고승전』 덕산선감 조(대정장 50, p.778하); 석장이 조(p.780중); 도선 조(p.791
상); 나한계침 조(p.786하); 석변재 조(p.806중).
135 『경덕전등록』 라후라다 조(대정장 51, p.212상) "安坐歸寂."; 도신 조(p.222하) "安
坐而逝."; 유칙선사 조(p.231상) "安坐示滅."; 달관지균 조(p.414중) "安坐告寂.";
태흠 조(p.415중) "安坐而終."

미였으나 『고승전』에서 고승(백승광)의 입적에 적용하면서 이후 『속고
승전』 및 승전류에서 '안좌'는 선사들의 입적과 밀착되어 사용되고 있
음을 볼 수 있다.

(2) '정좌(靜坐)'의 용례

'정좌(靜坐)'는 「신이」편의 배도 조에서 발견된다. 배도는 별명일 뿐
그의 이름을 알 수 없다고 『고승전』은 기록한다. 그는 주로 강을 따라
오가며 신이로써 전법했으며, 많은 이야기를 남기고 있다. 주영기 일
행이 고려에 사신으로 갔다가 길을 잃고 어느 섬에 이르렀을 때 그곳
성승(聖僧)들의 신이로 인해 고향에 돌아오게 된다. 이때 배 문을 닫고
'정좌'했을 때 고향에 도착하는 신비한 장면을 기록하고 있는데[136] '정
좌'는 비록 통상적인 좌선의 의미와 다르지 않지만 참회와 예경이 이
루어진 상태에서 고요하게 앉은 장면을 그리고 있다.

'정좌'는 동진의 승가제바가 번역한 『중아함경』에 나타나는데 '정좌'
와 함께 '묵연극묵연(黙然極黙然)'을 사용함으로써 더없이 고요한 상태
를 표현하고 있다.[137] 이후 유송의 나연제야사가 번역한 10권 『월등삼
매경』에도 정좌가 나타나는데 '독처정좌(獨處靜坐)'라 하여 홀로 고요한
곳에 앉아있음을 의미한다.[138]

'정좌'는 『고승전』 이후 『속고승전』 「습선」편 석승정 조에는 '폐구
정좌(閉口靜坐)'[139]라고 하여 입을 다문 상태에서 조용하게 앉은 자세를

---

136 「신이」편, 배도 조(대정장 50, p.391하) "此杖置舫前水中, 閉船靜坐, 不假勞力必."
부분 참조.
137 『중아함경』(대정장 1, p.518하) "世尊見比丘衆, 靜坐黙然極黙然, 無有睡眠, 除陰
蓋故."
138 『월등삼매경』(대정장 15, p.602중) "一時中獨處靜坐."
139 『속고승전』「습선」편(대정장 p.579중).

가리킨다. 『송고승전』에는 '정좌'가 검출되지 않고 『경덕전등록』에는 모두 6번 검출되며, 모두 조용하게 앉은 자세를 표현한다.

(3) '평좌(平坐)'의 용례

『고승전』에는 「습선편」에서 '평좌(平坐)' 용례가 많이 보이고 있다. 축승현 조에 "이튿날 맑은 새벽이 되자 평좌한 채 돌아가셨다."[140] 축담유 조에도 평좌가 발견되는데 그는 돈황인으로 태원 연간(376~396) 말기에 세상을 마쳤다. "시신은 '평좌'한 상태였으며 몸은 초록색이었다."[141]고 기록하고 석도법 조에도 발견되며, 원휘 2년(474) "승상에서 평좌로 멸도(滅度)했다."[142]는 사실을 밝히고 있다.

「습선」편에 나타난 '평좌'는 모두 좌탈입망(坐脫入亡)으로 선정에 든 상태에서 세상을 떠나는 모습을 그리고 있다.

「의해」편 석담감 조에는 합장하고 '평좌'하되 입으로는 말하지 않았다[143]는 대목에서 발견할 수 있다. 또 서역인 축정이 "근엄하게 평좌한지 이미 삼십여년"[144] 부분에도 '평좌'가 보인다. 「망신」편 석승유의 소신공양(燒身供養) 부분에서 화염이 몸에 휩싸였는데도 합장한 채 흐트러뜨리지 않고 평좌하고 있다.[145]

'평좌'는 당시에 전역된 선경류에서는 발견하기 어렵다. 또한 『속고

---

140 「습선」편, 축승현 조(대정장 50, p.395하) "至明淸晨, 平坐而化."
141 「습선」편, 축담유 조(대정장 50, p.396중) "太元之末, 卒於山室, 屍猶平坐, 而擧體綠色."
142 「습선」편, 석도법 조(대정장 50, p.399중) "元徽二年, 於定中滅度, 平坐繩床, 貌悅恒日."
143 「의해」편, 석담감 조(대정장 50, p.370상) "合掌平坐, 而口不言."
144 「신이」편, 축정 조3(대정장 50, p.89상) "親自觀視屍, 儼然平坐已三十餘年." 부분 참고.
145 「망신」편, 석승유 조(대정장 50, p.405상) "至初夜竟, 便入薪龕中, 合掌平坐, 誦藥王品. 火焰交至, 猶合掌不散."

승전』,『송고승전』,『경덕전등록』에도 보이지 않는다. 이는 단좌(端坐)가『속고승전』44번,『송고승전』17번,『경덕전등록』14번 검출되는 것과 비교된다. 이제까지의 사례를 보면 평좌는 특별한 자세를 지칭하는 것이 아니라, 좌선 일반의 결가부좌 혹은 반가부좌 등의 자세를 통칭하는 것으로 보인다.

3. 습선자(習禪者)의 행위(行爲)

1) '탄지(彈指)'

『고승전』에서 탄지는 모두 8번 검출된다. 손가락을 튕겨내는 소리로서 '상대방을 일깨우는 신호'이거나 '짧은 시간'을 의미한다. 또한 일련의 행위가 계속 이어지도록 하거나 규칙적인 박자의 신호로서 탄지는 불교의례로 사용된다. 『고승전』을 통해 '탄지'가 어떻게 사용되었는지 살펴본다.

(1) 신호로 활용되는 탄지

상대방에게 신호를 보내거나 알아채도록 하는 행위와 소리다. 「역경」편 석지엄 조에 나타난 '탄지'는 불교의 의례에 따른 신호라기보다 일반적인 신호로 보인다. "시흥공(始興公) 왕회(王恢)가 무제의 어가를 호종하고 산천을 유람하다가 지엄이 있던 정사에 왔다. 함께 거주하는 세 사람의 승려가 각각 승상에 앉아 조용히 선사(禪思)에 든 것을 보았다. 왕회가 다가가 한참 동안 있어도 알아채지 못하였다. 이에 소리 내어 손가락을 튕기자 세 사람이 눈을 떴다. 그러나 잠시 후 도로 눈을 감아버렸으며 물어도 대답하지 않았다."[146]에서 보듯이, 좌선하는 이들에게 자신의 존재를 알리는 신호로 사용되었다.

그러나 혜암 조에는 도복이라는 장수가 전쟁 중에 살육을 하고 돌아가다가 혜지가 머물고 있는 비현(陴縣)의 절에 들렀다. 사람과 말들이 피로 범벅이 되어 있었고 대중 승려들은 무서워서 모두 달아났다. 그러나 혜지는 그대로 남아 있었다. "도복이 곧바로 혜지 곁으로 다가갔다. 그러나 혜지는 손가락을 튕기며 물을 걸러내면서 담담히 태연자약하였다. 도복이 부끄러워 후회하면서 땀을 흘리며 절문을 나왔다. 측근에게 말하였다. '대인(大人)이라. 일반 대중과는 다르더라'"[147]고 언급하는 부분에서 '탄지'가 사용되었다. 이때 혜지 스님의 탄지는 담담한 상태에서 나온 것이며, 이것이 불교의례와 관련되는지는 확실치 않다.

'탄지'가 신호로 나타난 것은 석승심 조에 보인다. "왕경칙(王敬則)이 선방에 들어가서 승심을 찾았다. 이에 선정에 든 것을 바로 보고 탄지로 인해 밖으로 나와 말하였다. '성스러운 도인[성도인(聖道人)]이시다'"[148]라고 고백하는 장면을 표현하고 있다. 석승심은 선방에서 좌선을 하고 있었고 다른 이의 '탄지' 신호로 인해 바깥으로 나왔던 것이다. 해당 '탄지'는 말소리를 제한하는 '선방에서 나가라'라는 신호로 왕경칙이 이에 따랐던 것으로 볼 수 있다.

---

146 「역경」편, 석지엄 조(대정장 50, p.339중) "時, 始興公王恢, 從駕遊觀山川, 至嚴精舍. 見其同止三僧, 各坐繩床, 禪思湛然. 恢至良久不覺, 於是彈指, 三人開眼, 俄而還閉, 問不與言."

147 「의해」편, 혜암·승공 조(대정장 50, p.362상) "道福直至持邊, 持彈指漉水, 淡然自若. 福愧悔流汗, 出寺門謂左右曰, 大人故, 與衆異."

148 「습선」편, 석승심 조(대정장 50, p.400상) "王敬則入房覓審, 正見入禪, 因彈指而出, 曰聖道人."

(2) 박자로 활용되는 탄지

신호와 달리 탄지가 박자와 같이 사용된 것을 볼 수 있다. 이는 「망신」편 석혜익 조에 보인다. "귀족에서부터 천민에 이르기까지 애처롭고 안타까워하는 메아리 소리가 그윽한 골짜기를 진동하였다. 모두가 손가락을 튕기며 부처님을 부르고 슬퍼하였다. 그러면서 눈물을 흘리지 않는 사람이 없었다."[149]

'칭불'과 함께 '탄지' 행위가 이루어진 것은 「경사」편 석승요 조에도 보인다. "이 절에는 반야대(般若臺)가 있었다. 승요는 항상 이 반야대를 돌면서 범패를 굴려 이것으로 공양에 견주었다. 길 가던 사람들이 이 소리를 들으면 가마를 멈추고 머뭇거리지 않는 사람이 없었다. 손가락을 튕기며 부처님을 칭송하였다."[150]에서 나타난 '탄지' 용어는 또한 칭불과 함께 사용되었음을 보여준다.

혜교의 논에서도 '탄지' 용어를 사용하고 있다. 「창도」편 논에서 혜교는 "이에 모든 대중이 마음을 기울이고 온 법당 안이 측은한 슬픔에 잠기리라. 오체를 자리에다 던지면서 머리가 부서져라 슬픔을 말하고 각각 손가락을 튕기며 사람마다 부처님을 부르리라"[151]라고 쓰고 있다. 여기에서 의미하는 탄지는 부처를 부르면서 하는 '칭불탄지(稱佛彈指)'이다. 부처님 명호를 부르면서 박자가 이루어지고 이에 따라 자연스럽게 탄지를 울렸던 것이 당시에 정착되었음을 알 수 있다.

---

149 「망신」편, 석혜익 조(대정장 50, p.405중) "貴賤哀嗟, 響振幽谷, 莫不彈指, 稱佛惆悵."
150 「경사」편, 석승요 조(대정장 50, p.413하) "寺有般若臺, 饒常遶臺, 梵轉以擬供養. 行路聞者, 莫不息駕踟躕, 彈指稱佛."
151 「창도」편, 혜교 「論」(대정장 50, p.418상) "於是, 闔衆傾心, 擧堂惻愴, 五體輪席, 碎首陳哀, 各各彈指, 人人唱佛."

(3) 독송에 활용되는 탄지

칭불 때의 탄지와 달리『고승전』「송경」편 석혜경 조에는 독송 중에도 '탄지' 활용이 나타난다. 혜경은 "몸가짐이 맑고 깨끗하며 계율의 행실이 있었다. 『법화경』·『십지론』·『사익경』·『유마경』을 외워 밤마다 읊조렸다. 항상 어둠 속에서 손가락을 튕기며 찬탄하는 소리가 들렸다."[152]라는 부분이다. 송경 중에 자연스럽게 들리는 탄지로서 찬탄의 의미이며, 이는 읽거나 외는 소리에 맞춘 것이었음이 짐작된다.

경을 읽을 때의 탄지법은 「경사」편의 석도혜 조에서도 발견된다. 유송 시기에 활동한 도혜는 대명 2년(458)에 세상을 마쳤는데, 그는 널리 경전을 섭렵했을 뿐만 아니라 천연의 목소리를 타고 났다. 음향의 기이함과 더불어 문장의 구절을 꺾는 소리가 곱고 아름다우며 분명했다고 기록한다. "수만 글자의 경을 외우고 저녁마다 소리내어 읊조렸다. 문득 어둠 속에서 손가락을 튕기며, 보살을 부르는 소리가 들렸다."[153]의 대목에서 보듯이 독경 중에 탄지 소리뿐 아니라 보살을 칭명하는 소리가 동시에 들렸다고 한다.

(4) 시간과 신호로 사용된 탄지

『잡아함경』1256 조토경에는 '탄지경(彈指頃)'[154]으로써 순간의 짧은 시간을 표현한다. 『사분율』「구십단제법지팔(九十單提法之八)」에는 돌길라죄에 대한 부분에서 "만일 두 사람이 함께 어두운 곳에서 대화하면 탄지하거나 기침으로 알려야 하며 그렇게 하지 않는다면 돌길라이

152「송경」편, 석혜경 조(대정장 50, p.407중) "淸潔有戒行, 誦法華·十地·思益·維摩, 每夜吟諷. 常聞闇中, 有彈指讚歎之聲."

153「경사」편, 석도혜 조(대정장 50, p.414상) "誦經數萬言, 每夕諷詠, 輒聞闇中, 有彈指唱薩之."

154『잡아함경』(대정장 2, p.345상) "衆生能數數下至彈指頃."

니라."¹⁵⁵ 한 것처럼 손가락을 튀기거나 헛기침으로 경고하는 탄지경해(彈指聲欬)가 여러 번 등장한다. 그러나 「십칠승잔법지초(十七僧殘法之初)」에는 "밤이나 낮이나 만일 일념의 순간 만약 탄지의 순간 만일 잠시일지라도"¹⁵⁶처럼 순간을 표현하는 경우 또한 여러 번 나타난다.

『대지도론』에서 탄지는 명확하게 시간과 신호 두 가지로 사용된다. 탄지의 순간 마음이 60번 생겼다가 사라진다는 부분처럼¹⁵⁷ "탄지의 순간 60개의 시간이 있다."¹⁵⁸ 그리고 "한 번의 탄지는 60념이다."¹⁵⁹라는 문구가 보인다. 이와 달리 『대지도론』에 삼매에서 깨어나도록 손가락을 튕기는 장면이 드러난다.

그러나 『고승전』에서는 짧은 시간을 가리키기보다는 신호가 대부분이다. 자신의 존재를 알리는 행위와 함께 칭불의식이 이어질 때 탄지가 행해진다. 또한 독경과 함께 탄지가 이루어져 음률이나 박자와 관련되는 경우가 나타난다.

(5) 선종(禪宗)에서 활용된 탄지

『고승전』 이후 성립된 선종문헌에는 오히려 많은 '탄지'의 활용이 이어졌음을 볼 수 있다. "진존숙(陳尊宿)이 그 승(僧)의 입을 후려친 후 글자로는 만들 수 없지만 '팔자(八字)가 그것이니 이것이 무슨 장구(章句)인지 알겠는가?' 동시에 손가락을 튕겼다."¹⁶⁰에서 선문답 중에 활

---

155 『사분율』(대정장 22, p.688상) "若二人共在闇地語, 當彈指若聲欬驚之, 若不爾者突吉羅."
156 『사분율』(대정장 22, p.718하) "若晝若夜, 若一念頃, 若彈指頃, 若須臾頃."
157 『대지도론』(대정장 25, p.92중) "是心彈指頃六十生滅."
158 『대지도론』(대정장 25, p.171상) "彈指頃有六十時."
159 『대지도론』(대정장 25, p.283하) "一彈指頃有六十念."
160 『경덕전등록』(대정장 51, p.292중) "師便摑其僧口問, 以字不成, 八字不是, 是何章句? 師彈指一聲, 云會麼."

구(活句)로 활용하고 있다. 이처럼 탄지를 선문답 중에 활용하는 경우
가 자주 등장한다.

무주(撫州)의 석공혜장(石鞏慧藏) 선사 부분에서 '기승탄지일성(其僧彈
指一聲)' 및 '탄지삼성(彈指三聲)'[161]이 나타나며, 자복여보 선사 부분에
"사탄지일성(師彈指一聲)"[162]이 보인다. 이와 달리 굉지선사 부분에는
"탄지지경(彈指之頃)"[163]이라 하여 짧은 시간[頃][164]을 가리키기도 한다.

2) '합장(合掌)'과 '차수(叉手)' 및 '화남(和南)'

(1) '합장(合掌)'

'합장'은 『고승전』에서 모두 11번 나타난다. 『고승전』에 나타난 합
장은 대부분 고승들의 죽음과 직접적으로 관련된다. 「의해」편 석혜영
조에 죽음과 합장의 관계를 보여준다. 그는 "비록 병상에 누워 고통을
품었으나 얼굴빛은 느긋하고 기뻐하였다. 죽기 얼마 전에 갑자기 옷을
여미고 합장하며 신발을 찾아 일어나려 하면서 마치 무엇인가 보는
듯하였다. 대중들이 모두 놀라서 물어보니 대답하였다. '부처님이 오
셨다.' 말을 마치자 돌아가셨다."[165]에서 보듯이 합장한 채로 입적하는
모습을 그리고 있다.

「의해」편 석승예 조에도 합장과 죽음이 관련된 비슷한 기록을 남기
고 있다. 승예가 "방으로 들어가 몸을 씻고 목욕하고 향을 피우고 예

---

161 『경덕전등록』(대정장 51, p.248하).
162 『경덕전등록』(대정장 51, p.298상).
163 『경덕전등록』(대정장 51, p.465하).
164 '頃'의 漢字의 의미는 '밭 넓이의 단위'를 가리킨다.
165 「의해」편, 석혜영 조(대정장 50, p.362중) "雖枕痾懷苦, 顔色怡悅. 未盡少時, 忽斂
衣合掌, 求屨欲起, 如有所見. 衆咸驚問, 答云, 佛來. 言終而卒."

배드렸다. 침상으로 돌아와 서방을 향하여 합장하면서 세상을 마쳤다."[166]는 대목을 볼 수 있으며, 석담감[167]이나 석법성,[168] 석법림[169] 등도 합장한 채 세상을 떠나는 모습을 그리고 있다. 석승유의 경우 망신의 장면에서 합장을 표현하고 있다.

> 초저녁이 되자 대소변을 끝내고 장작더미 감실 속에 들어가 합장하고 편안히 앉았다. 「약왕품」을 외웠다. 화염이 교차하여 몸에 이르렀다. 그러나 여전히 합장한 자세는 흐트러뜨리지 않았다. 도인과 속인들로서 아는 사람들이 달려와 산에 가득하였다. 모두가 머리 숙여 절하였다.[170]

승유가 합장한 모습은 불타는 장작더미 속에서도 흐트러지지 않은 모습이다.

(2) '차수(叉手)'

『고승전』에는 '차수'가 한 번 나타나는데 석법통 조에 보인다. 이 차수 또한 고승의 죽음과 관련된다. 법통이 "21일에 이르자 향탕(香湯)을 찾아서 목욕을 마쳤다. 이어 예불을 하고 돌아와 누워 두 손을 교차시켜 가슴에 얹고 정오에 세상을 떠났다."[171] 부분에서 차수의 기록

---

166 「의해」편, 석승예 조(대정장 50, p.364중) "於是, 入房洗浴, 燒香禮拜, 還床向西方合掌而卒."
167 「의해」편, 석담감 조(대정장 50, p.370상) "見合掌平坐而口不言."
168 「습선」편, 석법성 조(대정장 50, p.399상) "纔竟合掌而卒."
169 「명률」편, 석법림 조(대정장 50, p.402상) "令死後焚身, 言訖合掌而卒."
170 「망신」편, 석승유 조(대정장 50, p.405상) "至初夜竟便, 入薪龕中, 合掌平坐, 誦藥王品. 火焰交至猶合掌不散, 道俗知者, 奔赴彌山, 並稽首作禮."
171 「의해」편, 석법통 조(대정장 50, p.382중) "至二十一日, 索香湯洗浴竟, 仍作禮還臥, 叉手當胸, 正中時卒."

이 보이고 있다.

(3) '화남(和南)'

이 말은 머리를 숙인다는 '계수(稽首)'의 의미이며, vandana의 음역이다. 『고승전』에 3번 검색되는데, 석혜원 조에 한 번 「서록」에 두 번 나타난다. 서간문 형식에서 나타나는데, "구마라집이 회답하였다. '구마라집은 공경하게 계수하옵니다'"[172]에서 보듯이 상대방을 높이는 말이다. 「서록」에서 "아버지를 여윈 제자 왕만영은 머리 조아려[화남(和南)] 공경히 예를 올리나이다."[173]에서 '화남'을 볼 수 있으며, 똑같은 문구가 한 번 더 나타난다. 그러나 『속고승전』에는 화남이 나타나지 않는다.

'화남'은 본래 『십송율』에서도 설명되고 있다. "부처님께서 우바리를 향하여 화남자(和南者)라 칭하면서 이는 입으로 내는 소리이며 몸을 구부리는 것이니 이름하여 청정한 마음이니라"[174]에서 유래하듯이 '곡신(曲身)'을 인용하여 '계수'로 사용했던 것이다.

3) '장궤(長跪)'와 '호궤(胡跪)' 및 '굴슬(屈膝)'

'장궤(長跪)'는 무릎을 꿇고 오랫동안 자세를 유지하고 있는 것을 말한다. 「역경」편 안세고 조에서는 안세고가 공정호를 다스리는 신령을 제도하는 이야기에서 '장궤'라는 용례가 나타난다. "안세고가 떠나간 후에 신령은 바로 수명이 다하였다. 저녁 무렵에 한 소년이 배 위에

---

172 「의해」편, 석혜원 조(대정장 50, p.359하) "什答書曰, 鳩摩羅耆婆和南."
173 「서록」(대정장 50, p.422중) "弟子孤子曼穎, 頓首和南."
174 『십송율』(대정장 23, p.280상) "佛語優波離, 稱和南者, 是口語, 若曲身者, 是名心淨."

올랐다. 안세고 앞에서 길게 무릎을 꿇고 그에게서 주원(呪願)을 받고
는 문득 사라졌다. 안세고는 뱃사람들에게 말하였다. '방금 전에 있던
소년이 바로 공정호 사당의 신령인데 흉한 모습에서 벗어났구려'"[175]
와 같이 무릎을 꿇고 있는 시간이 길어지는 것을 일컫고 있다.

또 다른 '장궤'는 구마라집 조에서도 발견된다. "서역의 여러 나라들
이 모두 구마라집의 신통함과 빼어남에 엎드려 복종했다. 매년 강설할
때에는 왕들이 법좌 옆에 꿇어 엎드렸다[장궤(長跪)]. 구마라집으로 하
여금 그 위를 밟고 오르게 하니 그를 소중히 대우함이 이와 같았
다."[176]라는 부분에도 장궤가 보인다.

경전에서 '장궤'는 후한 지루가참 번역『반주삼매경』첫 부분에 "부
처님을 향해 장궤 차수하고서"[177]의 부분이 나타나며, 유송(劉宋) 강량
야사 번역『관무량수경』「중품상생자」의 수행부분에서도 볼 수 있다.
"연화대에서 부처님을 우러러 장궤합장하고 있는 자신의 몸을 보게 된
다."[178]는 부분에 나타난다.

(1) '호궤(胡跪)'

'호궤'의 용례는『고승전』「신이」편 기역 조에서 한 번 검출된다.
"진(晉)의 혜제(惠帝, 290~306) 말기에 낙양에 이르니 모든 도인들이 절
을 하였다. 기역은 편안히 꿇어앉아[호궤(胡跪)] 얼굴빛에 흔들림이 없
었다. 때로는 혹 사람들에게 전생의 몸이 다시 태어나게 된 것을 알려

---

175 「역경」편, 안세고 조(대정장 50, p.323하) "高去後, 神卽命過. 暮有一少年, 上船長跪
高前, 受其咒願."
176 「역경」편, 구마라집 조(대정장 50, p.331중) "西域諸國, 咸伏什神俊. 每年講說, 諸
王皆長跪座側, 令什踐而登焉."
177 『반주삼매경』(대정장 13, p.898상) "坐起整衣服, 長跪叉手白佛."
178 『관무량수경』(대정장 12, p.345중) "自見己身坐蓮花臺, 長跪合掌爲佛作禮."

주기도 하였다."179에서 보듯이 기역은 매우 일찍 중국에 들어와 전법했던 것으로 보인다. 당시 선경류 중 후한 축대력과 강맹상이 번역한 『수행본기경』에는 "목건련이 자리에서 일어나 복장을 단정히 하고 부처님을 향해 아뢰되"180에서 보이며, 호궤는 구마라집 등 번역인 『선비요법경』에서 "이때 아난이 자리에서 일어나 옷을 고쳐입고 오른쪽 어깨를 드러내고 부처님 주위를 세 번 돌고 호궤합장하고서 부처님께 아뢰었다."181에서 '호궤합장'을 볼 수 있다.

『고승전』 이후 편찬인 『속고승전』에는 '장궤' 용어가 보이지 않으며, '궤'와 '호궤' 혹은 '호궤(胡跪)'로 나타난다. 「역경」편 현장 조에는 "무릎 꿇고 정성스럽게 합장하는 것이 다음날 새벽까지 이어졌다."182의 '호궤(胡跪)'를 볼 수 있으며 석혜진 조에는 "새벽 식사를 끝내고 향로를 들고서 노사나불 주위를 세 번 돌고서 부처님 앞에서 정념한 후 무릎 꿇고 있었다. 대중이 가득 찼으나 그가 세상을 떠난 줄 몰랐다."183에서 볼 수 있듯이 무릎을 꿇은 상태에서 입적한 경우를 보이고 있다. 그러나 선종의 공안집인 송의 『경덕전등록』에는 '장궤'가 보이지 않으며 '호궤(胡跪)'만 두 번 보일 뿐이다. 여타 승전류에서 드물게 나타난다.

---

179 「신이」편, 기역 조(대정장 50, p.388상) "晉惠之末, 至于洛陽, 諸道人悉爲作禮. 域胡跪晏然, 不動容色. 時或告人以前身所更."

180 『수행본기경』(대정장 15, p.461중) "目揵連, 卽從座起, 前整衣服, 長跪叉手, 白佛言."

181 『선비요법경』(대정장 15, p.243상) "爾時阿難, 卽從坐起, 整衣服, 偏袒右肩, 爲佛作禮, 繞佛三匝, 胡跪合掌, 白佛言."

182 『속고승전』「역경」편, 현장 조(대정장 50, p.451상) "合掌虔跪乃至明晨."

183 「홍복」편(대정장 50, p.698중) "早食訖手執香爐, 繞盧舍邢三匝, 還於佛前胡跪正念. 大衆滿堂, 不覺已逝."

(2) '굴슬(屈膝)'

'굴슬'의 용례는 『고승전』에서 모두 4번 검출된다. 석승원 조에는 혜원의 사문불경왕자(沙門不敬王者) 전통을 잇는 과정에서 '굴슬'이 나타난다. 효경왕이 초청하였을 때 관리가 비판하는 글에서 "목련조차 어른을 만나면 예를 올리는데, 어찌 사문은 사부대중에게 무릎 꿇고 있어 양친에게 절을 생략합니까"[184]의 부분에서 '굴슬'을 사용한다.

지담란 조에도 '굴슬'이 보인다. 담란이 적성산에 와서 거기에 살던 산신 주기왕을 다른 산으로 보냈다. 담란의 교화와 인품을 들은 주기왕이 다시 권속들과 함께 담란에게 와서 계를 받는 과정에서 '굴슬'이 보인다.[185] 「명률」편의 석승은은 계를 지키고 도가 높아 그 지방의 관리와 왕이 찾아와 뵙고 무릎을 꿇었다는 부분에서 '굴슬'을 사용하고 있다.[186]

그러나 『잡아함경』에 사용된 '굴슬'은 '무릎을 꿇는다'라는 행위와 달리 사용되고 있다. '굴슬누족(屈膝累足)'이라 하여 누웠을 때 자연스럽게 두 무릎을 포개어 구부리는 것을 일컫는다. 이러한 장면은 『잡아함경』에 석존의 행위에서 나타난다. 다음의 인용에서 확인할 수 있다.

> 세존께서는 울다라승을 네 겹으로 접어 옆구리 밑에 깔고 승가리를 접어 머리 밑에 베고 오른쪽으로 누워 무릎을 오그리고, 발을 포개고, 밝은 모양에 생각을 두고 언제고 일어날 생각을 가지시고 사색에 잠기셨다.[187]

---

184 「의해」편, 석승원 조(대정장 50, p.378상) "目連桑門遇長則禮, 寧有屈膝四輩而間禮二親?"

185 「습선」편, 지담란 조(대정장 50, p.396하) "見蘭恬然自得, 乃屈膝禮拜云, 珠欺王是家舅."

186 「명률」편, 석승은 조(대정장 50, p.401중) "後刺史巴陵王休若及建平王景素, 皆稅駕禪房屈膝恭禮, 後臥疾少."

이처럼 오른쪽으로 누워 사색에 잠기는 모습을 잘 표현하고 있다. 이와 같은 모습은 『잡아함경』 제275경에서도 똑같이 나타난다. 난타 또한 오른쪽으로 누워 다리를 포개고 사색에 잠긴 모습은 석존의 모습과 같다. "한밤중에는 방 밖에서 발을 씻고 방안에 들어가 오른쪽으로 누워 무릎을 굽히고 발을 포개고[굴슬루족(屈膝累足)], 밝은 생각에 집중하여 깨어 일어날 생각을 가진다. 새벽에는 천천히 깨고 천천히 일어나 경행하고 좌선하나니"[188]라는 문구에서 보듯이 선업의 모습을 그대로 담고 있다.

그러나 선경류나 삼매경류에서는 '굴슬'을 찾아보기 어렵다. 우슬착지(右膝著地) 용어가 여러 번 출현하는 것과 비교된다. 『월등삼매경』 2권에는 "손타라난타와 발난타 덕차가 용왕과 흑구담은 권속들과 함께 부처님께 나아가 무릎 꿇고[굴슬(屈膝)] 선서(善逝)께 예배하였네"[189] 의 게송 부분에서 검출될 뿐이다.

『대지도론』에서는 한 번밖에 나타나지 않는다. "예에는 세 가지가 있는데 말하는 예, 무릎 꿇는 것[굴슬(屈膝)], 머리를 땅에 대고 절하는 것"[190]의 열거에서 '굴슬'이 보인다. 『고승전』 이후의 전적인 『속고승전』에 굴슬이 나타난다. 석법언 조에는 "고마움을 느낀 황소는 스스로 탑 앞으로 다가와 다리로 무릎을 꿇고[굴슬(屈膝)] 예배를 마친 후 몸을 돌려 문제(文帝)를 향해 예를 표하였다."[191]에서 해당 용어가 나타난다.

---

187 『잡아함경』(대정장 2, p.316중) 世尊四疊鬱多羅僧, 安置髀下, 卷襞僧伽梨, 置於頭下, 右脅而臥, 屈膝累足, 係念明相, 作起想思惟."
188 『잡아함경』(대정장 2, p.73중) 於中夜時, 房外洗足, 入於室中, 右脅而臥, 屈膝累足, 係念明想, 作起覺想, 於後夜時, 徐覺徐起, 經行坐禪."
189 『월등삼매경』(나련제야사 역)(대정장 15, p.561상) "難陀跋難陀, 德叉, 瞿曇, 與眷屬詣佛, 屈膝禮善逝."
190 『대지도론』(대정장 25, p.751상) "禮有三種, 一者口禮, 二者屈膝頭不至地, 三者頭至地, 是爲上禮."
191 『속고승전』「의해」편, 석법언 조(대정장 50, p.505중) "又感黃牛自至塔前, 屈膝前

굴슬(屈膝)은 또 『송고승전』에서도 한 번 검색된다. 「습선」편 석광인 조에는 "그가 세상을 마치고 감실에 들자 이미 흰색 사슴이 영전에 무릎을 꿇었다가[굴슬(屈膝)] 일어났다."[192]에서 볼 수 있다.

'궤(跪)'에서 이미 무릎을 꿇다의 뜻이 있지만 '굴슬'은 무릎을 자연스럽게 꿇게 되는 '궤'를 가리킨다. 이와 함께 경전에 자주 등장하는 '우슬착지(右膝着地)'는 『고승전』 등 여타 승전류에 사용되지 않았다. 『잡아함경』에는 '굴슬'이 두 번 나타났으며, 『중아함경』에는 보이지 않는다. 아함경류에는 주로 '우슬착지(右膝著地)'가 보편적으로 사용된다.

4) '경행(經行)'과 '걸식(乞食)'

'행주좌와' 가운데 첫 번째인 행에 해당하는 '경행'과 '걸식' 두 가지에 대한 『고승전』의 사용을 알아본다.

(1) '경행(經行)'

경행을 사전에서는 조용히 걸음, 천천히 돌아봄, 좌선하다가 피로를 느끼거나 졸음이 올 때 심신을 정돈하기 위하여 산보하는 것을 말한다. 이때 경행처는 옥외의 일정한 장소를 가리켰으나 후대로 오면서 대승원의 큰 방이나 복도가 이에 해당한다.

『고승전』에서 '경행'은 두 번 검색되는데 모두 「흥복」편에 보이고 있다. 혜교 당시는 선종이 성립하기 이전이므로 습선적 절차라기보다는 조용히 걷는 것을 의미한다. 일정한 장소를 둘러보거나 식후 피로

足兩拜而止迴身, 又禮文帝."
192 『송고승전』「습선」편 釋光仁 조(대정장 50, p.785중) "終入龕中, 已有白鹿至靈前, 屈膝而起."

를 느꼈을 때, 그리고 좌선하다가 졸음을 느꼈을 때, 혹은 심신을 정돈하기 위한 산보를 뜻한다.

「홍복」편 승호 조에는 "그 후 석성산(石城山)의 은악사(隱嶽寺)에 거주하였다. 절 북쪽에 푸른 절벽이 있어 곧바로 수십여 길이나 솟았다. 그 중앙에 부처님의 불꽃 광배 같은 모습이 있었다. 그 위로 숲을 이룬 나무들이 있고 굽은 나무줄기가 그늘을 드리웠다. 승호가 경행할 때마다 절벽이 있는 곳에 이르면 곧 빛나는 광명이 보였다. 관악기와 현악기에 맞춰 노래하고 찬양하는 소리가 들려왔다."[193]의 부분에서 보듯이 규칙적으로 산보했음을 가리킨다.

「홍복」편 석법열 조에는 "밤에 불상을 옮길 때 가벼운 구름이 생겨 두루 퍼지더니 가랑비가 촉촉이 적셨다. 승우는 불상이 있는 곳을 경행하면서 날씨를 염두에 두었다. 멀리 불상 언저리에 빛나는 불꽃이 오르락 내리락 하는 것이 보였다. 등불 같고 촛불과도 같았다. 이때 추참(搥懺: 망치 따위를 치며 참회하는 것)하고 예배하는 소리가 들렸다. 문 안에 들어가 자세히 보니 가려진 듯 모두 없어졌다."[194]의 부분에서도 불상 주위를 맴도는 산보와 함께 내리지 않았던 비가 내렸음을 신이적으로 표현하고 있다.

『잡아함경』에는 세존이 열반에 드신 지 얼마 안 되어 녹야원(鹿野苑) 근처에서 일어난 일에서 '경행'이 사용되었다.

---

193 「홍복」편, 석승호 조(대정장 50, p.412상) "後居石城山隱嶽寺. 寺北有靑壁, 直上數十餘丈, 當中央有如佛焰光之形, 上有叢樹曲幹垂陰. 護每經行至壁所, 輒見光明煥炳, 聞絃管歌讚之聲."
194 「홍복」편, 석법열 조(대정장 50, p.413상) "是月不雨頗有埃塵, 及明將遷像, 夜有輕雲遍上, 微雨沾澤, 僧祐經行像所, 係念天氣. 遙見像邊有光焰上下, 如燈如燭. 并聞搥懺禮拜之聲, 入戶詳視撟然俱滅."의 부분 참조.

걸식(乞食)을 마치고 돌아와 가사와 발우(鉢盂)를 거두어두고
발을 씻은 뒤에 자물쇠를 가지고 숲에서 숲으로 방에서 방으로,
경행처(經行處)에서 경행처로 돌아다니면서 모든 비구들에게 청
해 말하였다.[195]

'경행'은 『잡아함경』에 여러 번 나타나고 있으며, 『중아함경』에는
노지경행(露地經行), 수불경행(隨佛經行), 정실경행(靜室經行) 등의 경행
형태를 보여주고 있다. 『법화경』에도 여러 번 등장하는데 "경행림(經
行林)에서 열심히 불도를 구하라"[196]의 용어를 볼 수 있다. 그리고 "앉
거나 경행하거나 항상 사유하라"[197]에서 보듯이 경행 중에 사유할 것
을 설하고 있다.

(2) '걸식(乞食)'

'걸식'의 행은 「역경」편 불타야사 조에 등장한다. 그가 어린 시절 계
빈국(罽賓國)에 있을 때의 일화다. "한 사문이 그의 집에 와 걸식하였
다. 불타야사의 아버지는 성을 내며 사람들을 시켜 사문을 구타하였
다. 갑자기 아버지의 수족이 마비되어 움직일 수 없었다."[198]

한편 불타야사가 훗날 출가하여 경을 외울 때 "한 나한(羅漢)이 그의
총명함과 민첩함을 소중히 여겨 항상 '걸식'하여 불타야사를 공양하였
다."[199]라는 내용이 있다. 그러나 불타야사가 중국에서 '걸식'을 했다

---

195 『잡아함경』(대정장 2, p.66중) "食已, 還攝衣鉢, 洗足已, 持戶鉤, 從林至林, 從房
至房, 從經行處, 至經行處, 處處請諸比丘言."
196 『묘법연화경』(대정장 9, p.3중) "經行林中, 懃求佛道."
197 『묘법연화경』(대정장 9, p.10하) "若坐若經行, 常思惟是事."
198 「역경」편, 불타야사 조(대정장 50, p.333하) "有一沙門, 從其家乞. 其父怒使人打
之, 父遂手脚攣癖, 不能行止."
199 「역경」편, 불타야사 조(대정장 50, p.333하) "有一羅漢重其聰敏, 恒乞食供之."

는 기록은 보이지 않는다. 이에 비해 불타발타라는 여러 나라를 돌아다니면서 교화하는 뜻을 두었다.[200]

　　사대부와 서민들이 다투어 와 예를 올리고 받들어 보시하는 자도 있었다. 그러나 각현 불타발타라는 모두 받지 않았다. 발우를 들고 탁발하면서 귀천을 따지지 않았다.[201]

이와 더불어 불타발타라가 제자인 혜관과 함께 송(宋)의 태위인 원표(袁豹)에게 나아가 걸식하는 내용을 담고 있다. 그 과정에서 불타발타라는 걸식에 대한 원표의 생각을 바꾸게 했다는 것을 대화체로 수록하고 있다.[202]

「역경」편에서 승가라다는 나무 아래에서 좌선하다가 '걸식'했다[203]는 기록과, 우법개는 전통적인 기바(耆婆) 집안에서 태어났고 의술에 능했는데 걸식하는 중에 많은 사람들의 병을 고치기도 하였다.[204] 축법혜는 "걸식할 때마다 승상을 가지고 다녔다."[205]에서 보듯이 '걸식'이 나타난다. 「습선」편 백승광 조에는 그가 석성산에 머물렀을 때 맹수와 산신의 횡포를 물리치는 과정에서 '걸식'과 '선'을 닦았음을 기록한다.[206] 축담유 조 또한 백승광처럼 걸식 과정에서 맹수와 산신을 물리

---

200 「역경」편, 불타발타라 조(대정장 50, p.335중) "賢志在遊化, 居無求安."
201 「역경」편, 불타발타라 조(대정장 50, p.335중) "傾境士庶競來禮事, 其有奉遺悉皆不受, 持缽分衛不問豪賤."
202 「역경」편, 불타발타라 조(대정장 50, p.335중) "賢將弟子慧觀詣豹乞食."의 부분 참조.
203 「역경」편, 승가라다 조(대정장 50, p.344상) "乞食人間, 宴坐林下."
204 「의해」편, 우법개 조(대정장 50, p.350상) "耆婆妙通醫法, 嘗乞食投主人家, 值婦人在草危急."
205 「신이」편, 축법혜 조(대정장 50, p.389상) "每乞食輒齋繩床."
206 「습선」편, 백승광 조(대정장 50, p.395하) "乃入村乞食, 夕復還中經三日, 乃夢見山神, 或作虎形或作蛇身." 부분 참조.

치며 선을 펼친 내용을 수록하고 있다.[207]

　　도법은 항상 음식을 구걸하여 따로 초청하는 일이나 승려들의
음식을 받지 않았다. 걸식해서 얻은 음식은 그 몫을 줄여서 벌레
와 새들에게 보시하였다. 저녁마다 옷을 벗고 알몸으로 앉아서
모기의 먹이가 되었다.[208]

『고승전』을 통해본 '경행'과 '걸식'은 서역에서 입국한 승려들을 중
심으로 이루어졌다. 또한 습선에 매진했던 중국 승려들의 행적에서도
많이 나타난다. 특히 걸식은 당시의 일반 대중들과 직접 접촉한다는
점에서 전법이 이루어졌음을 알 수 있다.

5) '두타행(頭陀行)'과 ' 하좌(夏坐)'

(1) 두타행

'두타'는 빨리어 dhūta이며, 『고승전』에서는 12번 검출되고 있다.
「역경」편 석법현 조에는 두타 제일인 가섭을 뵈었다는 내용을 소개하
고 있다. 그가 구법을 위해 파미르 고원을 넘어 어려움을 무릅쓰고 인
도 땅에 도착하여 영취산으로 향할 때 "법현이 새벽길에서 만난 노인
이 90세 정도로 보이며, 용모와 복장은 누추하고 소박하나 신령스런
기운이 우뚝하고 높았다. 법현이 어떤 젊은 승려에게 그 노인이 누구
냐고 물었고, 그 승려는 부처님의 대제자 두타 가섭임을 확인하고 있
다."[209] 법현 당시 두타행 자체가 매우 신비로웠을 것이라는 추측을

---

207 「습선」편, 축담유 조(대정장 50, p.395하) "後遊江左止剡之石城山, 乞食坐禪, 嘗
行到一行蠱家乞食, 獸咒願竟, 忽有蜈蚣."
208 「습선」편, 석도법 조(대정장 50, p.399중) "常行分衛, 不受別請及僧食. 乞食所得,
常減其分, 以施蟲鳥. 每夕輒脫衣露, 坐以飴蚊虻."

불러 일으킨다.

백시리밀다라는 진(晉) 영가(永嘉, 307~313)년에 중국에 들어왔다. 여타 천축승에 비하면 매우 일찍 입국한 편이다. 그의 두타행은 문화적으로 매우 달랐으며, 신비로움과 함께 당시 사람들이 흠모하고 있다. "백시리밀다라는 항상 석자강(石子岡)의 동쪽에 있으면서 두타를 행하였다. 그리고 삶을 마친 후에는 여기에 묻혔다. 성제(成帝)는 그의 풍모를 그리워하여 탑을 무덤에다 세웠다."[210] 여기서 백시리밀다라는 두타행이 무엇인가에 대해 알려줬을 것으로 보인다. 「의해」편 성진(聖進)의 기록에는 두타행의 과정이 묘사되어 있다.

당시 정림상사에는 사미(沙彌) 성진이 있었다. 본래 환관(宦官: 宮刑을 당한 사람)이었다. 맑은 믿음이 독실하여 마침내 출가하여 간절하게 절조를 지켰다. 어느 날 두타행을 하다가 동산(東山)에 이르러 나무 밑에서 자려하였다. 호랑이가 와서 그의 머리를 쓰다듬었다. 성진이 단정하게 앉아 동요되지 않는 것을 보고, 그에게 무릎을 꿇었다가 떠나갔다. 그 후로도 늘 홀로 걸어가거나 홀로 앉아 있을 때마다, 항상 푸른 말 한 필이 나타나 그의 좌우를 호위하였다.[211]

성진 조에서 보듯이 두타행의 모습을 잘 표현하고 있다. 산야나 나무그늘에 숨어지내면서 수행하였고, 호랑이나 짐승들과 가까이 하게

---

209 「역경」편, 석법현 조(대정장 50, p.338상) "逢一少僧, 顯問曰, 向耆年是誰耶? 答云, 頭陀迦葉大弟子也." 부분 내용 참조.
210 「역경」편, 백시리밀다라 조(대정장 50, p.328상) "密常在石子岡東行頭陀. 旣卒因葬于此, 成帝懷其風爲樹刹塚所."
211 「의해」편, 성진 조(대정장 50, p.382중) "時定林上寺, 復有沙彌聖進. 本閹人, 淸信篤至, 遂出家苦節. 嘗頭陀至東山, 宿于樹下, 有虎來摩其頭. 見進端坐無擾, 跪之而去. 後每獨行獨坐, 常見青馬一匹, 衛其左右."

되는 내용을 다루고 있으며, 또한 신비로운 모습으로 중국인들에게 다가간 모습들을 볼 수 있다.

「망신」편 석법우 조에서 석법우는 그의 스승인 혜시를 따라 출가했다고 한다. 스승인 "혜시(慧始)는 행실이 바로 서고 고행을 정밀히 하여 '두타행'을 닦은 이였다."[212]라고 소개하고 있는데 여기서 두타행 수행자의 성격을 보여준다.

『고승전』은 촌락과 떨어져 멀리 산속에 자리잡고 수행하는 두타행에 대하여 여러 번 소개하고 있다. 「신이」편 석담시 조에서는 "담시는 산속 못가에 깊이 은둔하여 두타행을 닦았다."[213]고 하여 산속의 연못가에 거주했음을 기록하고 있다. 「습선」편의 석승주는 두타행을 하되 거의 알려지지 않았다고 한다. "승주는 어디 사람인지 모른다. 그는 성품이 고결하고 굳세며 기이한 뜻과 절개가 있었다. 빛을 숨기고 자취를 감추어 아무도 알 수 있는 사람이 없었다. 항상 숭고산(嵩高山)에서 두타행과 좌선을 하였다."[214]

『고승전』은 산속에서 두타행을 하며 푸성귀로 연명하는 모습 또한 알려주고 있다. 「홍복」편 석혜력 조에는 "항상 걸식하며 푸성귀를 먹고, 고행을 하며 두타행으로 복을 닦았다."[215]고 기록한다. 특히 「습선」편 석승현 조에는 푸성귀로 식사하는 과정은 물론 그가 인간 세계 밖에서 두타행을 행했다고 기록한다.

---

212 「망신」편, 석법우 조(대정장 50, p.404하) "慧始立行精苦, 修頭陀之業."
213 「신이」편, 석담시 조(대정장 50, p.392중) "山澤修頭陀之行."
214 「습선」편, 석승주 조(대정장 50, p.398중) "釋僧周, 不知何人. 性高烈有奇志操, 而韜光晦跡, 人莫能知. 常在嵩高山, 頭陀坐禪."
215 「홍복」편, 석혜력 조(대정장 50, p.410상) "乞食蔬苦, 頭陀修福."

승현의 성은 부(傅)씨이며, 북쪽 나라 사람이다. 그는 올곧은
고행으로 계율과 절조를 훌륭히 지켰다. 푸성귀만을 먹으면서 경
을 외우고 선(禪)을 일삼아 힘썼다. 항상 산림에 혼자 거처하였
다. 그리고 인간 세계 밖에서 두타행을 닦았다. 혹 때로는 며칠씩
선정에 들었어도 또한 주린 기색이 없었다.[216]

승현처럼 비슷한 경우는 「습선」편 석법오 조에도 나타난다. "법오
는 멥쌀을 먹지 않고 항상 보리밥으로 하루에 한 끼만 먹을 따름이었
다. 『대품경』, 『소품경』, 『법화경』을 외웠다. 항상 육시예불을 수행하
였다. 산과 못, 산림에서 두타행을 할 때에는 호랑이와 외뿔소도 피하
지 않았다. 때로는 나무 밑에서 좌선하면서, 혹 하루가 지나도록 일어
나지 않기도 하였다."[217]라고 하여 두타행과 함께하는 행위들에 대한
내용을 알려주고 있다.

「습선」편 석법서 역시 경을 읽으면서 두타행에 매진했다. "법서의
성은 혼(混)씨이며 고창(高昌) 사람이다. 덕스런 행실이 맑고 부지런하
였다. 푸성귀를 먹으면서 선을 닦았다. 후에 촉(蜀)에 들어가 유사총(劉
師塚) 사이에 있는 산골짜기에서 두타행을 하였다. 호랑이와 외뿔소도
그를 해치지 않았다. 『법화경』, 『유마경』, 『금광명경』을 외웠다. 항상
석실 안에 거처하면서 선을 닦기도 하다가 독송하기도 하였다."[218]
어려서부터 두타행을 일삼은 승려들도 소개하고 있다. 「신이」편의

---

216 「습선」편, 축승현 조(대정장 50, p.395중) "竺僧顯, 本姓傅氏, 北地人. 貞苦善戒
節, 蔬食誦經, 業禪爲務, 常獨處山林, 頭陀人外. 或時數日入禪, 亦無飢色."
217 「습선」편, 석법오 조(대정장 50, p.399하) "晤不食粳米, 常資麥飯, 日一食而已. 誦
大小品·法華, 常六時行道. 頭陀山澤, 不避虎兕. 有時在樹下坐禪, 或經日不起."
218 「습선」편, 석법서 조(대정장 50, p.396하) "釋法緖, 姓混, 高昌人. 德行淸謹, 蔬食
修禪. 後入蜀於劉師塚間頭陀山谷, 虎兕不傷. 誦法華·維摩·金光明, 常處石室
中, 且禪且誦."

가라갈은 "어려서 출가하여 200만 글자의 경전을 외웠다. 성품이 텅비어 그윽하고 계율과 절조를 지켰다. 거동이 착하고 용모가 수려하였다. 두타행을 많이 하여 홀로 산과 들에서 잠잤다."[219]에서 두타행이 보이고 있다.

『망신』편의 석법광은 어려서부터 두타행에 임했다고 소개한다. "어려서부터 믿음이 있었다. 그러나 나이가 29살에 이르러서야 비로소 출가하여 고행으로 두타행을 하며 솜옷을 입지 않았다. 오곡을 끊고 오직 솔잎만을 먹었다. 그 후 맹세하여 몸을 불사르기에 뜻을 두었다. 곧 송진을 복용하고 기름을 마시면서 반년을 보냈다."[220]

살펴본 바와 같이 두타행은 습선승들에게 많이 나타나지만 역경승이나 의해승, 그리고 망신을 행한 승려들이 수행한 것으로 소개되고 있다. 두타행 중에 산속이나 연못가가 장소이며 나무그늘이나 조용한 곳에서 선정에 드는 장면을 표현한다. 또한 경을 읽거나 외웠으며 육시예불을 수행한 사례도 보여준다. 또한 망신을 위한 준비과정으로 두타행을 했음이 나타난다. 더불어 '두타행'은 여러 가지 신이를 동반하는 예도 보여주고 있다.

(2) 하좌(夏坐)

'하좌'는 『고승전』에 여러 번 등장한다. 하안거(夏安居)로서 혜교 당시 안거가 실시되고 있었음을 말해준다. "남제의 황태자는 4월 15일부터 7월 15일까지 석 달 동안 현포원에서 승려의 안거를 마련하였으며, 북위의 효문제는 수백 명씩 정원을 정하여 하안거를 하도록 하

---

219 「신이」편, 가라갈 조(대정장 50, p.389상) "少出家, 誦經二百萬言. 性虛玄守戒節, 善擧厝美容色, 多行頭陀, 獨宿山野."

220 「망신」편, 석법광 조(대정장 50, p.405하) "少而有信, 至二十九方出家. 苦行頭陀, 不服綿纊. 絶五穀唯餌松葉, 後誓志燒身, 乃服松膏及飮油, 經于半年."

였다."221

『고승전』에서 밝히고 있는 '하좌'는 원가 연간(424~452)에 활동했던 구나발마의 기록에 보인다. "그 해 여름 정림하사(定林下寺)에서 안거를 하였다."222는 부분에서 '안거(安居)'가 검색된다. '안거'는 『고승전』에서 한 번 발견된다.

안거와 같은 의미인 '하좌'는 비마라차 조에서 "그 후 남쪽 강릉(江陵)으로 가서 신사(辛寺)에서 하좌를 지내면서 『십송률』을 개강하였다. 비마라차는 이미 중국말을 할 수 있기 때문에 서로 잘 이해하고 받아들일 수 있었다."223는 대목처럼 안거를 하좌로 표현하였다.

석법현 조에는 "매번 하좌를 마칠 무렵이면 문득 용은 한 마리 작은 뱀으로 변하였다."224라고 하여 안거 기간의 신이를 알려주며, 석담무갈 조에는 "이 석류사에서 머물며 석 달 동안 하안거를 하였다."225고 하여 3개월간의 안거 기간을 말해준다. 석법승 조에는 "하안거 동안 율장을 강의하고 일을 마치자 돌아가겠노라고 하였다."226는 표현처럼 율장 강의가 이루어졌음을 기록하고 있다.

---

221 미찌바다 료오슈 지음; 계환 옮김, 『중국불교사』(서울: 우리출판사, 2007) p.114.
222 「역경」편, 구나발마 조(대정장 50, p.341중) "其年夏在定林下寺安居."
223 「역경」편, 비마라차 조(대정장 50, p.333하) "頃之南適江陵, 於辛寺夏坐, 開講十誦. 旣通漢言, 善相領納."
224 「역경」편, 석법현 조(대정장 50, p.338상) "每至夏坐訖, 龍輒化作一小蛇."
225 「역경」편, 석담무갈 조(대정장 50, p.338하) "門志定爲阿闍梨, 停夏坐三月日."
226 「습선」편, 석법성 조(대정장 50, p.399상) "於涪城, 夏坐講律事竟辭反."

4. 선자(禪者)에 대한 호칭과 수행 공간

승려들의 행장 기록은 생애사를 넘어 문화사의 역할을 한다. 해당 승려가 살았던 시대적 정황이나 불교적 상황은 물론 호칭이나 공간 혹은 의식절차들을 고찰할 수 있다는 점에서 『고승전』을 높게 평가할 수 있다.

『고승전』에 나타난 다양한 용어들을 검색하고 이들을 종합하여 불교교의에 대한 내용은 물론 불교의 실천에 대한 내용도 고찰할 수 있다. 이와 더불어 불교문화적 내용 또한 다수 발견된다. 그 모두가 귀중한 자료들로 연구되어야 할 사항들이다.

본 장에서는 습선자의 입장을 중심으로 다양하게 산재해 있는 불교용어들, 예컨대 당시 습선자에 대한 호칭, 그들의 수행 공간 용어 등에 대해 알아보고자 한다.

1) 습선자(習禪者)에 대한 호칭

(1) 개인의 호칭 및 직위

천축으로부터 불교를 도입하던 시기부터 승려들이 단체 생활을 영위하기 시작하였다. 혜교 이전에 이미 승려들에 대한 호칭이나 단체생활에 필요한 직위의 명칭 등이 다양하게 나타난다. 선사는 물론 현재에도 사용되고 있는 유나, 직전, 별좌 등은 오랜 역사적 전통을 갖고 있음을 알 수 있다.

분석 대상의 용어들을 다음과 같이 분류하였다.

① 개인에 대한 호칭으로서의 '선사(禪師)', '화상(和上)', '사문(沙門)', '법사(法師)', '대사(大師)'와 함께 '비구(比丘)', '비구니(比丘尼)', '승니(僧尼)'.

② 단체생활의 직위로서 '선승(禪僧)', '선장(禪匠)', '유나(維那)', '직전(直殿)', '별좌(別座)'.

③ 단체에 대한 호칭으로서 '선문(禪門)'과 '선림(禪林)'.

먼저 도식을 통해 『고승전』에 나타난 용어의 분과별 통계를 〈표 15〉를 통해서 알아본다.

〈표 15〉 호칭에 대한 분과별 분류

구 분	역경	의해	신이	습선	명률	망신	송경	흥복	경사	창도
사문(沙門)	88	63	23	11	4	3	2	13	1	3
법사(法師)	18	66	3	8	2	4	2		1	
화상(和上)	5	12	14	2						
대사(大師)	3	2	2							
승니(僧尼)	2	9	1	2				2		
비구(比丘)	10	6		1	1	1		1	1	
비구니(比丘尼)	1									
선승(禪僧)				1						
선장(禪匠)	1									
유나(維那)		4					1			1
직전(直殿)		1								
별좌(別座)							1			

『고승전』이 성립할 당시는 선종이 등장하기 이전이므로 '선사'의 의미는 종파라는 차별적 의미를 포함하지 않는다. 따라서 인도에서 도래하여 '선법에 밝은 이'를 뜻한다. 즉, 선경류의 내용에 대한 실천과 해박한 지식을 갖춘 승려들을 의미한다. 담마밀다나 불타발타라 등이 이에 속한다. 이들 대부분은 역경승에 해당한다. '선사' 용어 역시 「역경」편에 대부분 나타난다.

「습선」편에도 '선사' 용어가 나타나며 이는 역경승들의 영향을 받아 중국에서도 '선사'들이 나타나기 시작했음을 보여준다. 『고승전』 본문에서 혜교의 논평과 「서록」을 제외한 부분을 조사한 결과 '선사' 용어는 모두 21회 검출되었다. 분과별 '선사'의 출현은 다음과 같다.

〈표 16〉 '선사' 용어의 출현 횟수 통계

분 과	①「역경」	②「의해」	③「신이」	④「습선」	⑤「명률」
'선사(禪師)' 출현 횟수	13회	2회	1회	3회	1회
분 과	⑥「망신」	⑦「송경」	⑧「흥복」	⑨「경사」	⑩「창도」
'선사(禪師)' 출현 횟수	0회	0회	1회	0회	0회

〈표 16〉의 비교와 같이 「역경」편에 나타난 '선사'의 숫자가 압도적으로 많음을 알 수 있다. 이는 역경승들이 번역활동에 국한하지 않고 선법을 동시에 펼쳤음을 보여준다.

혜교는 역경승 구나발타라 조에서 계빈국의 '대선사' 불대선으로부터 가수업을 받았다고 기록한다.[227] 불타발타라와 담마밀다를 '선사'로 호칭하는 데 주저하지 않고 있다. 특히 대중들이 담마밀다를 가리켜 '대선사'라 불렀으며, 그는 두 눈썹이 붙었으므로 연미(連眉)선사라는 별명을 붙이기도 하였다.[228] 이때 대선사는 지위를 가리키기보다 존경의 표시로 볼 수 있다.

'화상(和上)'이라는 칭호는 『고승전』에서 모두 33회 검출된다. 그러나 일반적으로 사용되는 '화상(和尙)'은 등장하지 않는다. 당 시기에 편찬된 도선의 『속고승전』에도 '화상(和上)'이 33회 나타나며, '화상(和尙)'이라는 호칭은 한 번 등장한다. 그러나 당(唐)의 도세(道世)가 편찬한 『법원주림』에서는 오히려 '화상(和尙)'은 65회 나타나며 '화상(和上)' 용어는 19번 찾아볼 수 있다. 즉, 당대 이전에는 '화상(和上)'으로 표기했다면 당 이후는 '화상(和尙)'으로 부르는 경우가 많았다. 송 초기에 편찬된 『송고승전』이나 『경덕전등록』에는 '화상(和上)'이 발견되지 않으며, 모두 '화상(和尙)'으로 표기하고 있음을 확인할 수 있다.

'사문(沙門)' 호칭은 『고승전』에서 가장 보편적으로 사용되는 호칭이다. 모두 232번 확인할 수 있을 정도로 많이 검출되며, '선사'나 '화상'보다 월등히 많이 사용되고 있음을 볼 수 있다. 『속고승전』에서 '사문'은 더 많은 숫자인 377번이 사용되는데, 이는 고승에 대한 보편적인 존칭으로 사용되었다는 것을 말해준다.

---

227 「역경」편, 불타발타라 조(대정장 50, p.334하) "少受業於大禪師佛大先, 先時亦在罽賓."

228 「역경」편, 담마밀다 조(대정장 50, p.343상) "或千里諮受四輩, 遠近皆號大禪師焉.";「역경」편, 담마밀다 조(대정장 50, p.342하) "生而連眉, 故世號連眉禪師."

2) 선수행(禪修行) 공간에 대한 용어

(1) '승상(繩床)'과 좌구(坐具)

선당(禪堂)이나 선실보다 실제로 좌선이 이루어지는 공간이나 좌구에 대해 알아본다. 여기에는 '선감(禪龕)', '선굴(禪窟)', '승상(繩床)', '수하(樹下)' 등이 있다. 해당 좌선공간을 통해 당시의 좌선 장소뿐만 아니라 환경을 추정해 볼 수 있다.

축담유 조에 혜개(慧開)와 혜진(慧眞)이 선업에 충실했으며 영비산(靈祕山)에 들어가 장방형의 '선감'을 조성했다는 기록이 보인다.[229]

「습선」편 석현고 조 석혜숭 전에는 '선굴' 용어가 나타난다. "이 날 밤 3경에 문득 광명이 나타났다. 현고가 앞서 혜숭이 머물던 곳의 탑 주위를 세 바퀴 돌고 다시 '선굴' 속으로 들어갔다. 이어 광명 속에서 말하는 소리가 들렸다. '나는 이미 갔다.' 제자들은 비로소 그가 세상을 떠난 것을 알았다."[230]라는 부분에서 당시 혜숭이 '선굴'에서 좌선했음을 밝히고 있다. 새끼를 꼬아 만든 '승상'에서 좌선했다는 이야기가 『고승전』에 7번 검출된다.

축불도징과 관련된 내용 중에 '승상'이 보인다. 그는 진(晉)의 회제(懷帝) 영가 4년(310) 중국에 들어와 낙양(洛陽)으로 갔다고 한다. "승상에 앉아 안식향을 사루고 주문을 외웠다."[231]는 대목에서 승상을 발견할 수 있다.

「신이」편의 축법혜 조에도 승상이 등장한다. 승상을 가지고 다녔다

---

229 「습선」편, 축담유 조(대정장 50, p.396중) "慧開慧眞等, 亦善禪業入餘姚靈祕山, 各造方丈禪龕."

230 「습선」편, 석현고(혜숭) 조(대정장 50, p.398상) "是夜三更, 忽見光繞, 高先所住處 塔三匝, 還入禪窟中. 因聞光中有聲云, 吾已逝矣, 諸弟子方知已化."

231 「신이」편, 축불도징 조(대정장 50, p.384상) "坐繩床燒安息香, 咒願數百言."

는 기록으로 보아 휴대용으로 보이는데, 그는 진(晉) 강제(康帝)의 건원(建元) 원년(343)에 양양(襄陽)에 이르렀다고 기록한 것으로 비교적 일찍 중국에 온 천축 승려다. 『고승전』에는 다음과 같이 기록하고 있다.

> 걸식할 때마다 새끼로 맨 걸상을 갖고 다니면서, 마음 가는 대로 한적하고 넓은 길에서 이를 펼치고 앉았다. 때로 혹 비를 만나면 기름을 먹인 배자[유피(油帔)]로 자신을 덮었다. 비가 그치면 오직 새끼로 맨 걸상만이 보이고 법혜가 있는 곳은 알 수 없었다. 묻고 찾는 와중에 법혜는 이미 승상에 앉아 있었다.[232]

석승주는 습선인으로서 항상 숭고산에서 두타행과 좌선을 행했다고 기록하고 있다. 그는 입적할 시간을 미리 예고하였으며, "그 날 저녁 그가 앉았던 승상에 불길이 솟아올랐다. 그 불은 사흘간 이어졌다."[233] 「습선」편 석도법 조에도 '승상' 용어가 출현한다. 그는 원휘(元徽) 2년(474) "선정에 든 상태에서 돌아가셨다. 새끼로 맨 걸상에 편안하게 앉아 있었으며 기뻐하는 모습이 평소보다 더하였다."[234]

구나발마는 선찰 조성뿐만 아니라 습선을 한 역경승이다. 좌선 공간인 '승상' 또한 그의 기록에 나타난다. 그가 입적하자 "승상에 앉혔는데 얼굴 모습이 입정에 든 모습과 다르지 않았다."[235]는 내용에서 그가 선사며 고승이었음을 표현하고 있다.

'승상'에서 좌선하는 모습을 보다 명확히 표현한 곳은 「역경」편 석

---

232 「신이」편, 축법혜 조(대정장 50, p.389상) 每乞食輒齎繩床, 自隨於閑曠之路, 則施之而坐. 時或遇雨, 以油帔自覆. 雨止唯見繩床, 不知慧所在. 訊問未息, 慧已在床."
233 「습선」편, 석승주 조(대정장 50, p.398중) "周後將殂, 告弟子曰, 吾將去矣. 其夕見火從繩床後出燒身." 부분 참조.
234 「습선」편, 석도법 조(대정장 50, p.399중) "於定中滅度, 平坐繩床貌悅恒日."
235 「역경」편, 구나발마 조(대정장 50, p.341중) "扶坐繩床, 顏貌不異, 似若入定."

지엄 조이다. 동진(東晉)의 황회는 무제를 호위하여 지엄이 주석하고 있는 정사를 방문하였다. 이때 "세 사람의 승려가 승상에 고요히 앉아 선사(禪思)하는 것을 목격했다."는 내용이 수록되어 있다. "왕회가 가까이 다가가 한참 동안 있어도 그들은 요동하지 않았다. 이에 손가락을 튕기자 세 사람이 눈을 떴다. 그러나 잠시 후 도로 눈을 감아버렸으며, 물어도 대답하지 않았다."[236] 이를 통해 '승상'에서 좌선하는 모습을 잘 그려볼 수 있다. 한편 '승상'을 '선상(禪床)'으로 표현하기도 하지만 혜교의 『고승전』에는 '선상'이 등장하지 않으며, 다만 『속고승전』「습선」편에는 석지조가 '선상'에서 안좌한 채로 입적한 모습을 나타내고 있다.[237] 석도왕 조 「의해」편 석혜약 조에도 '선상'[238] 용어를 찾을 수 있다.

『고승전』에는 '승상' 용어가 7번 나타나며, 『속고승전』에는 32번 검출되고 전체 10과에 고르게 나타난다. 습선승만 승상을 보유한 것이 아니라 고승들 대부분이 사용한 것으로 보인다. 또한 좌선을 위한 특정한 도구나 장소라기보다 오히려 필수품으로 여겨진다.

'승상'에 바르게 앉아 있는 모습의 표현은 「명률」편 석혜만 조에 보인다.[239] 또한 「습선」편 석승달 조에는 "승상에 단정히 앉아 입으로 『반야경』을 외웠으며, 그 모습은 고르며 조용해 보였다."[240]는 대목이 보인다. 또 석도정 조에는 "마을에서 걸식 했으며 여가에 항상 좌선 사유하였으며 승상에서 생각을 붙들어 매어 두되 아래로는 장막을 쳐

---

236 「역경」편, 석지엄 조(대정장 50, p.339중) "三僧各坐繩床, 禪思湛然. 恢至良久不覺, 於是彈指. 三人開眼, 俄而還閉, 問不與言."
237 『속고승전』「습선」편, 석지조 조(대정장 50, p.585중) "還就禪床始欲安坐."
238 『속고승전』「의해」편, 석혜약 조(대정장 50, p.469하) "自坐禪床."
239 『속고승전』「명률」편, 석혜만 조(대정장 50, p.618하) "正坐繩床."
240 『속고승전』「습선」편, 석승달 조(대정장 50, p.553중) "端坐繩床, 口誦波若, 形氣調靜."

서 홀로 고요하였다."²⁴¹에서 보듯이 '승상'의 환경을 조용한 상태로 만들고 있다.

더불어 '승상'에서 좌선한 채로 입적하는 모습도 여러 번 보이고 있다. 석혜지 조에는 "가부좌하되 안색을 거두어들이고 세상을 떠났지만 제자는 선정에 들었다고 하였다."²⁴²에서 보듯이 혜지가 죽은 모습이지만 평소 좌선했던 그대로를 표현하고 있다. 석영예 또한 세상을 떠나면서 가부좌한 채로 승상에 앉아있다²⁴³라는 표현이 나타나고 있다.

그렇지만 혜교 이전에 번역된 선경류 혹은 삼매경류에는 '승상' 용어가 드물게 나타난다. 선경류 가운데 주로 구마라집 번역 중에 '승상' 용어가 보인다. 그리고 『아함경』류에도 '승상'이 보이지만 많은 숫자가 나타나지 않는다. 구마라집 등이 공동 번역한 『선비요법경』에 "나무가 흔들리면 수행자는 스스로 승상 아래로 떨어지는 것을 본다."²⁴⁴라는 부분에서 등장한다. 그리고 구마라집 역 『대지도론』의 한 부분에도 '승상' 용어가 나타난다.²⁴⁵

『잡아함경』에는 세존의 열반 부분에서 '승상' 용어를 사용하고 있다. 세존께서 쌍림에서 열반에 들려고 할 때 아난에게 두 나무 사이에 '승상'을 걸칠 것을 명하였다. 이에 아난이 승상을 설치를 하자 "세존은 쌍수 사이에 놓인 승상에서 북쪽으로 머리를 향하며 오른쪽 옆구리를 아래로 하여 누웠다."²⁴⁶는 부분이다. 이 때 '승상'은 중국에서 가

---

241 『속고승전』「습선」편, 석도정 조(대정장 50, p.558하) "乞食於村, 餘惟常坐, 繫想繩床, 下帳獨靜."
242 『속고승전』「의해」편, 석혜지 조(대정장 50, p.538상) "加坐斂容, 繩床而逝, 弟子謂言入定."
243 『속고승전』「의해」편, 석영예 조(대정장 50, p.540상) "至三更, 據繩床加坐而終."
244 『선비요법경』(대정장 15, p.253하) "此樹動時, 行者自見繩床下地." 부분 참조.
245 『대지도론』(대정장 25, p.181하) "便作方便, 入師繩床下, 兩手捉繩床脚, 其師至時與繩床, 俱入龍宮."의 부분이다.
246 『잡아함경』(대정장 2, p.254상) "世尊詣雙樹間, 於繩床上, 北首右脅而臥."

리키는 좌선 자리 혹은 도구라기보다 누울 수 있는 곳, 혹은 쉴 수 있는 공간을 의미한다. '승상'은 인도의 '니사단(尼師壇)'으로부터 번역된 것으로 본다. '니사단'이란 '니사단나(尼師壇那)', '니사단나(尼師但那)'라 하여 '좌구(坐具)' 혹은 '좌와(坐臥)'를 말한다. 『잡아함경』에는 "사리불이 새벽에 사위성에서 걸식을 끝내고 다시 정사로 돌아와 의발을 걸어두고 발을 씻은 후 니사단을 갖추어 숲속에 들어가 좌선을 했다."[247]는 장면을 묘사하고 있다. 여기서 '좌구'인 니사단이 있었음을 알 수 있다. 『중아함경』에도 '승상'은 거의 나타나지 않으며 '니사단' 용어가 많이 등장한다. "바깥 음지의 선실 승상 위에 니사단을 걸쳐놓고 결가부좌를 하였다."[248]에서 보듯이 '승상'과 '니사단'을 합하여 좌선처(坐禪處)를 만들었음을 나타낸다. 『중아함경』에서는 니사단이 74회나 검출된다.

　『사분율』에는 의발과 바늘통, 그리고 '니사단'을 깨끗하게 유지하기 위하여 교체해야 한다는 규정에서 니사단 용어를 볼 수 있다.[249] 선경류 가운데 『선비요법경』에는 비구가 행해야 할 좌선법의 설명 가운데 '니사단'을 갖추어야 할 것을 규정한다.[250] 동진 불타발타라가 번역한 『관불삼매해경』에는 '니사단'이 여러 번 등장한다. 특히 '부니사단(敷尼師壇)'이라 하여 "좌구를 펼친다."[251]의 의미처럼 접었다가 펴는 형태임을 알 수 있다. 그러나 『고승전』과 『속고승전』에는 니사단 용어가 등

---

247 『잡아함경』(대정장 2, p.57중) "尊者舍利弗, 晨朝着衣持鉢, 入舍衞城乞食. 乞食已, 還精舍, 擧衣鉢, 洗足已, 持尼師檀, 入林中 晝日坐禪."
248 『중아함경』(대정장 1, p.698하) "在露地禪室蔭中, 於繩床上, 敷尼師檀, 結跏趺坐."
249 『사분율』(대정장 22, p.619하) "若得淨衣鉢針筒尼師檀, 應持貿易受持之."
250 『선비요법경』(대정장 15, p.243중) "沙門法者, 應當靜處敷尼師壇, 結跏趺坐, 齊整衣服, 正身端坐, 偏袒右肩, 左手著右手上, 閉目以舌拄齶, 定心令住, 不使分散, 先當繫念著左脚大指上." 부분 참조
251 『관불삼매해경』(대정장 15, p.661하) "敷尼師檀在地而坐."

장하지 않는다. 따라서 혜교와 도선은 '니사단'과 '승상'을 구분한 것으로 보인다.

(2) 구체적 좌선 공간 : 사원(寺院)과 전각(殿閣)

선원(禪苑) 등 추상적인 좌선 장소와 달리 실질적 공간으로서 선찰과 당우들이 있었는지 알아본다. 『고승전』에는 실제로 승려들이 선 수행을 했는지에 대한 내용이 언급되어 있지만, 공간적 생활상이 드러나 있지 않다. 물론 해당 고승이 입적한 이후에 생애사가 성립된 것이 일반적이며, 이 또한 시대 및 지역적 차이로 인해 상세한 내용이 수록되기 어려웠을 것이다. 그럼에도 그들이 선 수행을 위해 기거했던 공간적 자료를 확보함으로써 선 수행이 이루어졌는가에 대한 추론이 가능하다.

우선 사찰명을 통해 선을 추구했음을 알 수 있다. 『고승전』에 수록된 많은 사찰 중 적극적으로 선 수행 공간임을 나타내고자 했던 선찰명이 드러나는데, 수행 공간임을 드러낸 사찰을 보면 정림사(定林寺), 정관사(正觀寺), 한거사(閑居寺), 선각사(禪閣寺) 등 이 대표적인 선찰로 드러난다. 사찰명을 통해 해당 공간이 선과 직접 혹은 간접적으로 관련이 있음을 유추할 수 있다.

<표 17> 『고승전』 선찰에 대한 승전류 비교

구 분	사찰명의 선찰(禪刹) 표방
『고승전』519	건업의 종산(鍾山) 정림하사(定林下寺) 및 정림상사(定林上寺) 건업의 회수(淮水) 정관사(正觀寺) 여산의 선각사(禪閣寺) 「서록(序錄)」 고소의 한거사(閑居寺)
『낙양가람기』547	대각사(大覺寺), 선림사(禪林寺), 율선사(栗禪寺)
『속고승전』645	선중사(禪衆寺), 선정사(禪定寺), 정림사(定林寺), 지관사(止觀寺), 정중사(靜衆寺), 정각사(靜覺寺), 소림사(少林寺), 대각사(大覺寺), 수정사(修定寺), 공관사(空觀寺), 수덕사(修德寺), 각관사(覺觀寺), 진적사(眞寂寺), 선림사(禪林寺), 정림사(靜林寺), 청선사(淸禪寺), 공혜사(空慧寺), 정림사(靜林寺), 선적사(禪寂寺), 정각사(靜覺寺), 진적사(眞寂寺), 사각사(思覺寺), 청선사(淸禪寺), 정관사(正觀寺)

<표 17>과 같이 『고승전』의 선찰 숫자와 양현지(楊衒之)의 『낙양가람기』, 그리고 도선의 『속고승전』의 선찰들의 숫자를 비교할 수 있다. 이는 혜교가 활동하던 당시 경전 번역으로 인한 불교 도입이 활발했던 것에 비하여 선의 실천 공간이나 습선인들이 상대적으로 적을 수밖에 없던 구조임을 알 수 있다. 그러나 『속고승전』을 지은 도선이 활동했던 당(唐) 시기에 표기된 선찰명의 숫자를 통해 선 실천에 대한 관심도가 높아졌음을 알 수 있다.

사명이 선찰임을 드러낸 사찰 가운데 정림사에 대한 기록이 여러 번 보인다. 선을 위한 전각의 이름들이 나타나고 있는데 '선각(禪閣)'이나 '선방(禪房)' 등의 이름을 통해 선이 활성화되기 시작했고, 선을 위한 별실이 존재하고 있음을 나타낸 부분은 「역경」편의 구나발마 조다. 그는 원가 8년(431) 서울인 건업(建鄴)에 들어왔다는 기록이 있

으며, 별실에서 선을 행해서 여러 날 나오지 않았다는 내용을 기록하고 있다.[252] 특히, 호시산(虎市山)이 인도의 기사굴산과 모습이 같다고 하여 영취산으로 이름을 바꾼 후 구나발마는 절의 바깥에 별도로 '선실'을 지었다. 그 선실은 절에서 몇 리 쯤 떨어졌으므로 경쇠 소리가 들리지 않았다고 하여 거리 또한 짐작할 수 있다.[253] 구나발마 당시 선을 위한 당우(堂宇)가 별도로 마련되기 시작했음을 알 수 있다.

담마밀다(曇摩蜜多)는 계빈국 출신으로 선법에 뛰어났다고 기록되어 있다. 구나발마와 비슷한 시기에 같은 지역에서 활동했다. 담마밀다는 사천지역에서 선법으로 교화활동을 했고 구자국을 거쳐 중국에 들어왔다. 이미 돈황에서 정사(精舍)를 짓고 문도들에게 선을 가르쳤으며, 다시 촉(蜀)으로 이동하여(424) 형주의 장사사(長沙寺)에서는 '선각'을 조성하였다.[254] 그는 원가 10년(433) 비로소 건업의 종산 정림사(定林寺)에 왔고 정림사는 사명 자체가 습선 도량임을 나타내고 있다. 『고승전』은 담마밀다가 2년 후인 원가 12년 정림사 위쪽에 상사(上寺), 즉 정림상사(定林上寺)를 짓는 과정을 동시에 기록하고 있다.[255]

그는 역경승으로서 기원사(祇洹寺)에서 『선경』, 『선법요』, 『보현관』, 『허공장관』 등 선장(禪藏)들을 번역하였으며 제자들을 길렀다.[256] 특히 신족제자(神足弟子)로서 달선사(達禪師)를 배출했다는 부분과 함께 석승심이 담마밀다로부터 선을 배웠다[257]는 부분에서 선종의 사자상승에

---

252 「역경」편, 구나발마 조(대정장 50, p.340하) "跋摩嘗於別室入禪, 累日不出, 寺僧遣沙彌往候之."

253 「역경」편, 구나발마 조(대정장 50, p.340하) "始興有虎市山, 儀形聳孤峰嶺高絶, 跋摩謂其彷彿耆闍, 乃改名靈鷲, 於山寺之外, 別立禪室. 室去寺數里, 磬音不聞."

254 「역경」편, 담마밀다 조(대정장 50, p.342하) 宋元嘉元年, 展轉至蜀, 俄而出峽止荊州, 於長沙寺, 造立禪閣."

255 「역경」편, 담마밀다 조(대정장 50, p.343상) "元嘉十二年, 斬石刊木營建上寺, 士庶欽風獻奉稠疊."

256 「역경」편, 담마밀다 조(대정장 50, p.343상).

대한 기원을 추정할 수 있다. 정림사는『고승전』에 이어『속고승전』에도 여러 번 나타난다. 이로써 담마밀다가 활동하던 시기에 선찰로 거듭났음을 보여주고 있다. '선방'을 비롯하여 당우(堂宇)들이 밀집해 있었다는 기록과 함께 그 곳에서 마음을 가라앉히는 대중들이 마을에서 몰려들었다는 기록으로 알 수 있다.[258]

'선당' 용어는 축법의 조에 보인다. 법의의 제자인 담상이 신정정사(新亭精舍)를 지었다. 송(宋)의 효 무제(孝 武帝, 454~465)가 그 곳을 임시 궁전으로 삼았다가 제왕의 자리에 올랐다. 다시 돌아와 '선당'에 행차하였으며, 중흥사(中興寺)로 고쳤다가 다시 천안사(天安寺)로 바뀐 경위를 기록하고 있다.[259] 이때 '선당'이 보이는데 당시 습선을 위해 별실로 당우를 마련했음을 말해준다.

'선각' 또한 선을 위한 별당임을 가리킨다. 담마밀다 조에는 원가 원년 그가 형주 장사사(長沙寺)에 선각을 건립했음을 밝히고 있다.[260] 그 이전에 담마밀다는 선업을 널리 펼쳤고 그의 문도들이 다수였으며, 선을 위한 당우 마련을 요구했음을 추정할 수 있다.[261]

'선방'은 아나마저(阿那摩低) 조에서도 보인다. 그는 "송(宋)나라 효건(孝建) 연중(454~456)에 서울에 와서 와관사의 선방[와관선방(瓦官禪房)]에 머물렀다. 항시 절 안에 있는 나무 아래에서 좌선을 하였다."[262]는 부

---

257 「습선」편, 석승심 조(대정장 50, p.399하) "聞曇摩蜜多道王京邑, 乃拂衣過江, 止于靈曜寺, 精勤諮受曲盡深奧."

258 「역경」편, 담마밀다 조(대정장 50, p.343상) "禪房殿宇, 鬱爾層構, 於是, 息心之衆, 萬里來集."

259 「의해」편, 축법의 조(대정장 50, p.351상) "義弟子曇爽, 於墓所立寺, 因名新亭精舍. 後宋孝武南下伐凶, 鑾旆至止式宮此寺, 及登禪復幸禪堂, 因爲開拓, 改曰中興. 故元嘉末童謠云, 錢唐出天子, 乃禪堂之謂. 故中興禪房猶有龍飛殿焉, 今之天安是也." 부분 참조.

260 「역경」편, 담마밀다 조(대정장 50, p.342하) "止荊州, 於長沙寺, 造立禪閣."

261 「역경」편, 담마밀다 조(대정장 50, p.342하) "涼州, 仍於公府舊事更葺堂宇, 學徒濟濟禪業甚盛." 부분 참조.

분에서 와관사의 선방을 가리킨다. 당시에도 와관사는 선찰이었음을 알 수 있다. 혜중 역시 와관사의 '선방'에 머물다가 입적했다[263]는 기록에서 와관사는 전통적인 선찰이었음을 말해준다.

이와 달리 담마밀다에게 선법을 배운 석승심은 습선인으로 분류하고 있다. 영취사의 혜고(慧高)가 승심으로부터 선업을 전수받았으며, 승심에게 절로 돌아가기를 청하여 따로 그 곳에 선방을 세웠다[264]는 기록에서 별실을 확인할 수 있으며, 도온 조에는 선방의 크기를 짐작할 수 있는 내용이 보이고 있다. 대명(大明) 4년(460) 노소 황태후가 보현보살상을 조성하였다. 이어 중흥사에 재를 마련하여 '선방'에 200명의 승려들을 모셨다[265]는 부분에서 선방의 규모를 알 수 있다. 지칭 조에는 남간사 '선방'에 있는 승종(僧宗)에게 5계를 청하여 받았다[266]는 기록에서 선 수행 공간이 있었음을 알 수 있다.

'선실' 또한 선을 위한 별실이다. 석승원 조에는 "그 뒷산에 숨어살면서 자취를 감춘 손님들과 세간에 오만하여 구름 밖에 사는 선비들이 그의 산문을 찾아와 우러르고 그의 선실에 대해서 공경함을 펼쳐 마지않았다."[267]의 대목이 있다. 황제가 초청해도 응하지 않는 그의 강직한 성품이 선으로부터 비롯되었다. '선실' 용어는 또 단도개 조에도 보인다. 특히 그는 임장(臨漳)의 소덕사(昭德寺)에서 '선실'을 마련하고 있는데, 방 안에 또 다른 좌선처를 만들었다는 점이 이채롭다.

---

262 「역경」편, 아나마저 조(대정장 50, p.345상) "宋孝建中, 來止京師, 瓦官禪房, 恒於寺中樹下坐禪."
263 「창도」편, 혜중 조(대정장 50, p.416하) "後移止瓦官禪房, 永明五年卒."
264 「습선」편, 석승심 조(대정장 50, p.399하) "靈鷲寺慧高, 從之受禪業, 乃請審還寺, 別立禪房."
265 「의해」편, 석도온 조(대정장 50, p.372하) "路昭皇太后, 大明四年十月八日, 造普賢像成. 於中興禪房設齋, 所請凡二百僧."
266 「명률」편, 지칭 조(대정장 50, p.402중) "南澗禪房宗公, 請受五戒."
267 「의해」편, 석승원 조(대정장 50, p.378상) "其後山居逸跡之賓, 傲世陵雲之士, 莫不崇踵山門展敬禪室."

후에 임장(臨漳)의 소덕사로 옮겼다. 그 방 안에 높이 8척 내지 9척 가량의 이중 다락을 만들었다. 그 위에 왕골로 엮어 선실을 만들었다. 광주리 열 섬들이 크기만 하여 항상 그 안에서 좌선하였다.[268]

석혜람 조에는 그의 도덕을 흠모하여 그를 위해 중흥사 내에 따로 '선실'을 마련했다고 기록한다.[269] 또한 석혜명의 각조에도 선실에 대한 내용이 검출된다. "제(齊)의 건원 연간(479~482)에 사문들과 함께 적성산에 올라 석실을 보았다. 담유(曇猷)의 시신이 아직 썩지 않았다. '선실'은 황폐하여 드높은 발자취를 이어가지 않는 것을 보았다. 곧 사람을 고용하여 나무를 자르고 길을 열어 다시 법당과 선실을 세웠다."[270]는 기록에서 인적이 드문 곳에 선실로서 석실을 조성하는 것을 보여준다.

좌선을 위한 실내 별실과 달리 혜원은 동림사에 산수의 아름다움을 그대로 반영했다. 폭포를 만들고 바위에 기단을 세우고 소나무로 집을 지었다. 더불어 혜원은 동림사 내에 '선림(禪林)'을 설치하였다. "절 안에 따로 선림을 설치하였다. 빽빽한 숲에는 아지랑이가 엉키고, 넓적한 바위자리에는 이끼가 꼈다. 보고 밟는 모든 사람들은 다 정신이 맑아지고 기분이 엄숙해졌다."[271]는 표현대로 습선인들이 실내뿐만 아니라 실외에서도 좌선할 수 있는 최적의 조건을 제공했다

---

268 「신이」편, 단도개 조(대정장 50, p.387중) "後徙臨漳昭德寺, 於房內造重閣, 高八九尺許. 於上編菅爲선실, 如十斛籮大, 常坐其中."

269 「습선」편, 석혜람 조(대정장 50, p.399상) "欽慕道德, 爲造禪室於寺."

270 「습선」편, 석혜명 조(대정장 50, p.400중) "齊建元中, 與沙門共登赤城山石室, 見猷公屍骸不朽, 而禪室荒蕪高蹤不繼. 乃雇人開剪. 更立堂室造, 臥佛并猷公像." 부분 참조.

271 「의해」편, 석혜원 조(대정장 50, p.358중) "仍石壘基卽松栽構, 清泉環階白雲滿室. 復於寺內別置禪林, 森樹煙凝石筵苔合."

는 점에서 당시 선 수행에 대한 높은 관심이 드러난다.

(3) 추상적 좌선 공간 : '선림(禪林)'과 '선원(禪苑)', '선문(禪門)', '한거(閑居)'

여기에서는 구체적 위치나 지점이 아닌 추상적 좌선 공간에 대한 용어들을 살펴본다. '선림' 및 '선원', '선문'이 이에 해당하며, 보다 더 넓은 의미로서 '도량'과 '총림(叢林)'이 『고승전』에 나타난다. 이들 선 어들은 모두 선 수행의 의미를 지니면서 각각 다르게 사용된다. 선 수행을 위한 특정 지점을 가리키는 것에서 더 나아가 좌선을 위한 건 물이나 교수사(敎授師)가 있는 도량을 말한다.

'선림'의 용례는 혜원 조에 나타난다. '림(林)'은 수풀이라는 의미 외 에도 종종 '모임이나 집단 혹은 많은 사물이 모이는 곳을 가리킨다. 혜원이 동림사를 조성하면서 "선림을 설치하였다."[272]라는 부분은 혜 원이 거처했던 동림사가 정토왕생을 희구했던 염불도량이었기에 이곳 에 '선림'을 설치했다는 점은 매우 주목할 만하다. 이것이 혜원이 선정 일치(禪淨一致)의 염불선(念佛禪)을 추구했다는 증거의 하나가 될 수 있 을 것이다.

'선림'은 '총림'의 응용으로 혜교가 「습선」편 「논」에서 사용하고 있 다.[273] 총림은 곧 '도마총림(稻麻叢林)', '수목총림(樹木叢林)'으로서 구마 라집이 번역한 선경류에서 보인다. '도마총림'은 『십주경』에 나타나 며, 미진수와 같이 헤아릴 수 없이 많은 세계에 보살이 가득 차 있다 는 것을 비유하여 '도마총림'으로 표현하고 있다.[274] 수목총림은 『긴나

---

[272] 「의해」편, 석혜원 조(대정장 50, p.358중) "復於寺內別置禪林."

[273] 「습선」편, 혜교 「論」(대정장 50, p.400하) '五門棄惡, 九次叢林'에서 혜교는 五門 禪에서 禪을 '棄惡'으로 표현했으며 또 九次叢林은 '九次第定'과 '功德叢林'을 합 하여 禪을 정의적으로 나타내고 있다.

라왕소문경』 흑산인 목진린타산을 설명하는 부분에 나타나고 있다.[275]

『고승전』의 「의해」편 지둔 조에는 지둔이 "산문에서 연좌하였으며 선원에서 노닐었다."[276]에서 '산문'과 '선원'이 동시에 표기되어 있다. 혜교는 「의해」편 논평에서 '녹원'[277]이라는 용어를 사용하고 있다. '원(苑)'은 석존의 초전법륜이 장소인 '녹야원(鹿野苑)'[278]에서 비롯된다. 공덕직의 『보살염불삼매경』에도 같은 '녹원'[279]으로 표기하고 있다. 석승은 조에는 '율원(律苑)'이 장소로 기록되고 있다.[280] '선원(禪苑)'은 『대지도론』이나 선경류에서 거의 발견되지 않는다. 혜교 이후 『속고승전』[281] 등에서 간헐적으로 발견되지만 본격적으로 선종이 발전하면서 사용된 용어임을 추정할 수 있다.

추상적인 선어로서 보다 좁은 공간에 머문다는 의미의 '한거'가 있다. 그러나 '한거(閑居)'는 공간을 가리키기보다 고요한 곳에서 따로 머문다는 동사의 의미이다. 선 수행을 위한 입지로서 한거가 가능한 곳을 선호할 수밖에 없다. 이 때문에 『고승전』에는 여러 번에 걸쳐 한거 용어가 나타난다. 「명률」편 석승업 조에 '한거사'가 보인다. 구마라집의 제자인 승업은 후세의 우바리로 칭송받았다. 오(吳)의 장소(張邵)라는 사람이 승업을 고소로 초청하였고, 그 곳에 한거사를 지었다고 기록한다.[282] 더불어 승업은 교화를 주도하다가 틈만 나면 선문에 뜻을

---

274 『십주경』(대정장 10, p.531중) "十地菩薩皆滿其中, 譬如稻麻叢林, 是諸菩薩, 有無量無邊業, 修習菩薩功德智慧禪定."
275 『긴나라왕소문경』(대정장 15, p.370하) "目眞鄰陀山, 黑山, 及衆藥草樹木叢林."
276 「의해」편, 지둔 조(대정장 50, p.348하) "宴坐山門, 遊心禪苑."
277 「의해」편, 혜교 「論」(대정장 50, p.383상) "自鹿苑以四諦爲言初."
278 『잡아함경』(대정장 2, p.106중) "佛住波羅奈國仙人住處鹿野苑中."
279 『보살염불삼매경』(대장장 13, p.805하) "波羅奈國仙人鹿苑."
280 「명률」편, 승은 조(대정장 50, p.401중) "常遊心律苑妙通十誦."
281 『속고승전』「습선」편, 석지의 조(대정장 50, p.565중) '禪苑'은 "加以遊浪法門貫通禪苑."의 부분에서 한 번 발견된다.

두었다고 하였다.

승업은 단정하게 앉을 때마다 기이한 향기가 방안을 가득히 감
돌았다. 승업의 가까이에 앉은 사람들이 모두 그 향기를 맡아 그
신이함을 찬탄하지 않는 사람이 없었다고 한다.[283]

『고승전』은 또 석승전이 한거사에서 머물다가 나중에 호구산으로
옮겼다고 기록한다[284]는 부분에서 '한거'가 발견된다.

그러나 승조 조에 보이는 '한거'는 선수행에 의한 한거를 가리키기
보다 구마라집 문하의 10년을 의미한다.[285] 그러나 「의해」편 석담제
조에는 '한가롭게 머문다'는 의미를 그대로 사용하고 있다. 숲과 개울
을 사랑하는 담제가 오흥(吳興)의 곤륜산에 들어가 20여 년간 개울물
을 마시며 한거했다[286]고 한다. 송경편의 석초변 조에도 한거의 의미
를 잘 드러내고 있다. 그가 정림상사(定林上寺)에서 한거하며 30년을
보냈다고 기록한다.[287] 정림상사는 선 수행 도량으로서 담마밀다가 원
가 12년(435) 조성한 선찰이다.[288]

'한거'는 『잡아함경』에 그 의미가 잘 드러나고 있다. 가마천자가 자
신의 심난함을 고백하자 세존은 "심난을 알고자 한다면 구족계 삼매로

---

282 「명률」편, 석승업 조(대정장 50, p.401상) "吳國張邵把其貞素, 乃請還姑蘇, 爲造閑
居寺."
283 「명률」편, 석승업 조(대정장 50, p.401상) "餘隙屬意禪門, 每一端坐, 輒有異香充
塞房內. 近業坐者, 咸所共聞, 莫不嗟其神異."
284 「의해」편, 석승전 조(대정장 50, p.369하) "初止閑居寺, 晚憩虎丘山."
285 「의해」편, 석승조 조(대정장 50, p.366상) "肇以微軀猥蒙國恩, 得閑居學肆, 在付
公門下十有餘年."
286 「의해」편, 석담제 조(대정장 50, p.371상) "入故章崑崙山, 閑居澗飮二十餘載."
287 「송경」편, 석초변 조(대정장 50, p.408중) "後還都止定林上寺, 閑居養素畢命山
門."
288 「역경」편, 담마밀다 조(대정장 50, p.343상) "元嘉十二年, 斬石刊木營建上寺."

서 집이 아닌 멀리 떨어진 곳에 이르되 고요한 곳에서 한가롭게 머물러야 하느니라"[289]는 부분에서 '한거'의 의미가 잘 드러나고 있다. 또한 "바르게 생각하되 항상 고요해야 할 것이며 멀리 떨어진 곳에서 한가롭게 머물러야 하느니라."[290] "홀로 선 삼매에 들되 멀리 떨어진 곳에서 한가롭게 머물러야 하느니라"[291]는 부분에서 '한거'의 의미가 정의되어 있음을 볼 수 있다.

혜교 이후 나타난 천태종의 지의는 『수습지관좌선법요』에서 '한거정처'의 의미를 다음과 같이 설명하고 있다.

> 한(閑)은 여러 가지 일을 하지 않는 것이며, 심란하거나 시끄럽지 않은 것이 정(靜)이다. 선정을 닦을 수 있는 곳이 세 가지이니 하나는 깊은 산 사람의 발길이 끊어진 곳이며, 둘은 두타행을 할 수 있는 난야(蘭若)이며 마을로부터 삼리 혹은 4리 떨어져야 하며 가축들의 소리가 없어 시끄럽지 않아야 한다. 셋은 세인들과 떨어진 청정가람이다. 이 모두를 고요한 곳에서 한가롭게 지낸다고 말한다.[292]

'한거' 용어는 『속고승전』「습선」편에 잘 나타나고 있는데 천태대사가 설명한 용어를 그대로 수용한 것으로 보인다. 「습선」편 석지월 조에 "반드시 한거정처에서 묘행을 준비하되 천태산 가장 높은 봉우리인

---

289 『잡아함경』(대정장 2, p.361상) "迦摩天子白佛言, 甚難, 世尊甚難, 善逝. 爾時, 世尊說偈答言, 所學爲甚難, 具足戒三昧, 遠離於非家, 閑居寂靜樂."
290 『잡아함경』(대정장 2, p.158하) "正念常寂黙, 閑居修遠離."
291 『잡아함경』(대정장 2, p.369하) "獨靜禪三昧, 閑居修遠離."
292 『수습지관좌선법요』(대정장 46, p.463중) "閑居靜處, 閑者, 不作衆事, 名之爲閑. 無憒鬧, 故名之爲靜. 有三處可修禪定, 一者深山絶人之處, 二者頭陀蘭若之處, 離于聚落極近三四里, 此則放牧聲絶無諸憒鬧. 三者遠白衣住處淸淨伽藍中, 皆名閑居靜處."

216 달마 이전의 중국선

화정봉에서 하라"[293]는 부분에서 찾을 수 있다. 「습선」편 석도왕(釋道旺) 조에는 '정처한거'[294]로 표기하고 있다. 그러나 「습선」편 석혜승 조에는 '한거공우(閑居空宇)'[295]의 용어가 나타나며, 「의해」 석담준 조에는 "한가롭게 사유하되 세속 일에 관여치 않았다."[296]라고 하여 조용한 곳에서 머무는 것을 표현하고 있다.

'한거'의 의미와 비슷한 선어로서 '한적(閑寂)', '공한(空閑)', '한정(閑靜)', '한방(閑房)' 등이 있다. 모두 특정한 위치를 가리키지는 않지만 '조용한 곳', '빈 곳', '고요한 곳'을 가리키고 있는데 모두 좌선 장소를 가리키거나 사유를 위해 조용하게 시간을 보내는 것을 말한다. 「역경」편의 석보운 조에 '한적'이 나타나는데 "보운의 성품은 조용한 곳에 머물기를 좋아하여 늘 한적을 유지하였다."[297]라는 부분에서 '한거'와 같은 의미로 사용되고 있다. 구나발마 조에는 '처공한'이라 하여 그의 유언장에 나타난다. 유언 가운데 '내가 멀리 여읨을 닦는 것을 보는 이나, 이곳이 한적한 곳임을 아는 이나 모두 희유한 마음을 내어'[298]에서 제2과인 사다함과를 증득하는 과정에서 '한적한 곳'을 지칭한다.

지둔 조에는 '한정' 용어가 발견된다. "이곳은 산 중의 마을인지라 한가하고[한(閑)] 고요하며[정(靜)] 병을 치료할 만한 곳입니다."[299]라고

---

293 『속고승전』「습선」편, 석지월 조(대정장 50, p.570하) "汝於此有緣, 宜須閑居靜處 成備妙行, 今天台山最高峰, 名爲華頂."

294 『속고승전』「습선」편, 석도왕 조(대정장 50, p.599중) "因而返谷靜處閑居."

295 『속고승전』「습선」편, 석혜승 조(대정장 50, p.550하) "纔有所識好習禪念, 嘗閑居 空宇."

296 『속고승전』「의해」편, 석담준 조(대정장 50, p.472상) "處靜味道, 無風塵之志, 善 涅槃法華, 聞諸伊洛, 閑居遊思不交世務."

297 「역경」편, 석보운 조(대정장 50, p.340상) "雲性好幽, 居以保閑寂."

298 「역경」편, 구나발마 조(대정장 50, p.342중) "見我修遠離, 知是處空閑, 咸生希有 心."

299 「의해」편, 지둔 조(대정장 50, p.348하) "此多山縣閑靜差可養疾."

하여 현(縣)과 함께 사용되어 조용한 장소임을 강조한다. '한방(閑房)' 용어는 구체적인 장소와 함께『고승전』에 세 번 나타난다. 석법영 조에는 "승정의 직책을 사임하고 다보사로 돌아와 항상 조용한 방에서 선정을 익히며, 때마다 계율의 법석도 열었다."[300]고 기록한다. 석도숭 조에는 "종산 정림사에서 조용히 머물면서 참회와 독송을 계속했다."[301]고 한다.

그리고 혜교는 「송경」편 논에서 "홀로 한적한 방에 머무르며, 경전을 소리 높여 읽었다."[302]라고 표현했다.

혜교가『고승전』을 편집할 당시 '총림' 이외에도 '선림'이나 '선원'의 용어를 사용한 것을 보면 선을 위한 당우나 편의시설은 물론 선을 행하고자 하는 선자나 배우고자 하는 습선인들이 많았음을 시사한다.

지금까지 살펴본 바에 의하면『고승전』에는 다양한 선문화가 존재했음을 보여준다. 중국에 선경류가 소개되면서 이와 함께 습선승들이 출현하였고 선원 및 습선을 위한 선각이 존재했음을 알 수 있었다. 또한 승려들의 단체생활과 그 유지를 위한 규칙들이 있었음을 추정할 수 있다.

선학적 측면에서 기존의 연구 성과들을 검토할 때 극히 미미한 점을 지적하지 않을 수 없다. 따라서 본 연구가 갖는 발굴 조사 및 용례에 대한 고찰은 새로운 시각을 제시할 수 있다는 점에서 의의를 갖는다고 하겠다.

---

300 「명률」편, 석법영 조(대정장 50, p.402상) "都邑僧正, 後辭任還多寶寺, 常習定閑房, 亦時開律席."
301 「송경」편, 석도숭 조(대정장 50, p.408중) "鍾山定林寺, 守靖閑房懺誦無輟."
302 「송경」편, 혜교 「論」(대정장 50, p.409상) "獨處閑房, 吟諷經."

참회의 연원

제1장 고역(古譯) 경전에 나타난 '참회(懺悔)' 용어의 번역과 정착 과정

'참회(懺悔)'는 자신의 잘못이나 허물을 뉘우치고 이를 다시 저지르지 않겠다는 다짐이다. 또한 불교가 종교로서 존재해야 할 근본적인 이유와 직결된다. 이는 수행 생활을 하는 출가자는 물론 재가자도 반드시 실천해야 하는 불교행이다. 또한 참회는 출가자나 일반 불자의 신앙 영역은 물론 그들의 사고와 행위에 미치는 영향이 크다. 또한 참회가 표출되는 행위는 불교행을 넘어 단체 혹은 국가의 행사로도 발전하였다. 이는 불교문화사적으로도 중요한 의미를 지닌다.

참회는 본래 중국에 있었던 말이 아니다. 불교의 도입 시기에 범어 경전을 중국어로 번역하는 과정에서 다양하게 번역되면서 나온 말이다. 따라서 경전의 한문 번역에 나타난 '참회'의 연원 및 그 활용도, 그리고 응용변화의 추이를 조사하는 것은 불교의 핵심 사상을 밝히는 중요한 작업이다. 이 장에서는 고역(古譯) 경전으로서 구역(舊譯)인 구마라집 번역물 이전을 대상으로 한다. 검색대상은 전산 입력[1]된 '대정신수대장경'이 중심이다. 이들 경전에서 '참회'와 관련된 용어들을 찾아내고, 그 문맥을 살펴보며 용례들을 조사할 것이다. 이에 따라 '참회'가 처음으로 발견되는 부분, 그리고 그 이후의 활용과 정착 과정,

---

[1] 개인용 컴퓨터(PC)의 성능향상과 보급으로 인문학 영역에서 많이 활용하고 있다. 이에 따라 불교경전이 전산 입력되었고 용이하게 해당 단어들을 찾아낼 수 있다. 이에 고역 경전과 구마라집 번역 경론(구역)을 대상으로 '참회' 용어를 검색하는 연구방법을 도입하였다.

그리고 다양하게 응용된 사례에 대해 알아보겠다.

1. 후한(後漢) 시기 '참회(懺悔)' 용어의 번역

'참회'에 대한 사전적 정의는 의정(義淨, 635~713)의 설에 따르기로 한다. 그는 『근본설일체유부비나야』 권15의 주(註)[2]에서 '참마(懺摩)'와 '회(悔)'를 분류하여 설명하고 있다. 두 용어가 가진 각각의 의미를 짚어본다. 참(懺)은 범어 참마(懺摩, 범어 kṣamayati, kṣama)의 음사로서 와략(訛略)된 경우이다. 이는 '참는다'와 함께 '용서를 구한다'는 의미를 지닌다. 이에 비해 '회(悔, 범어 āpatti-pratideśana), 아발저발라저제사나(阿鉢底鉢喇底提舍那)'는 '설죄(說罪)'의 의미를 갖는다. 여기서 아발저(阿鉢底)는 '죄(罪)'로, 제사나(提舍那)는 '설(說)'로 번역되었다. 즉 '죄를 뉘우치고 불보살 대중 앞에 고백하여 사(謝)하는 것으로써 멸죄(滅罪)가 된다'는 것을 의미한다. 또한 '추회(追悔)', '회과(悔過)'의 뜻으로 의미가 확장되었다. 그리고 『구사론』에서는 악작(惡作, 범어 kaukṛtya)을 뉘우치는 정신작용으로 정의한다. 즉 자신이 저지른 '악작'에 대하여 '뉘우치다'는 의미로 '회(悔)'로 번역된다.[3] 결국 '참(懺)'과 '회(悔)'의 의미를 비교할 때, 참은 '가볍다'는 의미이며, 회는 '무겁다'는 의미이다.

---

2 '懺摩' 단어는 안세고 등 고역이나 구마라집의 구역에서는 발견되지 않았다. 신역으로 지칭되는 唐 義淨 번역인 『근본설일체유부비나야』(권제15)(대정장 23, p.706 상)에서 '참마'를 찾아볼 수 있다. 여기에는 '참마'에 대한 정의적 해설을 부연하고 있다(言懺摩者此方正譯當乞容恕容忍首謝義也若觸誤前人欲乞歡喜者皆云懺摩無問大小咸同此說若悔罪者本云阿鉢底提舍那阿鉢底是罪提舍那是說應云說罪云懺悔者懺是西音悔是東語不當請恕復非說罪誠無由致).

3 『구사론』에서 (제)법을 75가지로 분류한다. 이 가운데 '악작'은 不定地法 여덟 가지에 포함된다.

이 '참'+'회' 단어 성립은 고역 경전의 번역 과정에서 성립되었고, 후대에는 다른 단어와 조합되어 의미가 확장되었다. 그 과정과 추이에 대해 조사 분석해 보겠다. 연구조사 범위의 대상은 아래와 같다.

〈표 18〉 고역 경전의 인물·시기 구분

시 기	역 경 승	검색 대상 경전군
후한(後漢)	섭마등 · 축법란	『사십이장경』 1권
후한	안세고	『안반수의경』 등 총39권
후한	지루가참	『도행반야경』 등 30권
후한	강맹상, 지요	『수행본기경』 등 12권
오(吳)	지겸	『찬집백연경』 등 76권
오	강승회	『육도집경』 등 10권

위 도표의 인물들은 혜교가 찬집한 『고승전』「역경」편에 소개된 역경승들이다.

1) 『사십이장경』에 나타난 번역어 '회(悔)'

경전 번역이나 불교사상에 대한 이해와 함께 '참회'에 대한 종교적 이해와 행위 또한 중국 사회에 전파되었다. '참회'는 불교의 일반적인 신앙 행위는 물론 선의 실천이나 승려들의 공동체 생활에도 영향을 미친다는 점에서 그 연원을 고찰할 필요성이 있다. 따라서 최초 번역 경전인 『사십이장경』에 수록된 단어에 주목했다.

『고승전』에는 불교수입 초기 상황과 함께 『사십이장경』이 소개되어 있다.[4] 『사십이장경』은 섭마등과 축법란이 번역한 중국 최초의 불경이다. 섭마등이 활동한 시대적 배경은 후한(後漢) 초기이다. 이른바 '고역(古譯)'시대의 시작이다. 섭마등은 역경승으로서『고승전』에 소개된 257인(부견인 243인)의 고승 중 첫 번째로 소개되는 인물이다. 그 이후 안세고와 지루가참 등 후한 역경가들의 활동으로 이어진다.

혜교는 『사십이장경』의 첫 문장을 『고승전』에 그대로 수록했다.[5] 후한 효명제의 영평 연간(58~75)의 시기이다.[6] 『사십이장경』에는 명제가 꿈에 나타난 부처를 보고 천축에 사자를 보내어 섭마등을 모셔오는 극적인 내용이 동시에 수록되어 있다. 『사십이장경』(1권)은 불교의 요지를 42장으로 나누어 비유와 함께 간명하게 풀이한 것이다. 그 내용은 주로 고(苦), 무아(無我), 보시(布施), 애욕의 단절 등이다. 불교가 생소한 중국인들에게 초보적 교의를 소개하고 있다.

『사십이장경』에는 '회(悔)'와 관련된 용어가 모두 네 번 사용되었다. 단어는 '자회(自悔)'(2회), '회의(悔疑)'(1회) '회(悔)'(1회)가 검출되었다. '자회(自悔)'가 최초로 사용되었으며 '스스로 뉘우치다'라는 의미이다. 다음 인용은 본 용어가 포함된 문장이다.

"부처님이 말씀하셨다. 사람이 많은 허물을 저지르고도 스스로 뉘우치지 않고 단번에 그 마음을 놓아 버린다면, 마치 냇물이 바다로 돌아가듯 모든 허물이 몸으로 돌아와 저절로 깊고 넓어지리

---

4 『고승전』「역경」편, 섭마등 조(대정장 50, 322하) 부분 참조.
5 『사십이장경』(대정장 17, p.722상) "昔漢孝明皇帝. 夜夢見神人. 身體有金色. 項有日光. 飛在殿前. 意中欣然. 甚悅之. 明日問群臣. 此爲何神也. 有通人傳毅曰. 臣聞天竺. 有得道者. 號曰佛. 輕擧能飛. 殆將其神也."의 내용 참조.
6 『고승전』「역경」편, 섭마등 조(대정장 50, p.322하)에 "漢永平中. 明皇帝夜夢金人飛空而至. 乃大集群臣. 以占所夢. 通人傳毅奉答. 臣聞西域有神. 其名曰佛. 陛下所夢將必是乎. 帝以爲然. 卽遣郎中蔡愔博士弟子秦景等. 使往天竺尋訪佛法. 愔等於彼遇見摩騰. 乃要還漢地."라고 『사십이장경』의 내용을 수록하고 있다.

라. 악함이 있을 때 잘못인 줄 알고 허물을 고치면 착하게 되어 죄가 날로 소멸하고 뒤에는 반드시 도를 얻게 될 것이다."[7]

인용에서 보듯이 여러 가지 잘못을 의미하는 '중과(衆過)', 스스로 뉘우친다는 뜻인 '자회(自悔)', 그리고 허물을 고친다는 뜻인 '개과(改過)' 등의 용어가 나타났다. 이 문장은 스스로 잘못을 깨닫고 뉘우쳐 허물을 고치는 행동의 중요성을 담고 있다.

그러나 또 다른 용례인 '자회'가 나타난다. "어떤 음탕한 계집이 어떤 남자와 서약하였는데 기약한 때가 되어도 오지 않자 '스스로 후회[자회(自悔)]'하며 말하였다."[8]라는 구절에서 '회'는 '뉘우치다'라는 의미와 거리가 있다. 『사십이장경』에는 또 '회의(悔疑)'라는 단어가 나타난다. "어떤 사문이 밤에 경을 읽는데 너무도 슬퍼지고 마음에 '후회와 의심[회의(悔疑)]'이 생겨 돌아가고 싶다는 생각이 들었다."라는 문장에서도 '죄에 대한 뉘우침'의 의미와 다르게 사용되었다. "화려한 명예는 제 몸을 위태롭게 하는 화근이니 그 뒤에는 반드시 후회가 있으리라"[9]라는 구절에는 '회'가 단독으로 사용되었다. 이는 명예를 좇다가 자신의 몸을 위태롭게 했다는 말로서, '뉘우침'의 의미가 가미되지 않았다.

이와 같이 『사십이장경』에는 '회'가 모두 4번 검출되었다. 과실(過失)에 대해 '뉘우치다'라는 의미로 사용된 경우는 단 하나이다. 나머지 셋은 단순히 '후회(後悔)'의 의미로 활용되었다. 그리고 이 경에는 '참(懺)'이라는 용어가 등장하지 않았다. 따라서 이 시기에는 아직 '참' 혹

---

7 『사십이장경』(대정장 17, p.722중) "佛言. 人有衆過. 而不自悔. 頓止其心. 罪來歸身. 猶水歸海. 自成深廣矣. 有惡知非. 改過得善. 罪日消滅. 後會得道也."

8 『사십이장경』(대정장 17, p.723하) "有婬童女與彼男誓. 至期不來而自悔曰."

9 『사십이장경』(대정장 17, p.723상) "佛言. 人隨情欲求華名. 譬如燒香衆人聞其香. 然香以熏自燒愚者貪流俗之名譽. 不守道眞. 華名危己之禍. 其悔在後時."

은 '참회(懺悔)'라는 용어가 번역되지 않았다고 말할 수 있다. 그러나 『사십이장경』의 '회(悔)'는 훗날 안세고의 번역 경전을 비롯하여 많은 역경가들에게 영향을 끼친 것으로 보인다.

2) 안세고의 『사리불회과경』과 '참(懺)'의 출현

안세고의 번역 경전에서 '참회' 관련 용어들을 검색하여 고찰하고자 한다. 그는 섭마등이 활동한 이후 중국에 입국하여 많은 경전들을 역출하였다. 혜교의 『고승전』에는 "안세고(安世高)는 한(漢)의 환제(桓帝) 건화(建和) 2년(148)에서 영제(靈帝) 건녕(建寧) 연간(168~171)에 이르기까지 20여 년 동안에 30여 부의 경을 번역해 냈다."[10]라고 기록하고 있다. 이는 섭마등·축법란이 『사십이장경』을 번역한 이후 약 100여 년이 지난 시기이다.

안세고의 번역 가운데 『사리불회과경』이 있다. 이 경전이 '회과(悔過)'라는 제목으로 번역되었다. 이는 불교가 갖는 '회(悔, 뉘우침)'를 중요한 것으로 여겼기 때문으로 보인다. 이 경에는 '회과(悔過)'라는 단어가 모두 여덟 번 나타났다. '회(悔)'를 응용한 단어는 '자회(自悔)' 하나뿐이다. 『사리불회과경』에는 "항상 아침·낮·저녁[일입(日入)]·인정(人定)·밤중[야반(夜半)]·새벽[계명(鷄鳴)]에 씻고, 양치하고, 의복을 정제하고, 합장하고, 시방에 예배하고, 어느 쪽을 향하여서든지 마땅히 허물을 뉘우쳐서[화과(悔過)] 말하기를…"[11]라고 하여 '회과(悔過)'를 행해야 하는 때[육시(六時)]와 장소 그리고 절차를 일러주고 있다.

---

10 『고승전』「역경」편, 안세고 조(대정장 50, p.324상) "安世高以漢桓帝建和二年至靈帝建寧中二十餘年譯出三十餘部經."

11 『사리불회과경』(1卷)(대정장 24, p.1090상) "常以平旦日中日入人定夜半雞鳴時. 澡漱整衣服. 叉手禮拜十方. 自在所向當悔過言."

『사리불회과경』에서 번역한 '과(過)'는 '범과(犯過)'라고 하여 '잘못을 저지르는 것'으로 활용하고 있다. 이 가운데 "만약 몸으로 잘못을 범하거나, 말로써 잘못을 범하거나, 마음으로 잘못을 범하거나, 잘못을 범할 의도가 있다면…"[12]이라고 하여 '범과(犯過)'와 관련한 번역이 있다. 또한 "무시겁 이래로 '악행을 저지른 것'"[13]이라 하여 '과악(過惡)'이라는 용어도 보인다.

안세고의 다른 번역 가운데 『불설나녀기역인과경』이 있다. 여기에는 장궤'회과'(長跪'悔過')라는 단어가 있다. 이는 "무릎을 꿇고 잘못을 뉘우친다."[14]는 뜻으로 구체적인 동작을 수반한다. 즉 자신의 잘못에 대해 마음속으로 뉘우치고 그것이 '장궤'+'회과'로 연결된다. 이에 내적인 '뉘우침'과 외적인 '행위'를 나타내는 두 단어가 동시에 사용되었다.

안세고의 번역에는 '참(懺)'이라는 용어가 처음으로 등장한다. 그가 번역한 경전 숫자는 대정신수장경을 중심으로 대략 55개를 헤아린다. 그런데 이 가운데 유독 『대비구삼천위의』(2권)에서만 '참(懺)'이라는 글자가 발견된다. 그러나 '참+회'라는 조어로 성립되지는 않았다. 이 경의 내용은 비구가 지켜야 할 위의(威儀)와 행법 1,380여 가지에 대한 설명이다. 이는 출가자들의 단체생활에 따른 절차 및 화합중(和合衆)을 이루도록 한 규정이다. '참(懺)' 용어가 발견된 부분은 상권 부분이다. 그 가운데 가류다 비구가 음근(陰根)을 희롱하여 정액을 배출한 경우에 대한 참회의 절차와 기간 및 그 방법을 열거한 부분이 있다. 여기에는 참회가 가능한지 아닌지 밝히고 참회 횟수나 시일에 따른 참회법을 상세하게 기록하고 있다. 이 과정에서 '과(過)'에 대해 '회(悔)'와 '참(懺)'

---

12 『사리불회과경』(대정장 24, p.1090상) "若身有犯過. 若口犯過. 若心犯過. 若意犯過."
13 『사리불회과경』(대정장 24, p.1090상) "從無數劫以來所犯過惡."
14 『佛說奈女祇域因緣經』(대정장 14, p.902상).

이라는 용어를 반복적으로 사용하여 두 용어의 뉘앙스를 달리하고
있다.

"若犯過一日卽悔. 應作三日懺. 若過三日不悔. 應作七日懺. 過
七日不悔. 應作十五日懺."(야범과일일즉회. 응작삼일참. 야과삼일부회.
응작칠일참. 과칠일부회. 응작십오일참).**15**

인용문에서는 '회(悔)'를 '뉘우치다'로, '참(懺)'을 '참회' 용어로 활용한
것이 발견되었다. 여기서 '회'와 '참'은 같은 의미이지만, '참'은 불교 용
어로 활용했으며, '회'는 부수적 보조 단어로 활용한 것이다. 그런데
'참(懺)'으로 번역한 예를 안세고의 다른 번역 경전에서 찾아볼 수
없다.

안세고 번역에는 '참회'라는 독립된 단어가 보이지 않지만, 이와 관
련된 단어들이 등장했음을 확인할 수 있었다. 이 '참(懺)'의 활용은 후
대의 역경가들에게 영향을 끼쳤을 것으로 보인다. 따라서 안세고가
『대비구삼천위의』에서 활용한 '참'과 '회'는 번역사의 입장에서 볼 때
새로운 표현이었음을 알 수 있다.

---

15 『대비구삼천위의』(대정장 24, p.914하) "만일 (참회하지 않고) 하루를 지나치는 과
실을 범했다면 (이를) 뉘우쳐야 하며 3일간 참회해야 한다. 만일 3일을 지나쳤다
면 7일간 참회해야 한다. 7일을 지나쳤다면 15일간 참회해야 한다."

3) 지루가참 번역에 보이는 '회(悔)'의 사례

지루가참(支婁迦讖)의 번역 경전에서 '회(悔)'와 관련된 용어를 검색하고 이를 분석 고찰하기로 한다. 그는 안세고에 이어 한(漢) 시기에 역경활동을 한 서역승이다. 혜교는 『고승전』에서 지루가참에 대하여 비교적 짧게 소개하고 있다. 그러나 그가 번역한 '회' 관련 용어들을 분석한 결과 중요한 의미를 지닌 것으로 판단된다.

지루가참이 활동한 시기는 안세고와 겹치지만, 안세고의 뒤를 잇고 있다. 『고승전』에는 지루가참을 가리켜 "후한 영제(靈帝, 167~189) 때에 낙양에 노닐다가 광화(光和, 후한 178~183년)와 중평(中平, 후한 184~189년) 사이에 범문(梵文)을 번역하되 『반야도행경』·『반주삼매경』·『수능엄경』 세 가지의 경을 번역해냈다. 또한 『아사세왕경』·『보적경』 등 모두 10여 부의 경을 번역하였다. 그러나 세월이 오래되어 기록한 것이 없어졌다."[16]라고 기록하고 있다. 지루가참 번역에 나타난 '뉘우침'과 관련된 용어는 '회과(悔過)', '회한(悔恨)', '후회(後悔)', '회책(悔責)', '회환(悔還)'의 다섯 가지이다. 이들을 고찰한다.

첫째, 지루가참이 '회과(悔過)'라는 용어를 사용한 것은 안세고의 번역인 『사리불'회과'경』과 연계된다. 지루가참이 활용한 '회과(悔過)'는 『도행반야경』 제6권에서 한 번 발견되는데, "만약 스스로 잘못을 뉘우친다면[야자회과(若自悔過)]"[17]이라는 부분이다. 또한 『아촉불국경』 번역에서는 "사리불이여, 그곳의 인민은 선한 일의 근본을 구족하고 있는 까닭이니, 설한 법에서 뉘우칠 허물[회과(悔過)]이 있었다면 각각 그 대

---

16 『고승전』「역경」편, 지루가참 조(대장장 50, p.324중) "漢靈帝時遊于雒陽以光和中平之間. 傳譯梵文. 出般若道行般舟首楞嚴等三經. 又有阿闍世王寶積等十餘部經. 歲久無錄."
17 『도행반야경』(대정장 8, p.455상).

가를 이미 얻었기 때문이다."¹⁸라고 하여 '회과'를 활용하고 있다. 또 『무량청정평등각경』에는 '무량청정불국에 태어나고자 하는 이는 스스로 허물을 뉘우치는데[회과(悔過)], 그 뉘우침은 곧 허물을 감소시키되 다시 그 허물을 짓지 않는다'는 부분에서 '회과(悔過)'가 활용되었다.¹⁹ 지루가참의 번역 『아사세왕경』에서도 '회과(悔過)'가 사용되었다. "그 아이를 인도하여 스스로 부처님과 불법 그리고 비구승에 귀의하도록 가르쳤으며, 오계를 주고 참회를 가르쳐 공덕을 쌓도록 하였다."라는 구절에서 뉘우침의 의미를 담고 있다.²⁰

둘째, '회한(悔恨)'이라는 단어는 지루가참의 번역경전에서 처음으로 사용된 것으로 보인다. 『아촉불국경』(2권)에는 어느 비구가 '살운야(薩芸若: 일체지(一切智))'를 일으키고자 서원을 세우고 있는데, 그 가운데 '회한(悔恨)'²¹이라는 단어를 사용하고 있다. 또한 지루가참의 『반주삼매경』(3권)에도 '회한'이라는 단어가 보이고 있다. "가엾은 중생에게 보시를 행하되 그 마음 기뻐하며 후회하지 말고"²²의 부분에서 후회(後悔)의 의미로 활용하고 있다.

셋째, 『도행반야경』에는 실제로 '후회(後悔)'라는 단어를 활용하고 있다. 부처님께서 수보리에게 반야바라밀에 대한 가르침을 내리고 있는 부분에서 "부디 잘 생각해서 후회하지 않도록 하라"²³는 부분이 있

---

18 『아촉불국경』(대정장 11, p.757하) "舍利弗. 用其人民善本具故. 所說法悔過各得其所."

19 『불설무량청정평등각경』(대정장 12, p.292하) "今當生無量淸淨佛國. 其人但心念是. 口不能復言. 則自悔過. 悔過者過差減少. 悔者無所復及. 其人命終. 則生無量淸淨佛國." 부분 참조

20 (대정장 15, p.394상) "教導其兒. 自歸佛及法比丘僧. 授與五戒. 教令悔過. 勸助功德."

21 『아촉불국경』(대정장 11, p.752상) "第四若發意念悔恨."

22 『반주삼매경』(3권)(대정장 13, p.915중) "愍傷衆生行布施 其心喜踊不悔恨."

23 『도행반야경』(대정장 8, p.448중) "能與我俱至彼間不. 諦自念之莫得後悔."

다. '후회'는 또 『아사세왕경』에도 나타나는데, "이미 후회하지 않았다면 이런 사람이야말로 최고의 지혜에 도달한 사람이라 할 것이다."[24]라는 구절에서 볼 수 있다.

넷째, '회책(悔責)' 역시 처음으로 발견되는 용어로 보인다. 지루가참역 『돈진타라소문여래삼매경』에는 보살이 행하는 육바라밀 중 찬제(羼提: 인욕)바라밀의 '32사(事)' 중 제22번째에서 '회책(悔責)'이라는 단어가 사용되었다. "스물두 번째는 보살이 스스로의 과실에 대하여 꾸짖고 뉘우칠 수 있어야 한다."[25]라고 하였다. 이와 함께 『무량청정평등각경』(4권)에서도 '회책'이 한 번 등장한다. "마음으로 스스로 뉘우치고 뛸 듯이 기뻐했다."[26]라는 구절에서 찾아볼 수 있다.

다섯째, 『도행반야경』에는 '회환(悔還)'이라는 용어가 모두 14번이나 사용되었다. 이는 '뉘우쳐 되돌리는 것'을 의미한다. 또한 '뉘우침'이 지속적으로 이어짐을 뜻한다. 그런데 이 '회환'이라는 용어는 오로지 『도행반야경』 제3권의 「구화구사라근조품(漚和拘舍羅勸助品)」에서만 집중적으로 나타나고 있어 이례적이다.[27]

지루가참은 '회(悔)'를 적극적으로 활용하였다. 안세고가 번역한 '회과(悔過)'를 계승했으며, 응용된 형태의 '회한(悔恨)', '회책(悔責)', 그리고 '후회(後悔)'와 '회환(悔還)'이라는 용어들을 새롭게 사용했다. 그런데 지루가참의 번역 경전 전체에서 '참(懺)'이라는 글자는 나타나지 않았다. 물론 '참(懺)'과 조합하여 나타날 수 있는 용어도 발견할 수 없다. 따라

---

24 『아사세왕경』(대정장 11, p.390중) "旣與不從後悔. 作是者可至無極慧."
25 『불설돈진타라소문여래삼매경』(대정장 15, p.357중) "二十二者菩薩自有過失能自悔責."
26 『불설무량청정평등각경』(대정장 12, p.292중) "心中自悔責 踊躍喜耳."
27 『도행반야경』(대정장 8, p.438중) "生是意用思想悔還. 用信悔還. 但用無點故還墮四顚倒. 無常謂有常. 苦謂有樂. 空謂有實. 無身謂有身. 以故思想悔還. 心悔還信悔還."의 내용 참조.

서 그는 '참(懺, kṣama)'이라는 음사를 사용하지 않았으며 '회(悔)'만을
사용한 것으로 보인다.

『고승전』에는 지루가참의 번역에 대한 평가가 수록되어 있다. 이는
"지루가참이 낸(번역한) 것인 듯하다. 그가 번역한 여러 경들은 모두 본
래의 뜻을 깊이 터득하여 쓸데없이 수식을 덧붙이지 않았다. 그러므로
지루가참은 불법의 요점을 잘 베풀어 도를 널리 전한 사람이라고 말
할 만하다."[28]라고 되어 있다. 여기서 보듯이 지루가참이 번역한 내용
은 매우 명쾌하며 용어의 활용성에 대한 가치가 높다.

4) 강맹상의 번역에 등장한 '참회(懺悔)'

혜교의 『고승전』은 지루가참에 이어 후한의 강맹상(康孟詳)과 지요
(支曜) 등을 묶어서 짧게 소개하고 있다. 이들은 한나라 영제(靈帝,
168~189) 및 헌제(獻帝, 190~220) 시기에 낙양을 중심으로 활동했다고 기
록되어 있다. 혜교는 지요를 '말이 올바르고 이치가 있으며 꾸미지 않
았다'라고 평가하고 있으며, 특히 강맹상에 대해 도안의 평가를 인용
하고 있다. "강맹상이 번역한 것은 아름답고 자연스러워서 현묘한 의
미를 충분히 드러냈다."[29]라는 표현을 『고승전』에 삽입하고 있다.

축대력과 강맹상이 공역한 『수행본기경』에는 '회(悔)'를 활용한 용어
가 검출된다. "곧 부처님 앞에 나아가 머리를 조아린 후[고두(叩頭)] 스
스로 뉘우치기를"[30]이라는 부분에서 '고두(叩頭)'+'자회(自悔)'가 등장한

---

28 『고승전』「역경」편, 지루가참 조(대정장 50, p.324중) "安公校定古今. 精尋文體云.
似讖所出. 凡此諸經皆審得本旨了不加飾. 可謂善宣法要弘道之士也."
29 『고승전』「역경」편, 강맹상 조(대정장 50, p.324하) "漢靈獻之間有慧學之譽. 馳於
京雒. 曜譯成具定意小本起等. …… 安公云. 孟詳所出. 奕奕流便足騰玄趣也"
부분 참조.
30 『수행본기경』(2권)(대정장 3, p.461하) "卽出詣佛. 叩頭自悔."

다. 이는 외적 동작과 내적 뉘우침이 합쳐진 문구이다. '자회(自悔)'는 최초기 경전인 『사십이장경』에 등장했던 용어로 이를 계승한 것으로 볼 수 있다.

담과와 강맹상이 공역한 『중본기경』에는 '회과(悔過)'라는 용어를 사용하고 있다. "많은 여인들이 두려움에 눈물을 흘리며 잘못을 뉘우쳤으며, 무릎을 꿇고서 머리를 들고…"[31]라는 부분에서 '회과(悔過)'를 활용하고 있다. 이 '회과'는 안세고의 『사리불회과경』에 이어 지루가참 번역의 『도행반야경』, 『아촉불국경』 등의 용례를 잇는 표현이다.

그런데 『중본기경』을 비롯하여 강맹상 번역에는 '참회(懺悔)'라는 단어가 여러 번 나타난다. 따라서 '참+회'의 조어는 강맹상 번역에서 처음으로 발견된다. "삼존께 귀명하오며 허물을 '참회'하며 잘못을 사죄하나이다."[32]라는 문구에서 '참회'가 보인다. 더불어 강맹상 홀로 번역한 『불설흥기행경』(2권)에는 "모두 벽지불을 향하여 예배하고 '참회'하여 말하였다. '저희들이 어리석어서…'"[33]라는 부분이 있어 '참회'하되 '예배하였다'는 문장이 보인다. 이는 생각으로만 잘못을 뉘우치는 내적 사유가 아니라, 예와 절차를 갖춘 외적 행위라는 점에서 발전된 표현이라 할 수 있다. "이에 대중들은 모두가 슬피 울면서 혹은 참회하기도 하고 혹은 예배를 하는 이가 있기도 하였는데, 그 사리를 가져다가…"[34]라는 부분에서 확인할 수 있다. 특히 『불설고행숙록경』 제10에는 다음과 같은 참회의 문장이 나타난다.

---

31 『중본기경』(대정장 4, 158상) "衆女驚怖泣淚悔過. 長跪擧頭."
32 『중본기경』(대정장 4, 160중) "歸命三尊. 懺悔謝過."
33 『불설흥기행경』(대정장 4, 165중) "皆向辟支佛. 作禮懺悔. 我等愚癡."
34 『불설흥기행경』(대정장 4, p.165중) "於是大衆. 皆悲涕泣. 或有懺悔. 或有作禮者. 取其舍利."

"이에 화만(火鬘) 동자는 곧 갔다가 나오며 부처님 발에 예배하
고 꿇어앉아 부처님께 아뢰었다. 저는 이제 '참회'하옵니다. 몸으
로 행하지 않아야 할 것을 행하였고, 입으로 말하지 않아야 할
것을 말하였고, 뜻으로 생각하지 않아야 할 것을 생각하였나이
다. 원하옵나니, 세존이시여, 저의 이 '참회'를 받으시옵소서. 지
금부터는 다시 감히 범하지 않겠나이다."[35]

　위의 인용과 같이 화만 동자가 참회하는 동작과 말을 그대로 기록
하고 있다. 이에 비하여 후한 시기에 활동했던 지요(支曜)의 번역 경전
에는 '참(懺)'이나 '회(悔)'의 용어가 보이지 않는다. 다만 '과(過)'라는 단
어만 나타나고 있다.

　이상과 같이 섭마등으로부터 강맹상에 이르기까지 '참회'와 관련된
용어들이 번역되고 변화된 과정을 살펴보았다. 강맹상은 최초 번역경
전인 『사십이장경』의 '자회(自悔)'를 사용하고 있다. 또한 안세고 번역
인 '회과(悔過)'를 적극적으로 활용하고 있다. 특히 강맹상의 번역경전
에서 가장 두드러진 용어는 '참회(懺悔)'이며 여러 번 사용하고 있다.
따라서 강맹상의 번역에는 '회(悔)'의 적극적인 활용과 함께, 처음으로
'참(懺) + 회(悔)'가 등장했다는 점에서 그 의의가 크다고 판단된다.

---

35 『불설흥기행경』(대정장 4, p.173중) "卽退前禮佛足. 長跪叉手. 白佛言. 我今懺悔.
　　身不可行而行. 口不可言而言. 意不可念而念. 願世尊當受我此懺悔. 從今已往. 不
　　復敢犯."

2. 오(吳)의 시기 경전 번역과 '참회(懺悔)' 용어

후한(後漢)을 지나 오(吳)의 시기에 남쪽 양자강 하류를 중심으로 활동한 역경가는 지겸과 강승회가 대표적이다. 지겸은 승려가 아닌 거사로 활동하였으며, 강승회는 출가한 승려로서 역경에 매진했다. 지겸과 강승회의 번역에는 '참회'가 응용되면서 의식(儀式)의 형태로 발전된 모습을 보인다. 그 내용들을 탐구한다.

1) 지겸의 적극적인 '참회(懺悔)' 용어 활용

먼저 오의 지겸(支謙)이 번역한 경전에 나타난 '참(懺)'과 관련된 용어들을 살펴보고자 한다. 그가 번역한 경전에는 '참회' 및 이와 관련된 용어들이 활발하게 나타난다. 『고승전』에 의하면 지겸이 활동한 시기는 오의 황무(黃武) 원년(222)이다. 그의 활동사항을 알아본다.

> "오(吳) 황무 원년에서 건흥(建興, 252~253) 중에 이르기까지 『유마경』·『대반니원경(大般泥洹經)』·『법구경』·『서응본기경(瑞應本起經)』 등 49가지의 경을 번역해냈다. 곡진하게 성스러운 뜻을 실었으면서도 말의 뜻이 운치가 있고 우아하였다. 또한 『무량수경』과 『중본기경』에 의거하여, 「보리련구(菩提連句)」와 「범패삼계(梵唄三契)」를 지었다. 아울러 『요본생사경(了本生死經)』 등에 주석을 달았다. 모두 세상에 행한다."[36]

---

36 『고승전』「역경」편, 강승회 조(대정장 50, p.325중) "從吳黃武元年至建興中. 所出維摩大般泥洹法句瑞應本起等四十九經. 曲得聖義. 辭旨文雅又依無量壽中本起. 製菩提連句梵唄三契. 并注了本生死經等. 皆行於世."

지겸은 안세고 이후 약 50여 년이 지난 시기에 활동했다. 『고승전』에는 지겸이 역경가로 등장하게 된 배경이 기록되어 있다. 후한의 지루가참이 많은 경들을 번역하면서 지량(支亮)을 가르쳤고, 그 지량은 다시 지겸을 제자로 삼았다고 한다. 지겸의 자(字)는 공명(恭明)이고 일명 월(越)이라고 하였으며, 월지(越支)의 사람으로 한(漢)에 와서 노닐었다라고 기록되어 있다.[37] 지겸이 번역한 경전은 대부분 세상에 유통되었다고 한다. 그러나 대정신수대장경을 중심으로 지겸이 번역한 경은 55가지를 헤아린다. 이 경전들에 나타난 참회 관련 용어들의 추이를 밝혀보고자 한다.

지겸의 전체 번역 경전에는 '참회'라는 단어가 모두 대략 27회에 걸쳐 출현한다. '참회(懺悔)'를 다른 단어와 조합하여 다양한 용어들을 탄생시키고 있다. 먼저 '참회'+'죄구(罪咎)' 형태로서 '죄(罪)'라는 단어에 대해 알아본다. 지겸은 '죄'라는 용어를 '유죄(有罪)', '무죄(無罪)', '중죄(重罪)' 등으로 사용하였고 '수죄(受罪)'[38]와 '과죄(過罪)'[39] 등으로 나타내기도 하였다. '죄구(罪咎)'와 함께 사용된 용어로는 '소작죄구(所作罪咎)'[40], '자책죄구(自責罪咎)'[41]가 있으며 '참회죄구(懺悔罪咎)'로도 번역하여 사용하였다.

『찬집백연경』(10권)에는 '참회'+'죄구'가 활발하게 활용되고 있다. 이 경은 국왕이나 부호, 바라문을 비롯하여 상인이나 도적, 그리고 짐승에 이르기까지 부처님께 귀의한 인연을 모아 전하고 있다. 전체 10

37 「역경」편, 강승회 조(대정장 50, p.325상) "先有優婆塞支謙. 字恭明. 一名越. 本月支人. 來遊漢境. 初漢桓靈之世有支讖. 譯出衆經. 有支亮字紀明. 資學於讖. 謙又受業於亮. 博覽經籍莫不精究."
38 『불개해범지아풍경』(대정장 1, p.259).
39 『불설석마남본사자경』(대정장 1, p.849상).
40 『불설의족경』(대정장 4, p.189상); 『찬집백연경』(대정장 4, p.244상).
41 『찬집백연경』(대정장 4, p.242하).

품으로 각 품마다 열 가지 인연설을 수록하고 있다. "홀연히 세존 처소에 이르러 죄와 허물을 '참회'하였다[참회죄구(懺悔罪咎)]."[42], "곧 모친을 향하여 죄와 허물을 '참회'하였다."[43] "선인(仙人)을 찾아 죄와 허물을 '참회'하고 발원하기를 '내세에 생사를 끊을 수 있도록 해 주소서."[44], "스스로 뉘우쳐 말하고 부처님 앞에서 죄와 허물을 '참회'하니 활연히 수다원과를 얻었다."[45], "깊이 스스로 허물을 외치며 불세존을 향해 죄와 허물을 '참회'하였다."[46] 등의 부분에서 '참회'라는 표현을 사용했다. 또한 "벽지불을 향해 먼저 지은 죄를 참회하였다."[47]라는 부분에서 '참회선죄(懺悔先罪)' 등 다양한 표현들이 발견된다.

『찬집백연경』에는 '참회(懺悔)'를 활용한 또 다른 조어들이 나타나고 있다. "깊이 부끄럽게 여겨 온몸을 땅에 엎드려 부처님을 향해 정성으로 참회한 끝에 부처님과 스님들을 초청하였다."[48]라는 문장에서는 '지심(至心) + 참회'라는 표현이 보인다. 참회하되 '지극한 정성'을 표현하고 있다. 이와 비슷한 의미로 '귀성(歸誠) + 참회(懺悔)'가 있다. "마음으로 믿음과 존경을 품고 귀의하되 정성으로 참회하였다."[49]라는 구절에서 나타나는데 참회하는 정성스런 마음을 표현하고 있다. 또한 '발로(發露)참회'는 '모든 것을 고백하여 드러낸다'[50]는 의미로 활용되었으

---

42 『찬집백연경』(대정장 4, p.221중) "忽然至世尊所. 懺悔罪咎."
43 『찬집백연경』(대정장 4, p.222상) "卽便向母. 懺悔罪咎."
44 『찬집백연경』(대정장 4, p.240하) "尋向仙人. 懺悔罪咎. 因發願言. 使我來世得斷生死."
45 『찬집백연경』(대정장 4, p.250중) "尋自悔嘖. 卽於佛前. 懺悔罪咎. 豁然獲得須陀洹果."
46 『찬집백연경』(대정장 4, p.253상) "深自咎嘖. 向佛世尊. 懺悔罪咎."
47 『찬집백연경』(대정장 4, p.253중) "向辟支佛懺悔先罪."
48 『찬집백연경』(대정장 4, p.215중) "深生慚愧. 卽便以身五體投地. 歸誠向佛. 至心懺悔. 請佛及僧."
49 『찬집백연경』(대정장 4, p.214중) "心懷信敬. 歸誠懺悔."
50 『찬집백연경』(대정장 4, p.225중) "時彼餓鬼. 卽現其身在於會中. 發露懺悔."

며, '참회 + 사과(謝過)'⁵¹의 표현도 나타나고 있다.

『찬집백연경』에 수록된 '참회'와 조합된 단어들의 목록을 작성하면 다음과 같다.

<표 19> 『찬집백연경』의 참 · 회와 조합된 단어

	참회(懺悔) +	죄구(罪咎)	『찬집백연경』
	회(悔) +	과죄(過罪)	『불설삼품제자경』
	참회 +	선죄(先罪)	『찬집백연경』
	참회 +	사과(謝過)	『찬집백연경』
	참회 +	해과(解過)	『불설패경초』
귀성(歸誠) + 참회			『찬집백연경』
지심(至心) + 참회			『찬집백연경』
발로(發露) + 참회			『찬집백연경』
구애(求哀) + 참회			『찬집백연경』

위의 도표에서 알 수 있듯 지겸 번역에는 '참회' 용어를 중심으로 '참회 + ○○', '○○ + 참회'의 형태가 대거 등장했다. 이는 지겸 이전의 번역에는 거의 볼 수 없었던 표현들이다. 그러나 『찬집백연경』이 외에는 '참회' 용어가 드물게 나타난다. 지겸과 축불염이 공역한 『마등가경』(2권)에는 "세존이시여, 제가 이전에는 어리석어 탐욕의 술에 취해 현성(賢聖)을 심란하게 하는 착하지 않은 업을 지었습니다. 부디 세존께서는 저의 '참회'를 받아주시기 바랍니다. 부처님께서 말씀하셨다.

---

51 『찬집백연경』(대정장 4, p.227하) "懺悔謝過."

나는 이미 그대의 참회를 받아들였느니라"⁵²라는 부분에서 '참회'를 볼 수 있으며, "바라문은 앞의 네 가지 죄를 짓고도 '지극한 마음으로 참회'하면 다시 그 죄과(罪過)를 소멸할 수 있다 하여…"⁵³라는 부분에는 '지심참회(至心懺悔)'라는 단어도 나타난다. 지겸 번역의 『불설패경초』에는 "왕이 이르되 '그 누가 패(孛)를 이곳에 머물도록 할 것인가. 나는 마음이 괴로우며 마치 미쳐있는 것과 같도다'라고 하며 울면서 패(孛)를 향해 허물을 알고 참회하였다."⁵⁴라는 구절에서 '참회' + '해과(解過)'의 조어를 볼 수 있다.

그런데 지겸의 『찬집백연경』에는 '해과(解過)'와 달리 '회과(悔過)'는 단 한 번 밖에 등장하지 않는다. "장자의 집에 이르자 장자는 기쁨을 이기지 못하였고, 장자의 딸도 자신의 죄과를 즉시 뉘우쳐 자책하였다오"⁵⁵라는 부분인데, 여기에서는 '회과' + '자책(自責)'의 단어로 표현되고 있다. 『찬집백연경』에는 참회와 관련된 많은 단어들이 활용되었지만 정작 '회과'는 단 한 번 검출된다.

결론적으로 지겸 번역에는 네 가지의 특징이 나타났다. 첫째, 강맹상이 사용한 '참회'를 적극적으로 계승하였다. 둘째, '참회'라는 용어가 『찬집백연경』에 집중적으로 발견되었다. 셋째, '참회'와 조합된 용어들이 대거 등장하였다. 넷째, '회(悔)'의 표현이 '참(懺)'과 비교할 때 현저히 감소했다.

---

52 『마등가경』(대정장 21, p.401중) "世尊. 我先愚癡. 欲酒所醉. 擾亂賢聖. 造不善業. 唯願世尊. 聽我懺悔. 佛言. 我已受汝懺悔."

53 『마등가경』(대정장 21, p.402중) "又婆羅門. 犯前四罪. 至心懺悔. 還可得滅."

54 『불설패경초』(대정장 17, p.734상) "王曰. 誰能留孛. 我心愁慘. 忽忽如狂. 垂泣向孛懺悔解過."

55 『찬집백연경』(대정장 4, p.243중) "至長者家. 長者歡喜. 不能自勝. 其女卽時悔過自責."

2) 강승회의 경전 번역에 나타난 '참회(懺悔)'와 의식(儀式)

강승회(康僧會)는 지겸에 이어 3세기 중반부터 활동한 역경승이다. 그는 오의 손권(孫權)에 이어 손호(孫皓)에 이르기까지 수도였던 건업 (建鄴, 남경)을 중심으로 활동한 것으로 보인다. 손호는 손권의 손자로 서 마지막까지 오(吳)를 지키다가 사마염에게 권력을 넘긴 인물이다.

> "오(吳) 적오(赤烏) 10년(248)에 처음 건업에 이르러 띳집을 지어 불상을 모시고 도를 행하였다. 당시 오나라에서는 사문(沙門)을 처음 보았다. 이 때문에 (그들은) 그의 모습만 보고 도(道)를 알지 못하여 이상하게 '속이는 짓'이라고 의심하였다."[56]

이 인용에서 남쪽 오 지역에 불교가 전파되기 시작한 경위를 알 수 있다. 강승회는 천기(天紀) 4년(280)에 사망했다고 기록되어 있다. 이 지역에서 그가 활동한 기간을 산정하면 건업에 들어온 248년으로부터 32년간이었음을 알 수 있다.

강승회는 『육도집경』(8권) 및 『구잡비유경』(2권)을 번역하였다. 그 의 번역 가운데 『육도집경』에 '참(懺)'이 단 한 번 등장한다. 여기에는 '봉재참회(奉齋懺悔)' 즉 '봉재'+'참회'의 조어가 보인다. '참회'와 관련하 여 '재(齋)'라는 단어가 사용된 것으로 보아 개인행위나 단체 행사가 이 루어졌음을 추정할 수 있는 문구이다. "가난한 사람은 스스로 3보께 귀의하고 5계와 10선을 지키며, 재(齋)를 받들어 '참회'하면서 자비로 중생을 대하였으므로 이러한 복을 얻은 것이다."[57]는 문구에서 '재참

---

56 『고승전』「역경」편, 강승회 조(대정장 50, p.325중) "以吳赤烏十年. 初達建鄴營立 茅茨設像行道. 時吳國以初見沙門. 睹形未及其道. 疑爲矯異."
57 『육도집경』(대정장 3, p.19상) "貧人以三自歸五戒十善. 奉齋懺悔慈向衆生. 故得是 福."

(齋懺)'이라는 용어를 처음 사용한 것이 아닌가 추정한다. 다만 강승회의 번역경전에서는 '참(懺)'이란 단어를 발견하기 어렵지만, '회(悔)'와 관련된 단어들은 여러 곳에서 사용되었다.

강승회 번역의 『구잡비유경』에는 '고두(叩頭)'+'회과(悔過)'의 형태가 나타난다. 이 문구는 형수(兄嫂)가 어린 동생을 학대했으나 그 동생이 삼보에 귀의하고 수다원의 도를 얻었다는 이야기에서 찾을 수 있다. 그 형수가 동생에게 '두려워하며 머리를 조아린다'는 부분에서 '회과(悔過)'라는 단어가 '머리를 조아리다[고두(叩頭)]'라는 행위와 함께 조어되었다. 또한 여기에는 '자책(自責)'이라는 용어도 보인다. "그 스승은 부끄럽고 불안했으므로 허물을 뉘우치고 스스로를 꾸짖고는 아라한이 되었다."[58]라는 구절에서는 '회과'+'자책(自責)'의 형식으로 활용되었다. 이 '자책'은 곧 '자회책(自悔責)'[59]으로도 활용되었다.

'자책'이라는 용어는 『육도집경』에서도 발견된다. "빈인이 오로지 삼보에 귀의하며 계를 지켜 범하지 않으며 스스로를 꾸짖고 허물을 뉘우치되…"[60]에서도 '회과자책(悔過自責)'이 활용되었다. 그리고 "오로지 삼존께 귀명하며 허물을 뉘우치고 스스로 책망하나니 자비로 중생들을 속히 팔난(八難)으로부터 멀리하게 하여 주소서"[61]라는 부분에서도 여러 번 발견된다.

그러나 『육도집경』에는 '회과' 즉 '뉘우침'과 함께 참회자의 행위가 두드러지게 나타나고 있다. "허물을 뉘우치기를 마치고 머리를 조아리며 물러갔다."[62]라는 부분에서 보듯이 뉘우친 후 '머리를 조아리고 돌

---

58 『구잡비유경』(대정장 4, p.513상) "其師慚愧跂踖. 悔過自責卽得羅漢."
59 『구잡비유경』(대정장 4, p.512중) "後見道人歡喜自悔責故."
60 『육도집경』(대정장 3, p.19상) "貧人唯三自歸. 守戒不犯. 悔過自責."
61 『육도집경』(대정장 3, p.15중) "唯歸命三尊. 悔過自責. 慈願衆生早離八難."
62 『육도집경』(대정장 3, p.1중) "旣悔過畢. 稽首而退".

아갔다'라는 동작이 수반되었다. 이는 참회와 행위가 결합되는 것을 보여준다. "울면서 합장하고 걸어 나가서 머리를 조아리며 허물을 뉘우치니"[63]에서도 동작과 함께 '회과'가 활용되었다. 특히『육도집경』에서는 '오체투지' + '돈수(頓首: 조아리다)' + '회과'[64]가 조합된 문구가 등장한다. 또한 앞서『구잡비유경』에 등장했던 '고두(叩頭)' + '회과'의 용례도 "머리를 조아려 허물을 뉘우치고…"[65]라는 구절에서 찾을 수 있다.

강승회 번역 경전에서 활용된 '참회' + 행위는『고승전』에도 반영되었다. 강승회 조에는 오의 손호가 불교를 수용하는 과정을 보여주는데, 불교가 중국에 들어왔던 초기의 상황에 활용된 단어들이다. '향탕목욕[향탕세수(香湯洗數)]', '향 사루기[소향(燒香)]', '참회', '고두(叩頭)예배' 등의 행위들이 그것이다.

> "궁녀[채녀(婇女)]는 즉시 불상을 가져다가 전(殿) 위에 모셔 두었다. 향내 나는 더운물로 수십 번을 씻고 나서 향을 사르고 '참회'하였다. 손호는 정성스럽게 베갯머리에서 머리를 조아리며 자신의 죄상을 스스로 고백하였다."[66]

이 인용을 볼 때 손호를 모시는 궁녀가 불교를 신앙했음을 보여주며, 당시 행의(行儀) 절차들이 자리 잡았다는 점을 알 수 있다. 또한 한(漢) 시기에 불교가 수입되었지만, 민간 신앙으로서 오(吳)의 지역에서 뿌리 내리기 시작했음을 알게 된다.

---

63 『육도집경』(대정장 3, p.14하) "泣涕交頸. 叉手步進. 叩頭悔過."
64 『육도집경』(대정장 3, p.23b12) "五體投地. 頓首悔過."
65 『육도집경』(대정장 3, p.30중) "叩頭悔過."
66 『고승전』「역경」편, 강승회 조(대정장 p.326상) "婇女卽迎像置殿上. 香湯洗數十過. 燒香懺悔. 皓叩頭于枕自陳罪狀."

강승회의 번역 경전을 살펴보면, 관련 용어들이 후한 시기보다 상당히 변화했음을 보게 된다. 또한 그 당시에 불교신앙이 뿌리 내리기 시작했다는 점을 추측할 수 있다. 강승회의 번역에 나타난 특징을 세 가지로 맺고자 한다. 첫째, 강승회의 번역에는 지겸의 경우처럼 '참회' + '죄구'의 형태가 나타났다. 그리고 '회과(悔過) + 자책(自責)', '돈수(頓首) + 회과(悔過)', '고두(叩頭) + 회과(悔過)' 등 '회과'를 중심으로 한 활용이 돋보인다. 둘째, 강승회가 활동했던 당시 참회에 대한 인식이 확대됨에 따라 '참회행위'가 두드러지게 나타났다. '고두(叩頭)'나 '소향(燒香)' 등 동작이 '참회'와 함께 나타났다. 셋째, '봉재참회(奉齋懺悔)'라는 용어에서 알 수 있듯이 '재회(齋懺)'라는 용어가 등장했다. '재(齋)'는 개인의 행위이지만, 단체의 의식(儀式) 형태로 발전하게 된다는 점에서 본 용어의 사용과 그 의의가 높다고 하겠다.

제2장 구마라집 역경에 나타난 '참회(懺悔)' 용어의 분류와 분석

1장에서 고역(古譯) 경전을 대상으로 하여 참회의 연원에 대해서 고찰해 보았다. 2장에서는 구역(舊譯)인 구마라집 역경에 나타난 '참회' 및 이와 결합된 단어들을 찾아내어 그 용례들을 분류하고 분석하고자 한다. 구마라집 이름으로 번역된 『묘법연화경』, 『대지도론』 등 총 278권에 해당하는 분량을 대상으로 '참회' 용어를 전수조사하고 분석할 것이다. 전수조사는 기존에 없던 새로운 방식이므로 비교할 만한 이전의 연구 자료가 전무했다. 그러나 최근 불교 경전의 전산입력 덕분에 단어검색이 용이해졌으므로 전수조사를 실시하였다.

고역과 달리 구마라집 역경에서 '참회'라는 적극적인 조어가 사용되고 있어 표현의 다양성도 볼 수 있다. 특히 내적 의식의 '참'이나 '회'의 의미가 신(身)이나 구(口), 혹은 예배 용어 등과 결합되어 활용된 단어에 집중하고자 한다. 더불어 내적 참회의 의미들이 고역 경전보다 확장되거나 심화된 용어들 또한 분석 대상이다. 또한 신역으로 대표되는 당 현장의 역경에서 나타나는 '참회'와 비교해 본다.

'참회' 및 이와 결합된 용어들은 불교가 종교로서 존재하는 정체성과 직접적인 관련이 있다. 따라서 참회의 내적 의식(意識)이나 외적 의식(儀式)은 불교의 실천과 그 문화로 집대성된다. 본 연구에서는 그 불교문화를 구성하는 핵심 요소로서 '참회'가 역경을 통해 정착되는 과정과 응용 추이를 연구한다.

1. 구마라집의 역경과 '참회' 용어

경전의 번역과 함께 불교가 중국에 뿌리를 내렸고 그 기반으로 교세와 교단이 발전하였다. 경전 번역 시기를 나눌 때 고역(古譯), 구역(舊譯), 신역(新譯) 시대의 세 단계로 구분한다. 후한 『사십이장경』의 번역을 필두로 구마라집 이전의 번역까지가 고역이며, 구마라집으로부터 당 현장(玄奘) 이전을 구역시대라 한다. 그리고 현장 이후의 번역물들을 가리켜 신역이라 한다. 이를 도식화하면 다음과 같다.

〈표 20〉 중국 역경(譯經)의 시기 구분

고역(古譯) 시대	구역(舊譯) 시대	신역(新譯) 시대
후한 안세고, 오 지겸, 서진 축법호 등	후진 구마라집 등	당 현장 이후
58~75 (후한 효명제 영평 연간)	401~409 (구마라집 활동 기간)	600~664 (현장 생몰)

구마라집의 번역활동은 고역시대와 구분되는 전환점임을 시사한다. 안세고나 지겸, 축법호 등의 역경가들의 번역에 격의(格義)적 요소가 많았다면, 구마라집은 이를 극복하려 했던 점이 여실하다. 『고승전』(519)을 엮으면서 혜교는 이 같은 성격을 「구마라집」 조에 기술하고 있다.[1] 따라서 역경사(譯經史)에서 구마라집의 번역과 그 방법이 끼친

---

1 『고승전』「역경」편, 구마라집 조(대정장 50, p.332상) "自大法東被始于漢明. 涉歷魏晉經論漸多. 而支竺所出多滯文格義.[불법이 동방에 전해진 것은 후한 명제 때로부터 비롯된다. 그로부터 위(魏)와 진(晉)을 경과하면서 경론이 점차 많아졌다. 그러나 지겸과 축법호가 번역해낸 경론들은 대부분 문자에 막혀서 뜻을 도가의 경전에서 빌려온 것[格義]이다.]"의 부분 참조.

영향이 컸다는 점을 의미한다.

먼저 구마라집의 중국 활동 시기를 알아본다. 혜교는 『고승전』을 찬집하면서 구자국의 구마라집을 모셔오는 과정을 상세하게 수록하고 있다. 그 내용에는 구마라집이 장안(長安)으로 들어온 연도와 시간, 그리고 그의 활동 사항을 기록하고 있다.

> 요흥(姚興)의 홍시(弘始) 3년(401) …… 5월에 이르러 요흥이 농서공(隴西公) 요석덕(姚碩德)을 파견하여 서쪽으로 여륭(呂隆)을 토벌하게 하였다. 여륭의 군대를 크게 깨뜨리자, 9월에 여륭이 표문을 올리고 항복하였다. 비로소 구마라집을 맞이하여 관중(關中)에 들어올 수 있었다. 그 해 12월 20일에 장안에 도착하였다.[2]

구마라집의 구역의 대상은 경율론 삼장(三藏) 전체였다. 이는 고역이 주로 경전 번역에 국한하던 경우와 다른 양상이다. 또한 구마라집의 역경에는 중국의 많은 의해승이 참여했다. 이에 따라 역경 단어의 선택에 있어서 기존 번역과 달리 새로운 응용이나 활용, 혹은 조어(造語)들이 나타날 수 있다. 요흥은 구마라집의 역경을 적극 지원하였다. 혜교는 『고승전』에서 "승략(僧䂮)·승천(僧遷)·법흠(法欽)·도류(道流)·도항(道恒)·도표(道標)·승예(僧叡)·승조(僧肇) 등 8백여 명을 시켜 구마라집에게 뜻을 묻고 배우게 하였고, 『대품반야경(大品般若經)』을 번역하였다."[3]라고 당시의 역경 상황을 기록하고 있다. 또한 구마라집은 서신을 통해 여타 의해승들과도 교류를 가졌다. 특히 여산 혜원과

---

2 『고승전』「역경」편, 구마라집 조(대정장 50, p.332상) "興弘始三年三月 …… 至五月興遣隴西公碩德西伐呂隆. 隆軍大破. 至九月隆上表歸降. 方得迎什入關. 以其年十二月二十日至于長安."

3 『고승전』「역경」편, 구마라집 조(대정장 50, p.332중) "增䂮僧遷法欽道流道恒道標僧叡僧肇等八百餘人諮受什旨. 更令出大品."

의 서신 왕래에서 그 흔적들을 고스란히 남기고 있다.

구마라집이 소요원(逍遙園)을 중심으로 활동한 시기는 401년~409년이다. 이는 최초의 역경가로 기록된 섭마등이 후한의 영평(永平, 58~75) 연간에 활동했던 이후로 300년 이상의 세월이 흐른 뒤다. 그 사이 후한의 안세고나 지루가참, 그리고 오(吳)의 지겸이나 서진(西晉) 축법호 등의 역경가들에 의해 번역이 축적되었으므로 구마라집의 역경에는 여러 가지 불교 단어들이 종합되거나 응용될 수 있는 여건이 갖추어져 있다.

구마라집 번역 경전에는 '참회'[4] 용어들이 풍부하게 발견된다. 또한 다양하게 응용된 형태들을 검출하고 분석할 수 있다. '참회' 용어들이 대거 활용된 경론은 『대장엄론경』(15권)을 위시하여 『좌선삼매경』(2권), 『선비요법경』(3권), 『범망경』(2권)이 있으며, 논서인 『대지도론』(100권)과 『십주비비사론』(17권)도 마찬가지이다. 이 경론들을 대상으로 '참(懺, kṣama)'과 '회(悔, āpatti-pratideśana, 아발저발나저제사나(阿鉢底鉢喇底提舍那))', 그리고 이와 관련된 단어들을 검색하여 분류, 분석하고자 한다.

---

4 중국의 번역 경전에서 '참회' 용어는 최초 번역 경전이라 할 수 있는 『사십이장경』 (섭마등 역)의 '悔(회)'가 출현하였으며, 『사리불회과경』(안세고 역)에서 '懺(참)'을 검출하여 살펴볼 수 있다.

2. 행위 및 의식(意識)에 따른 '참회(懺悔)' 용어

구마라집의 역경에는 '참(懺)'과 관련하여 풍부한 어휘들이 발견되었다. 특히 의식(意識)적 참회를 넘어 신체나 구두의 행위들과 연계되어 조어된 경우들이 보인다. 이는 고역 경전과 달리 응용 및 변화가 뚜렷함을 보여준다. 이를 신참(身懺)·구참(口懺)·의참(意懺)으로 구분하여 해당 용어들을 검출하고 고찰한다.

1) '신(身)'과 관련된 참회 용어

'참회'가 갖는 불교적 중요성 때문에 참회 행위는 내적 의식(意識)의 영역에 국한되지 않고 외적 행위로 이어진다. 또한 개인 행위의 영역에서 단체의 의례나 의식으로, 그리고 불교문화로 확장되는 결과를 보인다. 그 확장으로서 먼저 신(身)과 관련된 '참회' 용어들을 검토한다.

구마라집의 번역물은 경전뿐만 아니라 율전이나 논전까지 다양하다. 이 가운데 '참회' 용어를 많이 사용한 번역은 『대지도론』, 『대장엄론경』, 『선비요법경』과 『범망경』 등이다. '참회(懺悔)'는 비록 마음으로 이루어지는 내적 활동이지만, 행위라는 외적 동작을 수반하여 뉘우침을 확고히 하며, 이를 참회자 스스로에게 혹은 외부로 보여준다. 이에 따라 개인의 행위를 시작으로 작은 동작에 이르기까지 '참회'와 조어된 용어들을 살펴본다.

『대장엄론경』에서는 "오체투지로써 슬피 참회를 구하였다[구애참회(求哀懺悔)]"[5]라는 구절에서 오체투지를 수반한 참회를 볼 수 있다. 이와 비슷하게 『선비요법경』에서는 "부처님 앞에서 무릎을 꿇고 두 팔

---

5 『대장엄론경』(대정장 4, p.262상) "五體投地求哀懺悔."

을 땅에 대고서 부처님을 향해 참회하였다."[6]라고 하는데, 여기서 '사체포지(四體布地) + 향불 + 참회'가 조합된 문구가 발견된다. 또한 이와 가까운 의미로 '정례(頂禮)'를 사용하고 있다. 이는 머리를 부처님의 발에 대고 절하는 것이며 '오체투지' 혹은 '두면례(頭面禮)'라고 한다. "일체의 모든 성중께 정례(頂禮)하며 참사(懺謝)하였다."[7]라는 구절에서는 참회할 때 동작으로 정례라는 용어를 사용했을 뿐만 아니라, '참사(懺謝)'라는 단어를 함께 사용했다. 특히 '참사'는 참회+사죄의 의미로서, 이전의 다른 역경가의 번역물에서 볼 수 없었던 용어이다.

『선비요법경』에서 발견되는 '두정(頭頂)참회'[8] 역시 두면례처럼 이마를 땅에 대고서 참회하는 것을 의미한다. 『대지도론』에서도 "스님께 예배하되 발밑에 엎드려 참회하다."[9]라는 구절에서 예배 동작을 분명하게 표현하고 있다. "합장하여 지나되 참회의 사죄를 하였다."[10]라는 표현에서는 합장하는 모습도 보인다. 이와 같이 구마라집 번역에는 '예배'를 수반한 '참회' 용어들이 다수 발견된다. 이마를 땅에 대는 예배는 축대력과 강맹상이 공역한 『수행본기경』에 등장한 '고두(叩頭)' 예배가 그 연원으로 보인다.[11]

『선비요법경』에는 여러 번에 걸쳐서 '육시(六時) + 참회'가 등장한다. "낮과 밤 육시에 지은 모든 죄를 참회해야 한다."[12]에서 보듯이 낮과 밤 각각 세 번의 시간을 정하여 참회할 것을 설하고 있다. 이 부분은 육시를 강조하되 동작, 즉 행위가 수반되어야 함을 가리키고 있다.

---

6 『선비요법경』(대정장 15, p.243상) "卽於佛前. 四體布地. 向佛懺悔."
7 『대장엄론경』(대정장 4, p.334상) "頂禮求懺謝. 一切諸聖衆."
8 『선비요법경』(대정장 15, p.254상) "心大歡喜. 頭頂懺悔."의 부분 참조.
9 『대지도론』(대정장 25, p.69상) "拜僧足懺悔"
10 『대지도론』(대정장 25, p.71상) "蹉合手懺謝."
11 『수행본기경』(2권)(대정장 3, p.461하) "卽出詣佛. 叩頭自悔."의 부분 참조.
12 『선비요법경』(대정장 15, p.252상) "晝夜六時. 懺悔諸罪."

『사유략요법』에도 '육시참회'와 함께 동작의 표현이 보인다. "하루 낮과 하룻밤에 여섯 번 참회하되 기쁘게 청해야 한다."[13]의 문장에서 '육시참회'에 따른 행위를 추정할 수 있다. 육시 예배는 이미 안세고 번역인『사리불회과경』에 보이고 있으며, 이를 그 연원으로 볼 수 있다.[14] 그리고 승전인『고승전』(519)이나『속고승전』(645)에도 '육시' 용어가 일반명사처럼 활용되고 있다.[15]

다음으로 계(戒)와 관련된 '참회'에 대하여 분석하고자 한다.『좌선삼매경』에는 "만약 나머지 계도 어겼다면 이때는 곧 법에 따라 '참회'해야 한다."[16]라는 문장이 있다. 여기서 '참회'는 내적 뉘우침이 아닌 외적 행위를 암시한다. 특히『범망경』의 내용 중 "불보살의 형상 앞에서 스스로 계 받기를 서원하되 7일간 부처님 앞에서 참회해야 한다."[17]에서는 계와 함께 7일이라는 기간이 주어져 기간 내에 행위를 동반한 참회를 해야 했음을 알 수 있다.

구마라집 번역 가운데『대지도론』에는 일상의 생활에서 저지르는 '돌길라(突吉羅)죄 + 참회'가 등장한다. 지은 죄에 대해 참회하는 것이 당연하지만, 율장의 단어를 사용했다는 점에서 참회 용어가 다양하게 응용된다. 돌길라죄[18]는 응회(應悔)죄로서 바라이(波羅夷)죄와 달리 참

---

13 『사유략요법』(대정장 15, p.299하) "當一日一夜六時懺悔隨喜勸請."
14 『사리불회과경』(1卷)(대정장 24, p.1090하) "常以平旦日中日入人定夜半雞鳴時. 澡漱整衣服. 叉手禮拜十方. 自在所向當悔過言."
15 『고승전』에는 (대정장 51, p.353중) "常日六時行道"; (대정장 51, p.408상) "精勤禮懺六時不輟" 등으로 활용되었으며,『속고승전』에는 (대정장 51, p.484상) "六時叩頭"; (대정장 51, p.504하) "六時禮悔"; (대정장 51, p.555중) "六時禪懺"의 응용 형태가 보이고 있다.
16 『좌선삼매경』(대정장 15, p.271상) "若破餘戒. 是時應敎如法懺悔."
17 『범망경』(대정장 24, p.1006하) "於佛菩薩形像前自誓受戒. 當七日佛前懺悔."
18 산스크리트어 'duṣkṛta'로서 음역은 돌슬길율다(突瑟吉栗多), 돌슬궤리다(突瑟几理多), 독가다(獨柯多)이다. 의역으로는 악작(惡作), 악설(惡說)이다. 곧 몸과 입으로 짓는 죄이다.

회를 요구한다. '돌길라참회'라는 단어에서는 동작과 행의(行儀)는 물론 단체 행위로 이어지는 요소가 등장한다. "이것이 너의 죄이니라. 너는 지금 가서 돌길라죄에 대해 참회를 시작하라"[19]에서 보듯이 참회에 동작이 부연되고 있음을 알 수 있다. 또한『대지도론』에는 '육종(六種)돌길라죄'의 단어도 여러 번 등장하고 있다.[20]

『선비요법경』에는 '지심(至心) + 참회'가 여러 번 활용된다. 자신이 '이전에 지은 죄를 지극한 마음으로 참회'해야 하는 것을 말한다. "취기가 있었던 사람은 마땅히 지극한 마음으로 참회법을 닦아야 할 것"이라고 하여 참회가 내적 사유로만 이루어지는 것이 아니라 행위로 이어져야 한다는 것을 주문하고 있다.[21] 또한『선비요법경』에는 "만일 (죄를) 범했다면 마땅히 지극한 마음으로 참회하되 청정해야 한다. 계가 청정하면 이미 장엄의 범행이라 한다."[22]라고 하여 범행(梵行)으로 이어지는 행위를 암시하고 있다.

고역과 달리 구마라집의 역경에는 '참회'에 작은 동작은 물론 행위에 이르기까지 외적 신체와 연계된 적극적인 표현이 보인다. 특히 '두면례(頭面禮)', '두정(頭頂)', '정례(頂禮)', '육시참회' 등 예배 행위와 '참회' 용어가 활용되었음을 볼 수 있다.

---

19 『대지도론』(대정장 25, p.68상) "是汝之罪. 汝去作突吉羅懺悔."
20 『대지도론』(대정장 25, p.68중) "六種突吉羅罪懺悔.";『대지도론』(p.260하) "敕令阿難六突吉羅懺悔."
21 『선비요법경』(대정장 15, p.249중) "但當至心懺悔先罪";『선비요법경』(p.253하) "如癡醉人應當至心. 修懺悔法."
22 『선비요법경』(대정장 15, p.267하) "若有所犯. 應當至心懺悔淸淨. 戒淸淨已名莊嚴梵行."

2) '구(口)'와 관련된 참회 용어

구마라집의 번역경전에는 참회가 '뉘우침'이라는 사고(思考)의 영역에서 끝나는 것이 아니다. 소리나 음성, 즉 '언어'에 의한 확인 절차가 나타난다. 구(口)의 행위를 중심으로 조어된 '참회' 용례들을 살펴본다.

구마라집 번역의 『대장엄론경』에는 '청아(聽我) + 참회'의 용어가 여러 번 보인다. "법 자재자이시여 이제 저의 참회를 들어주소서"[23]에서 보듯이 참회자는 언어로 참회한다는 것을 나타낸다. 또한 "정성어린 참회를 들어주소서"[24]에서는 '청(聽) + 귀성(歸誠) + 참'의 구성으로 '기원'으로서 구참(口懺)의 응용 가능성을 보여준다. 또한 비슷한 문구로 "저의 허물을 참회하오니 들어주소서, 사람 중의 조어사(調御師)이시여"[25]가 있다. 여기서는 조어사(調御師)에게 자신의 참회를 들어줄 것을 탄원하고 있다. 이와 같은 조어 방식은 이미 지겸의 번역인 『찬집백연경』에서 볼 수 있다.[26]

『범망경』에는 '회(悔) + 참(懺) + 사(謝)'의 구조로 활용된 문구를 볼 수 있다. "앞선 사람이 뉘우치기를 구하며 참회로서 사죄한다."[27]에서 '사(謝)'는 말로 참회한다는 것임을 알 수 있다. 이는 『속고승전』에서도 '참사'의 형태로 활용되고 있다.[28] 그리고 『십주비바사론』에는 구체적인 언어에 의한 참회가 나타난다. "만일 보살이 죄를 참회하고자 한다면 이렇게 말해야 한다."[29]에서처럼 죄에 대한 참회가 말로 이루어지

---

23 『대장엄론경』(대정장 4, p.314하) "於法自在者 今聽我懺悔".
24 『대장엄론경』(대정장 4, p.278중) "聽我歸誠懺".
25 『대장엄론경』(대정장 4, p.306중) "聽我懺悔過 人之調御師"
26 「고역 경전에 나타난 '참회' 용어의 번역과 정착 과정」, p.167.
27 『범망경』(대정장 24, p.1005상) "前人求悔善言懺謝."
28 『속고승전』「의해」편, 석혜조 조(대정장 51, p.539중) "用陳懺謝"; (p.557상) "懺謝得免."

고 있음을 볼 수 있다.

> "참회, 권청, 수희, 회향은 밤중이나 새벽이나 마찬가지이다.
> 낮에도 아침이나 낮이나 저녁 때에도 같다. 낮과 밤을 합하여 육
> 시(六時)이다. 한마음[일심(一心)]으로 제불께서 앞에 계시다고 염
> (念)해야 한다."[30]

위의 인용문에서 보듯이 '참회'의 행은 권청과 수희, 회향의 방편을
동반한다. 수(隋)의 천태대사(537~598)는 여기에 발원을 부가하여 오회
(五悔)로 설정하고 있다.[31] 또 위의 인용문에는 '육시(六時)'라는 시간과
행위, 음성 그리고 '일심(一心)'이라는 내적인 움직임까지 종합된 문장
이 나타났다. 이와 함께 『선비요법경』에는 구두 참회와 함께 시간
적·공간적 배경이 동시에 등장하는 문장이 있다. 여기에는 "반드시
마음 깊이 참회하되 육시로 해야 하며, 많은 말을 하지 말며 조용한
곳에 있어야 한다."[32]라고 하여 참회할 때의 묵언을 강조하고 있다.
『대지도론』에는 "참회와 사죄의 말"[33]과 함께 "항상 신에게 참회하
고 사죄하다."[34]라는 문구가 있다. 이 또한 '사(謝)'로써 구참(口懺)의 의
미를 상징한다고 하겠다. 더 나아가 구두의 참회를 들어달라는 의미로
'청아(聽我)'가 활용되었다. 『대장엄론경』에는 "화상(和上)이여, 들어주
소서. 참회하고 죄과를 없애고자 하나이다."[35]가 있으며 또 "지금 들

---

29 『십주비바사론』(대정장 26, p.45중) "若菩薩欲懺悔罪. 應作是言."
30 『십주비바사론』(대정장 26, p.47중) "懺悔勸請隨喜迴向. 中夜後夜皆亦如是. 於日
   初分日中分日後分亦如是. 一日一夜合爲六時. 一心念諸佛如現在前."
31 『마하지관』(대정장 46, p.98하)
32 『선비요법경』(대정장 15, p.250중) "應當深心六時懺悔. 不樂多語. 在空閑處"
33 『대지도론』(대정장 25, p.89상) "懺謝之言"
34 『대지도론』(대정장 25, p.71상) "懺謝恒神"
35 『대장엄론경』(대정장 4, p.324중) "和上當聽我 懺悔除罪過."

어주소서. 모든 죄와 허물을 참회하나이다."[36] 이렇게 두 가지가 있다. 그리고 "참회를 들어주소서. 남았던 의혹이 다행히 풀리고 알게 되었나이다."[37]에서 보듯이 구두로 행하는 '참회' 용어가 발견된다.

구마라집 역경에는 구두나 소리와 관련되는 '청아(聽我)' 혹은 '참사(懺謝)' 등의 용어가 보인다. 이는 구역 시대에 접어들면서 참회 방법이 다양화되었음을 가리킨다. 의식(意識)적 참회에서 신의(身儀) 혹은 구두(口頭)를 수반함을 알 수 있다. 이로써 불교의 '참회'는 '잘못을 뉘우친다'는 의미에서 더 나아가 개인의 행위나 단체의 행의(行儀) 혹은 행사(行事)로 발전될 수 있음을 알 수 있다.

3) '의(意)'와 관련된 참회 용어

'참회' 단어가 갖는 고유의 의미에는 이전에 지은 죄나 잘못에 대한 뉘우침과 다시는 그 행위를 하지 않겠다는 스스로의 약속이 전제된다. 그것이 '의참회(意懺悔)'이며 이를 바탕으로 그 약속을 확고히 하기 위해 신참(身懺)이나 구참(口懺)이 수반되었던 것이다. 구마라집 번역 경전에서는 의참(意懺) 의미의 활용이 다수이지만 그것이 신의(身儀) 참회나 구두(口頭) 참회로 발전된 흔적들을 어렵지 않게 살펴볼 수 있다. 본란에서는 의참과 관련된 단어들을 중심으로 고찰한다.

구마라집 번역에 나타난 의참(意懺)의 활용도를 네 가지로 살펴본다.

첫째, 선수행을 위한 방편으로서 '참회'이다. 구마라집역 『선비요법경』에는 '참괴(慚愧) + 참회(懺悔) + 자책(自責)'[38]의 용어 조합을 볼 수 있

---

36 『대장엄론경』(대정장 4, p.340상) "唯願今聽我 懺悔諸罪咎."
37 『대장엄론경』(대정장 4, p.262상) "願聽懺悔. 所有疑惑幸爲解釋."
38 『선비요법경』(대정장 15, p.257중) "復更慚愧. 懺悔自責."

다. 자신이 지은 잘못에 대해 부끄러워하며 참회하고 자책하는 것이다. 이는 뉘우침[회(悔)]의 의미를 더욱 강조하고 있다. 이와 더불어 『선비요법경』에서는 '참회' 용어를 활용하여 난심(亂心) 제거의 방편으로 활용하였음을 발견하게 된다. "어지러운 마음이 발생했을 때는 자책하고 부끄러워하되 '참회'해야 한다."[39]라고 한 것은 선 수행을 위한 '참회'임을 알 수 있다. 그리고 『십주비바사론』에서도 수행과 관련된 '참회'가 발견된다. "과거 모든 보살이 불도를 구하고자 악업죄를 '참회'하는 바와 같이…"[40]라는 부분에서 보듯이 '불도'와 '참회'를 등치시켰다.

둘째, 시간과 관련된 참회이다. 이미 지은 잘못에 대해 참회한다는 점을 분명하게 표현한 문구는 『대장엄론경』에서 발견된다. "탁악겁 이전의 몸이 지은 악업을 참회하고 청정의 몸을 받는다."[41]에서는 '겁'과 '전생'을 활용하여 '참회'와 '시간'을 관련시켰다. 『십주비바사론』에서는 시간에 대해 좀 더 적극적인 내용을 볼 수 있다. "악업죄를 '참회'하되 이미 '참회'하며, 지금 '참회'하며, 장차 '참회'한다."[42]라는 구절이다. '과거[이(已)] + 현재[금(今)] + 미래[당(當)]'이라는 시간을 배열하여 항상 '참회'의 생활로 이어져야 함을 강조한 것이다.

셋째, 참회로 인한 죄의 사멸에 대한 내용이다. 『선비요법경』에는 잘못을 저지른 것에 대해 죄를 멸하는 방법으로 참회가 따라야 한다는 점을 밝히고 있다. "돌길라죄 내지는 중죄를 범하여 이를 참회하고자 한다면 어떻게 죄상들을 멸하는 것이 맞습니까?"[43]라고 하여 가볍

---

39 『선비요법경』(대정장 15, p.257중) "設有亂心. 復當自責慚愧懺悔."
40 『십주비바사론』(대정장 26, p.45하) "如過去諸菩薩求佛道者. 懺悔惡業罪."
41 『대장엄론경』(대정장 4, p.433중) "懺悔前身濁惡劫 不善惡業得淸淨."
42 『십주비바사론』(대정장 26, p.45하) "懺悔惡業罪. 已懺悔今懺悔當懺悔."
43 『선비요법경』(대정장 15, p.255상) "犯突吉羅乃至重罪. 欲懺悔者. 當云何滅是諸罪相."

거나 무거운 죄에 대해 참회해야 함을 강조한 것을 볼 수 있다. 『범망경』에는 구체적으로 사십팔경계(四十八輕戒)를 지목하고 이를 범했을 때 대중 앞에서 참회하는 대수(對首) '참회'를 말하고 있다.[44]

넷째, 정성과 노력의 의미가 수반된 참회의 조어가 발견된다. 『대장엄론경』에는 부지런함을 의미하는 '근(勤)'과 함께 '공력(功力)'이라는 단어를 사용하여 정성 들여 참회하는 방법을 표현하고 있다. 이와 함께 『대지도론』에서는 "지금 이 세상이나 과거세 일지라도 죄가 있다면 오늘에 지극한 정성으로 참회해야 한다."[45]라고 하여 '성심(誠心) + 참회'의 용어가 성립되었음을 볼 수 있다. 더 나아가 참회가 복(福)을 초래한다는 문구가 있다. "내가 마땅히 재물과 보배를 주어 참회하도록 하며 복을 쌓는다."[46]에서 보듯이 참회로 그치지 않고 복을 구한다는 의미이다. 또한 참회는 안락과 이익을 가져다준다는 내용도 발견된다. "스스로 죄가 있음을 알고 참회한다면, 참회 즉시 안락하게 되며 참회하지 않는다면 그 죄가 더욱 깊어지리라"[47]에서는 참회 여부에 따라 안락해질 수도 혹은 더 깊은 죄업에 빠질 수도 있다는 점을 분명하게 비교하고 있다.

구마라집 역경에서 '참회' 용어의 선택이나 조어는 강맹상과 지겸의 번역이 연원임을 알 수 있다. 후한 강맹상의 번역인 『중본기경』에 '참회사과(懺悔謝過)'가, 그리고 『불설흥기행경』에는 '작례(作禮)참회'가 발견된다. 더불어 오(吳)의 지겸 역경인 『찬집백연경』에는 '귀성(歸誠)참회', '지심(至心)참회', '발로(發露)참회', '구애(求哀)참회' 등 의참(意懺) 용어들이 대거 발견된다.[48] 구마라집의 역경에서 의참(意懺) 용어들은 예

---

44 『범망경』(대정장 24, p.1008하20) "若犯四十八輕戒者. 對首懺罪滅."
45 『대지도론』(대정장 25, p.159중) "若今世若過世有如是罪. 今日誠心懺悔."
46 『대장엄론경』(대정장 4, p.263중) "我當賜財寶 令懺悔修福."
47 『범망경』(대정장 24, p.1003상) "自知有罪當懺悔. 懺悔卽安樂. 不懺悔罪益深."

경 용어와 결합되면서 신참(身懺)이나 구참(口懺)의 행위 용어들과 조어
된 특히 잘못＋뉘우침이라는 인과관계로부터 발전하여 '육시' 등 시간
관련 용어, 그리고 '작례(作禮)'로 일컬어지는 예배 관련 용어들로 확장
되었음을 볼 수 있다. 따라서 구마라집 역경의 '참회'는 보편적 용어로
자리 잡았을 뿐만 아니라, 의미의 확장을 위한 기반으로 활용되었던
것이다.

　구마라집 이후 당 현장(玄奘)의 신역에서는 '참회' 용어가 거의 활용
되지 않았음을 발견할 수 있다. 현장 역경에는 『대반야경』(600권)이나
『유가사지론』(100권), 『아비달마대비바사론』(200권) 등 방대한 분량의
역경이 있으나 '참회'가 거의 발견되지 않은 점이 특징이다. 다만 『대
승대집지장십륜경』(10권)에서만 집중적으로 '참회'가 36회[49] 발견된다.
그리고 『아비달마대비바사론』(200권)에는 '참사'가 단 3회 검출되었을
뿐이다. 그 외 현장의 역경 대부분에서는 '참(懺)'자 조차도 발견하기
어렵다.

---

48 「고역 경전에 나타난 '참회' 용어의 번역과 정착 과정」, pp.161~168
49 현장 역 『대승대집지장십륜경』「참회품」 제5(대정장 11권, p.757하)에서는 주로
　　'發露懺悔'와 '至誠懺悔'가 집중적으로 활용되었다.

3. '회(悔)'와 조어된 용어

앞의 장에서 고찰했듯이 '참(懺)'이 신(身) · 구(口) · 의(意)의 행위 용어들과 적극적으로 조어된 사례들을 보았다. 이와 달리 '회'는 내적 의식(意識)과 관련된 용어와 결합되지만, 참회자의 행위를 수반하는 경우도 나타난다. 여기서 '회(悔)'는 주로 과실에 대한 후회나 반성 혹은 책망의 의미로 활용되었다. 더 나아가 '회'는 근심이나 걱정, 원망의 의미가 담긴 용어로 확장된다. 구마라집 역경에 활용된 '회' 관련 용어들을 추출하고 이를 분류하여 고찰한다.

1) '뉘우침'으로서 '회(悔)'와 조어된 용어

구마라집 역경에서 '참(懺)'이 '회(悔)'와 짝을 이룬 단어들이 등장하지만, 오히려 '회' 위주의 활용이 두드러진다. '참+회'의 경우 '회'는 보조적 의미로 활용되었지만, 이와 달리 '회'가 또 다른 글자나 단어와 만나면서 다양한 응용들이 보인다. 『묘법연화경』의 내용 가운데 '자회(自悔)'+'과구(過咎)'의 조합이 정의적 설명에 적합하다. "이제 세존 앞에서 과거에 지은 모든 허물을 스스로 뉘우치나니[자회(自悔)]···"⁵⁰의 문장에서 확인이 된다.

이와 같이 구마라집 번역물에서 '회'는 '회과(悔過)', '회책(悔責)', '후회(後悔)' '심회(心悔)' 등 과거에 저지른 잘못에 대해 뉘우치는 형태의 단어로 검출된다. 이 네 가지 단어들을 검출하여 분석하기로 한다.

첫째, '회과(悔過)'라는 단어이다. 이는 '과거의 잘못 즉 과실에 대해 뉘우친다'는 의미로서 구마라집 번역본에서 그 활용 빈도가 높은 편이

---

50 『묘법연화경』(대정장 9, p.29상) "今於世尊前 自悔諸過咎."

다. 『묘법연화경』에서는 "자리에서 일어나 부처님 앞에 나아가 머리를 발에 대고 스스로를 꾸짖으며 허물을 뉘우쳤다[두면례(頭面禮) + 회과]"[51]에서 보듯이 '뉘우치다'의 의미로 활용되었다. 『대지도론』에서도 부처님을 향해 오체투지의 행위와 함께 사용되었다[오체투지(五體投地) + 회과].[52] 『대수긴나라왕소문경』 역시 "이마를 부처님의 발에 대고 오른쪽으로 세 번 돌며 세존께 허물을 뉘우쳤다[정례불족(頂禮佛足) + 회과]"[53] 라고 하여 부처님 앞에서 경의를 표하는 행위와 함께 '회과'가 사용되었음을 볼 수 있다. 불전(佛前)에서 뉘우치는 상황은 『부사의광보살소설경』에서도 발견된다. "청하고자 하오니 세존께 허물을 뉘우치옵니다[회과(悔過)]. 원컨대 보리도를 설해주옵소서"[54]에서 이 '회과(悔過)'는 이전의 용례들과 달리 구두(口頭)와 결합되었음을 볼 수 있다.

『사익범천소문경』에는 "잘못을 뉘우치고 죄를 없앤다."[55]라고 하여 정의적으로 활용되고 있다. 반면에 『선비요법경』에서는 '회과'가 선수행과 관련을 맺고 있음을 보게 된다. "다시 허물을 뉘우쳐야 하며, 이미 뉘우쳤다면 스스로 자신의 몸을 돌아보아야 한다."[56]에서 수행법의 용어로 사용된 것을 볼 수 있다. 그리고 『불설화수경』에서는 "허물을 뉘우치도록 하여 화합이 될 수 있도록 해야 한다."[57]라고 하여 승가의 화합은 개인이 뉘우치는 것에서 가능하다는 점을 밝히고 있다. 또한 공동체 생활에서 '회과'의 중요성이 보인다. "포살(布薩)에서 동일하게 대중에게 계를 설하되 죄상을 말하지 않거나 '회과'를 가르치는 것을

---

51 『묘법연화경』(대정장 9, p.29상) "卽從座起到於佛前. 頭面禮足悔過自責."
52 『대지도론』(대정장 25, p.115중) "五體投地悔過向佛."
53 『대수긴나라왕소문경』(대정장 15, p.387상) "頂禮佛足右遶三匝. 悔過世尊."
54 『부사의광보살소설경』(대정장 14, p.35상) "我有所請 悔過於世尊 願說菩提道."
55 『사익범천소문경』(대정장 15, p.35하) "悔過除罪."
56 『선비요법경』(대정장 15, p.244상) "當更悔過. 旣悔過已. 自見己身."
57 『불설화수경』(대정장 16, p.193하) "令悔過 還使得和合."

거부한다면 경구죄(輕垢罪)를 범하는 것이다."[58]라는 문장에서 '회과'는 포살 법회에서 활용되고 있다. '회과'는 또『고승전』이나『속고승전』에서 오히려 행위와 함께 조어되어 있다.[59]

둘째, 구마라집 번역에서 '회(悔)'는 '책(責)'과 만나 '뉘우치되 스스로를 꾸짖는' 형태로 응용되고 있다. 이는 '자회책(自悔責)'[60]이라는 단어로『대장엄론경』에서 발견된다. 또한 "제가 이제 스스로를 꾸짖고 뉘우치나니…"[61]라는 구절에서, "마음은 능히 스스로를 꾸짖고 뉘우치며, 선(善)을 닦아 쾌락을 얻고자 함이다."[62]에서 '회책'이라는 단어가 적극적으로 활용되었다. '회책'은 또『유마경』에 보이는데 "이제 스스로를 꾸짖어 뉘우쳐 그 마음을 버리고 멀리 하고자 하나이다."[63]라는 구절에서 같은 의미로 활용되었음을 알 수 있다. '회책'은 그러나『고승전』에는 보이지 않으며『속고승전』에 한 번 활용되었다.[64]

셋째, '후회(後悔)'는 '나중에 뉘우치게 된다'는 의미로 구마라집 번역 경전의 여러 곳에서 발견된다.『대반야경』에서 "후회하지 않도록 한다."[65]가 보이며『소품반야경』에서도 "스스로를 잘 헤아려 후회하지 않도록 하라"[66]라고 하여 '후회' 단어가 사용되었다.『불설화수경』에도 "오래지 않아 열반에 들 것이며 후회를 따르지 않을 것이다."[67]로

---

58 『범망경』(대정장 24, p.1005중) "共布薩同一衆住說戒. 而不擧其罪教悔過者. 犯輕垢罪."
59 『고승전』(대정장 51, p.409중) "禮拜悔過以懺先罪"에는 '禮拜'+'悔過' 그리고 '懺'+'罪'의 형태가 보인다. 그리고『속고승전』(p.556하) '頂禮悔過'에도 '悔過'+'頂禮'라는 행위와 결합되었다.
60 『대장엄론경』(대정장 4, p.296하) "卽自悔責."
61 『대장엄론경』(대정장 4, p.306상) "我今自悔責."
62 『대장엄론경』(대정장 4, p.289중) "心能自悔責 修善得快樂."
63 『유마힐소설경』(대정장 14, p.554중) "今自悔責捨離是心."
64 『속고승전』「석경」편, 석혜정 조(대정장 50, p.452상) "當自悔責."
65 『대반야경』(대정장 8, p.322상) "無令後悔."
66 『소품반야경』(대정장 8, p.557상) "善自籌量無得後悔."

활용되어 '후(後) + 회(悔)'의 형태를 보인다.

넷째, '심회(心悔)'이다. 구마라집 역경에는 '심회(心悔)' 단어 역시 여러 번 검출된다. 이는 『대지도론』과 『성실론』에서 자주 등장한다. 『대지도론』에서 '심회' 용어는 정의적으로 활용된 것으로 볼 수 있다.

"불법 가운데 일체의 모든 법이 무아로 결정되어 있건만 '아(我)'를 일컬어 '반야바라밀다'라고 일컫는 보살이 있다면 망어(妄語)죄에 떨어진다. 그러므로 심회(心悔)이다."[68]

이 부분에서 해당 용어를 볼 수 있다. 또한 "갖가지 의심이 발생하므로 '심회(心悔)'이다."[69]에서도 같은 의미로 사용되었다. 『십주비바사론』에는 "스스로 작은 죄가 있다는 것을 알면 다른 이를 위해 설하지 않으며 곧 스스로 뉘우쳐야 하는 것"[70]이라 하여 '심회'를 좀 더 적극적으로 활용하고 있다. 또한 "내가 심회(心悔)로서 거칠게 화를 내는 것이요, 어지러운 생각이 물러갔을지라도 이견(二見)이 발생하는데 마치 손가락 튕기는 시간인 것이다."[71]라는 내용이 『발보리심경론』에서 검출된다. 이 용례들은 유감의 의미로 활용되었음을 알 수 있다.

'심회'는 또 후회의 의미를 표출하고 있다. 『성실론』에서는 '심회' 단어가 여러 번 활용되고 있다. "이와 같이 살생 등 업을 짓는다면 훗날 '심회'를 겪나니"[72]에서 보듯이 후회의 의미로 활용하고 있다. 또한 근심과 걱정, 슬픔을 나타내는 용어인 '우비(憂悲)'가 '심회'와 만나 '후

---

67 『불설화수경』(대정장 16, p.172중) "來不久當入涅槃. 無從後悔."
68 『대지도론』(대정장 25, p.364하) "佛法中一切諸法決定無我. 而我說言有菩薩爲說般若波羅蜜. 則墮妄語罪. 是故心悔."
69 『대지도론』(대정장 25, p.712하) "多生疑故心悔."
70 『십주비바사론』(대정장 26, p.36하) "時自知有小罪. 不得向他說. 卽自心悔."
71 『발보리심경론』(대정장 32, p.511상) "若我心悔恚礙 退沒亂想. 起於二見如彈指頃."
72 『성실론』(대정장 32, p.290하) "如作殺等業後則心悔."

회하다'라는 의미가 더욱 강조된 경우를 보게 된다.[73] 특히 "지금 '심회 (心悔)' 등의 고통을 받게 된다."[74]라는 표현에서 후회의 의미와 합쳐져 심리적 고통을 수반하고 있음을 나타낸다. 『화수경』에서도 공외(恐畏) + 심회[75]의 조어로 두려움과 함께 활용되었으며, 『십송비구바라제목차 계본』에는 '죄(罪)' + '일심회(一心悔)'[76]의 표현이 있다. 여기서 '회(悔)'는 후회의 의미로 걱정이나 근심 혹은 공포를 표현하는 단어와 조합되어 있다. 이 외에도 '개(改) + 회(悔)'의 활용이 특징적으로 나타난다. 『대지 도론』의 "곧 스스로 뉘우쳐 고치며 이렇게 생각하였다."[77]에서 보듯이 '뉘우침'과 함께 '새롭게 고쳐야 함'을 의미한다. 이와 관련해 "허물을 고쳐야 한다."[78]라는 구절을 『대장엄론경』에서도 찾을 수 있다. 또한 "이미 죄라는 것임을 들었다면 속히 스스로 고치고 뉘우쳐야 한다."[79] 라고 하여 잘못이나 죄를 뉘우치고 더 나아가 고쳐야 한다고 말한다. 그러나 '심회'는 『속고승전』에서 한 번 검출된다.[80]

이상과 같이 '회 + ㅇ'의 형태로서 과거에 저지른 잘못에 대해 뉘우 치는 형태의 용어들을 검색하고 용례별로 분석하였다. 특히 '회과'는 후한 시기 안세고 번역인 『사리불'회과'경』이라는 단일 경전의 경제(經 題)에 쓰일 정도로 중요하다. 이후 후한의 지루가참 번역 경전에서도 '회과'가 출현한다. 따라서 회과를 중심으로 안세고 – 지루가참 – 구마라 집의 번역물 간의 연계점이 발견된다. '회책'과 '후회' 역시 지루가참과

---

73 『성실론』(대정장 32, p.311상) "是色壞時憂悲心悔."의 부분 참조.
74 『성실론』(대정장 32, p.306하) "現受心悔等苦."
75 『불설화수경』(대정장 16, p.200중) "恐畏心悔".
76 『십송비구바라제목차계본』(대정장 23, p.470하) "有罪一心悔 後更莫復犯."의 부분 참조.
77 『대지도론』(대정장 25, p.603하) "便自改悔作是念".
78 『대장엄론경』(대정장 4, p.290하) "過尋能改悔."
79 『불설화수경』(대정장 16, p.183하) "聞是罪已便自改悔."
80 『속고승전』「석경」편, 석담요 조(대정장 50, p.428상) "帝旣心悔."

구마라집의 연계성이 있음을 알 수 있다.[81] 그러나 '심회' 용어는 이전 고역 경전에 나타나지 않았으며 구마라집이 처음으로 응용한 것으로 보인다.

2) '회(悔)'와 조어된 감성적 용어

앞 장의 '잘못에 대한 뉘우침' 용어에 이어 본란에서는 '회(悔)'와 함께 활용되어 감성을 표현하는 활용 형태들을 고찰하고자 한다. 여기에는 '의회(疑悔)', '도회(掉悔)' '우회(憂悔)', '회한(悔恨)'이 검출된다. 앞 장의 '회＋○'와 달리 '○＋회'의 형태이다. 이들 용어들은 '뉘우침[회(悔)]'과 결합되어 의미의 확장을 가져온 것이다.

첫째, '의회(疑悔)'이다. 구마라집 번역 경전에서 '회한'과 그 의미가 비슷하게 활용된 예로 '의회(疑悔)'가 있다. 이 용어는 '회한'과 마찬가지로 활용 빈도가 높은 용어로서 구마라집의 여러 번역물에서 발견된다. 『대반야경』에는 다음과 같은 문장을 볼 수 있다.

> "이 보살이 깊고 깊은 반야바라밀을 들었으므로 두려움과 공포와 의심[의회]이 없으며 신행을 잘하는 것이니라."[82]

위 인용과 반대로 "혹 놀라움과 두려움에 의심이 생기며 믿음과 실천이 되지 않는다."[83]고하여 의회는 같은 의미로 활용되었다. 여기서 의(疑)＋회(悔)의 형식은 '뉘우친다'는 의미 보다 오히려 '의심(疑心)'이라는 뜻으로 활용됨을 볼 수 있다.

---

81 「고역(古譯) 경전에 나타난 '참회(懺悔)' 용어의 번역과 정착 과정」, p.158.
82 『대반야경』(대정장 8, p.314하) "是菩薩聞是甚深般若波羅蜜. 不驚不怖心不疑悔則能信行."
83 『대반야경』(대정장 8, p.314하) "或當驚怖心生疑悔不信不行."

이 밖에도 '의회'는 다양하게 활용된다. 『법화경』에서 특히 많이 발견되는데, "의심을 끊는다."[84]로부터 "이 법음을 들었으므로 의심이 모두 사라졌나니…"[85]의 표현과 함께 "만일 의심이 있다면 부처님께서 당연히 제거해주며 남기지 않도록 한다."[86]의 활용이 보인다. 『사익범천소문경』에도 의심의 의미로 활용되고 있다. "보살이 일체법 중 의심이 일어나지 않는다면 이를 보살이라 한다."[87]에서 그 용례를 자명하게 보여준다. 『수능엄삼매경』에도 같은 의미로 사용되었다. "그대들은 잘 들으시오. 두려움으로 인해 의심을 내지 마시오."[88]에서 '의회' 용어를 활용하고 있다. 『십주비바사론』에도 '의회' 용어가 많이 등장한다. 그 예 가운데 하나는 "그 죄가 매우 무거워 그 사람이 비록 의심이 없다고 하더라도 강하게 의심이 생기도록 한다."[89]로 죄로 인한 의심이 발생한다는 점을 강조하고 있다. 특히 『좌선삼매경』에서는 '의(疑)'와 '회(悔)'를 각각 활용했다가 이를 다시 합쳐서 활용한 것을 볼 수 있다. 이 외에도 『좌선삼매경』, 『대지도론』, 『화수경』『십주비바사론』, 『불장경』 등 구마라집의 번역 경론에는 많은 숫자의 '의회' 단어가 있지만 여기서 생략하기로 한다.

둘째, '도회(掉悔)' 단어는 '흔들림(들뜸)+후회'의 의미로서 훗날 선수행법에서 중요한 단어로 활용된다.[90] '도회'는 '흔들린다'는 도거(掉擧)

---

84 『묘법연화경』(대정장 9, p.10하) "斷諸疑悔."
85 『묘법연화경』(대정장 9, p.11상) "聞如是法音 疑悔悉已除."
86 『묘법연화경』(대정장 9, p.05중) "若有疑悔者 佛當爲除斷 令盡無有餘."
87 『사익범천소문경』(대정장 15, p.49상) "若菩薩於一切法中不生疑悔. 是名菩薩."
88 『수능엄삼매경』(대정장 15, p.640하) "汝等善聽. 勿懷恐怖而生疑悔."
89 『십주비바사론』(대정장 26, p.37하) "其罪甚深重 人無有疑悔 强令生疑悔".
90 선어록의 검토결과 '掉悔'가 보이지 않았으며, '掉擧'는 『대혜어록』(대정장 47, p.922중) "坐時不得令昏沈 亦不得掉擧 昏沈掉擧先聖所訶.", 종밀의 『도서』(대정장 48, p.405중) "掉擧猛利不可抑伏 貪瞋熾盛觸境難制者.", 그리고 지눌의 『수심결』(대정장 48, p.1008중) "若掉擧熾盛 則先以定門稱理攝散心."에서 검출되었다.

의 의미와 '추회(追悔)'의 뜻을 지닌다. '도회'는 또한 오개(五蓋)의 하나로서 마음을 덮는 번뇌이다.

이러한 의미로 '도회'는 구마라집의 번역 경전에서 자리 잡았다. '회'는 '후회' 혹은 '뉘우침'의 뜻이지만 도(掉)는 '흔들리다' 혹은 '요동하다'의 의미이다. 구마라집 번역 목록에서 '도회'가 중요하게 활용된 곳은 『대반야경』이다. 설법자나 설법을 듣는 청자(聽者)가 다섯 가지인 탐욕(貪欲)·진에(瞋恚)·수면(睡眠)·'도회(掉悔)'·의(疑)[91]를 벗어나야 함을 강조한 데서 볼 수 있다.[92] '도회' 단어는 『좌선삼매경』에서 중요한 수행 용어로 자리 잡고 있다.

　　"만일 흔들림과 후회의 덮힘[개(蓋)]이 일어난다면 이렇게 생각하라. 세상 사람들이 근심을 없애려고 환희를 구하려 한다면 '도회'가 생기며 이제 나는 고행과 좌선으로 도를 구할지니…."[93]

'도회' 단어는 구마라집 이후 유송(劉宋)의 구나발타라가 번역한 『잡아함경』「선취경(善聚經)」에서 탐욕개(貪欲蓋) 등 5개(五蓋) 중의 하나로 나타난다.[94] 구마라집이 먼저 자신의 번역에서 '도회개'를 사용한 것이다. 그의 번역 경전 『선법요해』에서도 "도회개(掉悔蓋)를 꾸짖어라"[95]라는 문구가 있으며, 『성실론』에서는 '도(掉)'와 '회(悔)'에 대하여 각각 정의하고 있다. "산란하여 생긴 모든 번뇌를 '도(掉)'라고 하며, 마음에

91　『수습지관좌선법요』(대정장 46, p.464상) "所言棄蓋者 謂五蓋也 一棄貪欲蓋 前說外五塵中生欲…."의 참조.
92　『대반야경』(대정장 8, p.321중) "說法者離貪欲瞋恚睡眠掉悔疑 … 聽法者離貪欲瞋恚睡眠掉悔疑."의 부분 참조.
93　『좌선삼매경』(대정장 15, p.288상) "若掉悔蓋起. 應作是念. 世人欲除憂. 求歡喜故而生掉戲. 今我苦行坐禪求道."
94　『잡아함경』(대정장 2, p.171하) "所謂五蓋. 何等爲五. 謂貪欲蓋·瞋恚蓋·睡眠蓋·掉悔蓋·疑蓋." 부분 참조.
95　『선법요해』(대정장 15, p.288상20) "呵掉悔蓋".

근심을 품은 것을 '회(悔)'라고 한다."⁹⁶라는 문구가 그것이다. 특히 『성실론』에는 '도회' 용어가 빈번하게 사용되었다. 그러나 『고승전』 등 승전류나 선어록에는 '도회(掉悔)'가 발견되지 않았다. 다만 신역인 현장의 역경에 '도회'가 여러 차례 등장한다. 이에 대한 내용은 다음 장에서 논하기로 한다.

셋째, '회(悔)'는 또한 '우(憂)'를 만나 '근심+후회'의 두 가지의 의미를 지닌 '우회(憂悔)'가 된다. 구마라집 번역의 『묘법연화경』에는 "그대가 만일 취하지 않는다면 후에 반드시 '근심과 후회'를 겪을 것이로되…"⁹⁷라고 하여 정의적 의미를 포함하고 있다. 『유마경』에서도 이와 비슷한 용례를 살펴볼 수 있다. "나는 지금 마음에 '근심과 후회'가 없습니다."⁹⁸라고 하여 '우회'의 뜻을 드러낸다. 『성실론』에서는 '우회'를 좀 더 적극적으로 표현한다.

> "욕심이 없다면 마음에 '우회'가 없으며, 지계인의 심법에는 '우회'가 없다. '우회'가 없으므로 욕심이 없어 마음에 기쁨을 얻는다.⁹⁹

여기서 '우회(憂悔)'는 곧 근심과 후회의 의미로 보인다. 『성실론』에는 또 "업이 깨끗하지 못한 자는 마음에 항상 근심과 후회가 깃든다."¹⁰⁰라고 하여 인용문과 같은 의미를 나타내고 있다. 『선법요해』에서는 "집착[번뇌]를 행하려 한다면 신체와 입과 생각을 잃을 것이며 근

---

96 『성실론』(대정장 32, p.319중) "心散諸塵名掉. 心懷憂結名悔."
97 『묘법연화경』(대정장 9, p.12하) "汝若不取後必憂悔."
98 『유마경』(대정장 14, p.645상) "我於爾時心無憂悔."
99 『성실론』(대정장 32, p.277상) "不應願欲心無憂悔. 持戒人心法無憂悔. 無憂悔者. 不應願欲. 心得歡悅."
100 『성실론』(대정장 32, p.320하) "不淨業人心常憂悔."

심과 후회가 생기는 것이다."[101]라고 하여 번뇌로 인해 생기는 근심과 후회를 가리키고 있다. 『발보리심경론』에서는 '바르지 못한 것'에 대한 경고를 제시한다. "그릇되게 세운 자는 두려움과 근심과 후회를 갖나니…"[102]라고 하여 '오(誤: 그릇됨) + 공(恐, 두려움) + 포(怖, 무서움) + 우(憂, 근심) + 회(悔, 후회)'의 실례를 보여준다. 특히 『성실론』에서는 글자의 위치를 바꾸어 '회(悔) + 우(憂) + 뇌(惱)'[103]의 구성으로서 고뇌의 상태를 좀 더 적극적으로 표현한 용례를 볼 수 있다.

이와 달리 『십주비바사론』에서는 '우회(憂悔)'를 보살의 편협에 맞추어 표현하고 있다. "스스로를 버리고 이타를 행하려 한다면 이익을 잃으며 나중에 근심과 후회를 하게 될것이니…"[104]라고 하여 자리(自利)를 무시하고 이타(利他)만을 일삼아도 '우회'가 발생한다고 강조하고 있다. "자신의 이익을 버리고 다른 이의 이익을 위한다면 나중에 근심과 '후회'가 생길지니…"[105]라는 문장에서도 역시 자리와 이타가 균형을 이루어야 된다는 것을 강조한다. '우회'는 또한 『대지도론』에서도 두 번이나 검출된다.[106] 그러나 '우회'는 구마라집 이후 승전류나 선어록류에서 거의 자취를 감추었다.

넷째, 구마라집 번역에서 '회'와 관련하여 빈번하게 등장하는 용어 가운데 하나는 '회한(悔恨)'이다. '회 + 한(恨)'의 형태로서 '한'은 '원통해 하다', '뉘우치다'의 뜻이다. '회과' 즉 '허물을 뉘우치다'의 의미와 다른 뉘앙스로 변화했음을 알 수 있다. 『대장엄론경』(15권)에서 이와 같은

---

101 『선법요해』(대정장 15, p.288상15) "欲行諸結使. 身口意失而生憂悔."
102 『발보리심경론』(대정장 32, p.512상) "設誤作者恐怖憂悔."
103 『성실론』(대정장 32, p.352하) "心悔憂惱."
104 『십주비바사론』(대정장 26, p.24중) "自捨欲利他 失利後憂悔."
105 『십주비바사론』(대정장 26, p.56상) "捨己利利人 後則生憂悔."
106 『대지도론』(대정장 25, p.227상) "憂悔火燒身"; (p.316하) "有人求者當以施之莫生憂悔."

의미로 활용된 '회한' 단어는 모두 23번을 헤아린다. 이 단어는 『대지도론』에서도 7번 등장한다. 이 두 경전은 분량이 많은데도 '회한' 단어가 적극적으로 활용되었다. 조어의 구조는 '생(生) + 회한'으로 '회한이 발생하다'라는 용례이다.

'회'에는 '유감스럽게도', '아깝게도', '후회'라는 의미가 포함된다. 따라서 '회한'에는 '뉘우침'의 의미와 함께 '유감'의 의미가 들어있다. 『대장엄론경』을 중심으로 몇몇 경전의 번역에는 '생(生) + 회한'이라 하여 '후회'를 일으키는 활용이 다수 보인다. "오래지 않아 중병이 들어 생명이 끝날지도 몰라 깊이 회한이 생깁니다."[107]에서 보듯이 '후회'의 의미와 매우 가깝다. 이외에도 "회한의 마음이 생겨서…"[108]가 있으며, "깊이 회한이 발생하여"[109]라는 문구를 볼 수 있다. 『대지도론』에는 "한마음으로 불도를 구한다면 마침내 회한을 품지 않을 것이다."[110]라는 문장이 발견된다. 또한 '회한(悔恨)'의 심정을 일으키는 문장을 살펴보면 다음과 같다.

> "그 때 병든 비구가 계를 설하고서 두려운 마음을 품게 되었다. 그의 형이 이를 보고 나서 크게 걱정하며 말했다. 좋도다. 그대는 깊이 '회한'이 생겼으며 또 '서원'을 일으켰도다."[111]

인용에서 보듯이 '회한(悔恨)'과 함께 걱정, 우수, 두려움, 황망 등의 심리 상황의 단어들을 수반하고 있다. 『대장엄론경』에는 이와 같은

---

107 『대장엄론경』(대정장 4, p.271상) "未久之間身遇重病. 恐命將終深生悔恨."
108 『대장엄론경』(대정장 4, p.320상) "生於悔恨心."
109 『대장엄론경』(대정장 4, p.345하) "深生悔恨."
110 『대지도론』(대정장 25, p.143상) "一心求佛道 終不懷悔恨."
111 『대장엄론경』(대정장 4, p.271하) "時病比丘說是偈已. 心懷惶悸. 其兄見之生大憂愍. 而作是言. 善哉善哉. 子今乃能深生悔恨發于誓願."

쓰임새들이 자주 등장한다. "눈물을 흘리면서 회한을 일으켰다."[112], "환희심을 일으키되 회한의 생각을 해서는 안 된다."[113], "부끄러워하며 회한을 일으키되 다시 악을 지어서는 안 된다."[114], "임종의 공포에 이르러 비로소 선관을 닦았으나 오욕을 파(破)하지 못했으므로 두려움으로 인한 회한에 이른 것을 알지 못했다."[115]에서 보듯이, 대부분의 '회한(悔恨)' 단어는 두려운 감정과 함께 활용되었음을 알 수 있다. 이 외에도 『십주비바사론』, 『불설화수경』 등에는 '회한(悔恨)' 혹은 '심생(心生)회한', '무(無)회한', '유(有)회한' 등이 사용되었다. 구마라집 번역물에는 '회한(悔恨)' 용어가 여러 차례 등장하지만 여기서 생략하기로 한다.

이상과 같이 구마라집 번역에서 '회'와 관련된 감성적 단어들을 살펴보았다. 여기서 '회한'을 제외하고는 '의회(疑悔)', '도회(掉悔)' '우회(憂悔)' 모두가 처음으로 등장하는 단어들이다. 이들 단어에는 '뉘우치다'를 넘어 '의심하다', '요동하다', '근심하다', '걱정하다'가 합쳐져 또 다른 응용들이 발생했다. 따라서 구마라집 번역물에는 '참회' 단어는 물론 '참'과 '회'의 풍부한 활용 형태가 나타났다. 그러나 구마라집 역경에 나타난 '회' 관련 단어들이 이후 승전류나 여러 선어록류에서 자취를 감춘 예가 많다.

---

112 『대장엄론경』(대정장 4, p.320상) "涕泣心生悔恨."
113 『대장엄론경』(대정장 4, p.282중) "應發歡喜心 勿生悔恨想."
114 『대장엄론경』(대정장 4, p.290중) "慚愧生悔恨 不復更造惡."
115 『대장엄론경』(대정장 4, p.302하) "臨終驚怖方習禪觀. 以不破五欲故. 莫知所至悔恨驚怖."

3) 구마라집 번역 경전에서 '회(悔)'의 활용 빈도

이상과 같이 '회'와 조어되어 활용된 단어들에 대한 쓰임새와 그 의미들을 살펴보았다. 이들 용어들을 종합하여 출현 횟수를 도식화 하면 다음과 같다.

〈표 21〉 라집역의 회(悔)와 조어된 용어와 그 출현 횟수

용어 경명	회과 (悔過)	회책 (悔責)	후회 (後悔)	회한 (悔恨)	의회 (疑悔)	심회 (心悔)	우회 (憂悔)	도회 (掉悔)
대장엄경론	1	3	1	23	1	0	1	0
묘법연화경	1	0	0	1	10	0	1	0
대반야경	0	0	1	0	13	1	0	4
대지도론	4	0	2	7	47	12	2	8
부사의광보살 소설경	2	0	0	0	0	0	0	0
사익범천소문경	2	0	0	0	2	0	0	0
선비요법경	1	0	0	0	1	0	0	0
대수긴나라왕 소문경	1	0	0	0	1	0	0	0
화 수 경	1	0	1	0	7	1	0	0
범 망 경	1	0	0	0	0	0	0	0
십주비바사론	2	0	0	1	15	1	2	0
유 마 경	0	1	0	0	2	0	0	0
소품반야경	0	0	1	0	5	0	1	0
불설천불인연경	0	0	0	0	1	0	0	0
좌선삼매경	0	0	0	1	1	0	0	0
십송비구바라 제목차계본	0	0	0	0	0	2	0	0
성 실 론	0	0	0	0	4	11	5	4

발보리심경론	0	0	0	0	1	1	1	0
십 주 경	0	0	0	0	10	0	0	0
불 장 경	0	0	0	0	6	0	0	0
선법요해	0	0	0	0	0	0	1	4
출 현 횟수합계	16	4	6	34	126	29	14	20

위의 도표는 의외의 결과를 보인다. 현재 활발하게 사용되지 않는 '의회(疑悔)'가 126번이나 검출되었다. 이는 구마라집 번역의 여러 경론에서 고르게 활용되었다. 이에 비해 '회한(悔恨)'은 『대장엄경론』(23회)에서 집중적으로 보인다. 『대지도론』이 분량 많은 경전임을 감안하더라도 '회' 관련 용어들이 다양하게 검출된다. 그런데 '회과(悔過)'는 정의(定義)적인 용어로 쓰였음에도 구마라집 번역에서 활용된 횟수는 16회에 그치고 있다. 또한 '심회(心悔)'나 '도회(掉悔)', '우회(憂悔)'의 활용 빈도를 살펴볼 때 구마라집의 용어 활용과 선택의 특징이 보이고 있다.

구마라집 역경의 '회' 관련 용어들은 신역으로 대표되는 당 현장 번역에서 계승되고 있다. 현장의 역경을 전수 조사한 결과, '회과(悔過)'(30회), '회책(悔責)'(1회), '후회(後悔)'(0회), '회한(悔恨)'(10회), '의회(疑悔)'(5회), '심회(心悔)'(3회), '우회(憂悔)'(124회), '도회(掉悔)'(35회) 등이 발견된다. 이로써 현장이 '우회'를 집중적으로 활용한 것, '회과'와 '도회'를 많이 사용한 것을 볼 수 있다. 이는 구마라집이 '의회'를 집중적으로 활용했던 점과 비교된다.

‖ 참고 문헌 ‖

《禪 典》 (편의상 경명을 가나다 순으로 정렬)

『達摩多羅禪經』(2卷), 佛陀跋陀羅 譯, (大正藏 15)

『大方廣佛華嚴經』(60卷), 佛馱跋陀羅 譯, (大正藏 9)

『大樹緊那羅王所問經』(4卷), 鳩摩羅什譯, (大正藏 15)

『大智度論』(100卷), 鳩摩羅什 譯, (大正藏 25)

『道地經』(1卷), 安世高 譯, (大正藏 15)

『妙法蓮華經』, 鳩摩羅什 譯, (大正藏 9)

『無極寶三昧經』(2卷), 竺法護 譯, (大正藏 15)

『梵網經』(2卷), 鳩摩羅什 譯, (大正藏 24)

『法觀經』(1卷), 竺法護 譯, (大正藏 15)

『菩薩訶色欲法經』(1卷), 鳩摩羅什 譯, (大正藏 15)

『菩薩念佛三昧經』(5卷), 功德直 譯, (大正藏 13)

『菩薩五法懺悔文』(1卷), (大正藏 24)

『佛說觀佛三昧海經』(10卷), 佛陀跋陀羅 譯, (大正藏 15)

『佛說大安般守意經』(2卷), 安世高 譯, (大正藏 15)

『佛說魔逆經』(1卷), 竺法護 譯, (大正藏 15)

『佛說般舟三昧經』(1卷), 支婁迦讖 譯, (大正藏 13)

『佛說寶如來三昧經』(2卷), 祇多蜜 譯, (大正藏 15)

『佛說佛印三昧經』(1卷), 安世高 譯, (大正藏 15)

『佛說禪行三十七品經』(1卷), 安世高 譯, (大正藏 15)

『佛說成具光明定意經』(1卷), 支曜 譯, (大正藏 15)

『佛說成具光明定意經』(1卷), 支曜譯, (大正藏 15)

『佛說首楞嚴三昧經』(2卷), 鳩摩羅什 譯, (大正藏 15)

『佛說須眞天子經』(4卷), 竺法護 譯, (大正藏 15)

『佛說如來獨證自誓三昧經』(1卷), 竺法護 譯, (大正藏 15)

『佛說月燈三昧經』(1卷), 先公 譯, (大正藏 15)

『佛說自誓三昧經』(1卷), 安世高 譯, (大正藏 15)

『佛說超日明三昧經』(2卷), 聶承遠 譯, (大正藏 15)

『佛說海龍王經』(4卷), 竺法護 譯, (大正藏 15)

『佛說慧印三昧經』(1卷), 謙 譯, (大正藏 15)

『四分律』(60卷), 佛陀耶舍共竺佛念等 譯, (大正藏 22)

『思惟略要法』(1卷), 鳩摩羅什 譯, (大正藏 15)

『思益梵天所問經』(4卷), 鳩摩羅什 譯, (大正藏 15)

『禪法要解』(2卷), 鳩摩羅什 譯, (大正藏 15)

『禪要經』(1卷), (大正藏 15)

『禪行法想經』(1卷), 安世高 譯, (大正藏 15)

『禪祕要法經』(3卷), 鳩摩羅什等 譯, (大正藏 15)

『須眞天子經』(4卷), 竺法護 譯, (大正藏 15)

『修行道地經』(7卷), 竺法護 譯, (大正藏 15)

『身觀經』(1卷), 竺法護 譯, (大正藏 15)

『十誦律』(61卷), 弗若多羅共羅什 譯, (大正藏 23)

『十住經』(4卷), 鳩摩羅什 譯, (大正藏 10)

『十住毘婆沙論』(17卷), 鳩摩羅什 譯, (大正藏 26)

『五門禪經要用法』(1卷), 曇摩蜜多 譯, (大正藏 15)

『月燈三昧經』(10卷), 那連提耶舍 譯, (大正藏 15)

『陰持入經』(2卷), 安世高 譯, (大正藏 15)

『維摩詰所說經』(3卷), 鳩摩羅什 譯, (大正藏 14)

『雜阿含經』(50卷), 求那跋陀羅 譯, (大正藏 2)

『長阿含經』, 佛陀耶舍共竺佛念 譯, (大正藏 1)

『諸法無行經』(2卷), 鳩摩羅什 譯, (大正藏 15)

『坐禪三昧經』(2卷), 鳩摩羅什 譯, (大正藏 15)

『中阿含經』(60卷), 瞿曇僧伽提婆 譯, (大正藏 1)

『持心梵天所問經』(4卷), 竺法護 譯, (大正藏 15)

『治禪病祕要法』(2卷), 沮渠京聲 譯, (大正藏 15)

『賢愚經』(13卷), 慧覺等 譯, (大正藏 4)

《디지털(Digital) 경전 자료》

C-beta(2008년판)(CD)

〈대정신수대장경〉 흔글 입력 텍스트 파일(CD)

《僧傳類 및 中國 撰述》 (편의상 서명을 가나다 순으로 정렬)

『景德傳燈錄』(30卷), 宋 道原 纂, (대정장 51).

『高僧傳 외』, 東國譯經院 譯, 1998.

『高僧傳』(14卷), 慧皎 撰, (대정장 50).

『高僧傳』, 慧皎 撰, 吉川忠夫, 船山徹 譯, 岩波書店, 2010.

『摩訶止觀』(20卷), 智顗 說, (대정장 46).

『法界次第初門』(6卷), 隋 智顗 撰, (대정장 46).

『禪源諸詮集都序』(4卷), 唐 宗密 述, (대정장, 48).

『續高僧傳』(30卷), 道宣 撰, (대정장 50).

『續高僧傳』, 東國譯經院 譯, 1998.

『宋高僧傳』(30卷), 宋 贊寧等 撰, (대정장 50).

『修習止觀坐禪法要』(1卷), 隋 智顗 述, (대정장 46).

『慈悲道場懺法』(10卷), 梁 諸大法師集 撰, (대정장 45).

《辭典類 및 索引類》 (편의상 저자명을 가나다 순으로 정렬)

吉祥 編, 『佛敎大辭典』, 서울: 홍법원, 1998.

吉祥 編, 『佛敎大辭典』, 서울: 홍법원, 2001.

東亞出版社漢韓大辭典編纂部 編, 『東亞 漢韓大辭典』, 서울: 동아출판
　　　사, 1991.

耘虛龍夏, 『불교사전』, 서울: 홍법원, 1961.

李哲敎, 一指 · 辛奎卓 共編纂, 『禪學辭典』, 서울: 佛地社, 1995.

이지관, 『(伽山)佛敎大辭林』(1~12), 서울: 伽山佛敎文化硏究院, 1998.

望月信亨, 『佛敎大辭典』, 東京: 望月博士佛敎大辭典發行所, 1937.

總合佛敎大辭典編輯委員會, 『總合佛敎大辭典』, 京都: 法藏館, 1988.

佛光大藏經編修委員會, 『佛光大辭典』, 台灣: 佛光出版社, 1989.

古賀英彦 編著, 『禪語辭典』, 서울: 경서원, 2010, 불기2554.

篠元壽雄 編纂, 『禪語解說辭典索引』, 東京: 駒澤大學禪宗辭典編纂所,
　　　昭和59.

橫井雄峯 編, 『日英禪語辭典』, 東京: 山喜房佛書林, 1991.

牧田諦亮, 『梁高僧傳索引』, 京都: 平樂寺書店, 1972.

牧田諦亮, 『宋高僧傳索引』(上, 中, 下), 京都: 平樂寺書店, 1976.

牧田諦亮, 藤善眞澄 編, 『唐高僧傳索引』, 京都: 平樂寺書店, 1975.

僧祐 撰, 牧田諦亮 編譯, 『弘明集硏究』, 京都: 京都大學人文科學硏究
　　　所, 1980.

齋齋坊 編, 『實用禪語: 禪語類語辭典』, 埼玉: 齋齋坊, 2002.

《單行本》

계환 옮김(道端良秀 著), 『중국불교사』, 서울: 우리출판사, 2007.

김희영, 『이야기중국사』, 서울: 청아출판사, 1999.

辛奎卓, 『선사들이 가려는 세상』, 서울: 장경각 1998.

辛奎卓 역주, 『華嚴과 禪』, 서울: 정우서적 2010.

呂澂 著, 각소 옮김, 『중국불교학 강의』, 서울: 민족사, 1992.

張元圭 著, 『中國佛教史』, 서울: 高麗苑, 1983.

章輝玉 옮김(키무라키요타카 著), 『중국불교사상사』, 서울: 民族社, 1989.

카마다 시게오, 『중국불교사』 1권~3권, 서울: 도서출판 장승, 1992.

鄭郁卿, 『高僧傳研究』, 臺北: 文津出版社, 中華民國79年.

牧田諦亮, 『高僧傳の成立』, 京都: 京都大學人文科學研究所, 1972.

牧田諦亮, 『中國佛教史研究』(1~3), 京都: 大東出版社, 1989.

牧田諦亮, 『中國佛教史概說』, 익산: 圓光大學校出版局, 1984.

惠谷隆戒 著, 『中國佛教史』, 東京: 佛教大學通信教育部, 1990.

《論文類》

姜文善(慧諒), 「北宗神秀의 禪思想 研究」, 東國大學校, 1988.

金月雲, 「講師等呼稱由來小考」 『세주묘엄 주강 50년 기념 논총』, 봉녕
　　　사승가대학선우회, 2007.

金珠經, 「老莊思想이 僧肇에게 미친 影響」, 『韓國佛教學』 28집, 2001.

金珠經, 「僧肇의 研究」, 東國大學校 大學院: 佛教學科, 1999.

朴文基(宗浩), 「中國초기 선사상 형성에 대한 고찰」, 동국대학교 석사논
　　　문, 1987.

朴文基(宗浩), 「간화선 형성의 사회적 배경」, 『普照思想』, 2000.

辛奎卓, 「불교교단과 승려에 관한 규제법령 소고」, 『불교와 수행』,
　　　2011.

辛奎卓, 「대장경의 번역 해석 분류」 『서지학연구』 15집, 1998.

辛奎卓, 「중국불교 도가 비판에 관한 고찰 – 길장 징관 종밀을 중심으로 –」,
　　　『동양철학』 28집, 2007.

윤원철, 「한국불교의 수행전통과 그 현대적 의미」, 『東洋哲學研究』,

2000.

李法山, 「韓國禪의 源流」, 『修多羅』 9집, 1994.

李法山, 「禪思想의 자력과 타력 문제」, 『정토학연구』 8집, 2005.

형운, 「고승전의 선정 및 삼매에 대한 분석적 고찰」『보조사상』 제34호,
        2010.

형운, 「고승전에 나타난 행의 용어 분석」『한국선학』 제27호, 2010.

형운, 「고승전에 나타난 좌의 분석적 고찰」, 『불교와 수행』, 2011.

大谷哲夫, 「魏晋代習禪者形態」, 『印度學佛教學研究』, 19-1, 1970.

田中敬信, 「梁高僧傳の疑点」, 『宗學研究』, 1970.

田中敬信, 「梁高僧傳の構成」, 『印佛』(19卷 1號), 1970.

田中敬信, 「梁高僧傳に於ける神異について」, 『印佛』, 1971.

牧田諦亮, 『高僧傳』の成立」, 『東方學報』(第44輯), 1972.

大谷哲夫, 「魏晋代習禪者的形態'」, 『印佛』(21-2), 1973.

大谷哲夫, 「魏晋代における習禪者の神異について」, 『宗教研究』, 1973.

大谷哲夫, 「魏晋代における習禪者の形態」 2: 特に習禪者の神異と神遷
        家について, 『印佛』, 1973.

坂本廣博, 「梁高僧傳に見られる禪觀」, 『天台學報』, 1982.

佐佐間光昭, 「『梁高僧傳』の蔬食・苦行僧」, 『印佛』, 1981.

佐佐間光昭, 「『梁高僧傳』の神佛交涉」, 『宗教研究』, 1983.

小林俊孝, 「高僧傳にみる道教的要素」, 『宗教研究』, 1982.

木內堯央, 「『續高僧傳』 習禪篇と初期天台」, 『天台學報』, 1997.

平井俊榮, 「『高僧傳』の注釋的研究」(Ⅴ)(駒澤大學), 『佛教學部研究紀要』,
        1995.

沖本克己, 「初期の習禪者たち」(花園大學) 國際禪學研究所 研究報告
        1998.

鹽入良道, 「懺法の成立と智顗の立場」, 『印佛』, 1959.

참회의 연원
C-beta 디지털 경전.

대정신수대장경 디지털 입력(아래아한글버전).

강맹상, 『수행본기경』등 12권.

강승회, 『육도집경』등 10권.

구나발타라 譯, 『잡아함경』(대정장 2).

구마라집 譯, 『대지도론』, 『묘법연화경』, 『대장엄론경』.

『좌선삼매경』, 『범망경』 등.

도선 撰, 『속고승전』(대정장 50).

섭마등·축법란 공역, 『사십이장경』.

섭마등·축법란 共譯, 『사십이장경』(대정장 17).

안세고 譯, 『안반수의경』등.

안세고, 『안반수의경』등 39부.

지겸 譯, 『찬집백연경』등.

지겸, 『찬집백연경』등 76권.

지루가참 譯, 『도행반야경』등.

지루가참, 『도행반야경』등 30권.

지의 說, 『마하지관』(대정장 46).

현장 譯, 『대승대집지장십륜경』등.

혜교 撰, 『고승전』(대정장 50).

혜교, 『고승전』(대정장 50).

형운, 「고승전에 나타난 참회의 실천연구」『한국선학』, 제30호, 2011.

형운, 「고역 경전에 나타난 '참회' 용어의 번역과 정착 과정」『한국선학』,
    제33호, 2012.

형운, 「구마라집 역경에 나타난 '참회' 용어의 분류와 분석」『한국선
    학』, 제34호, 2013.

용 어

인 물

경전・서적

‖ 필자소개 ‖

형운(이상옥)

1982년 도문 스님을 은사로 출가하였으며,

삼선승가대학과 동국대학교 선학과를 졸업하였다.

동국대학교 불교학과에서 『阿賴耶識의 轉依와 五相 硏究』로 석사학위를,

선학과에서 『高僧傳의 禪法硏究-禪語 分析을 통하여-』로 박사학위를 취득하였다.

현재 동국대학교에서 강의하고 있으며,

대한불교조계종 교육원의 교육아사리 소임을 맡고 있다.

주요 논문으로는 「『고승전』의 선정 및 삼매에 대한 분석적 고찰」,

「『고승전』에 나타난 '行儀'용어 분석」,

「『고승전』에 나타난 '참회'의 실천연구」,

「고역(古譯) 경전에 나타난 '참회'용어의 번역과 정착 과정」,

「구마라집 역경에 나타난 '참회'용어의 분류와 분석」,

「고역(古譯) 및 구역(舊譯) 불경에 나타난 '오(悟)'의 연원 규명」이 있다.

달마 이전의 중국선

형운(이상옥) 지음

2014년 10월 17일 초판

펴낸이 : 이성운
편집·교정 : 신지연
펴낸 곳 : 정우서적
서울. 종로구 삼봉로 81 두산위브 637호
등록 1992. 5. 16. 제2-1373호
Tel : 02/720-5538

값 : 18,000원

ISBN 978-89-8023-195-9   03220

※ 이 책은 조계종 교육아사리 연구지원금으로 저술되었습니다.